Sammlung Vandenhoeck

V&R

Günther Bittner

Problemkinder

Zur Psychoanalyse
kindlicher und jugendlicher
Verhaltensauffälligkeiten

Mit 3 Abbildungen

2. Auflage

Vandenhoeck & Ruprecht
Göttingen · Zürich

Die Deutsche Bibliothek – CIP-Einheitsaufnahme

Problemkinder: zur Psychoanalyse kindlicher und jugendlicher
Verhaltensauffälligkeiten / Günther Bittner. – 2. Aufl. –
Göttingen ; Zürich : Vandenhoeck und Ruprecht, 1996
(Sammlung Vandenhoeck)
ISBN 3-525-01426-0
NE: Bittner, Günther

2. Auflage 1996

Satz: Competext, Heidenrod
Druck und Bindung: Hubert & Co., Göttingen

Inhalt

Vorwort

Dieses Buch will Interesse wecken für »Problemkinder«, für problematische Lebenslagen und Lebensläufe. Es wendet sich dabei nicht nur an Pädagogen und analytische Kinder- und Jugendlichentherapeuten, sondern auch an Eltern und andere Interessierte.

HORKHEIMER spricht von einer »Krise« beziehungsweise »Gefährdung der Subjektivität«, die durch das Vorherrschen der technisch-instrumentellen Vernunft entstehe, führe doch die »totale Transformation wirklich jedes Seinsbereichs in ein Gebiet von Mitteln ... zur Liquidation des Subjekts, das sich ihrer bedienen soll« (HORKHEIMER 1967, S. 94). Das klingt fast so, als sei ganz speziell von der sogenannten »Verhaltensgestörtenpädagogik« die Rede. Schon diese Sprache! »Verhaltensstörungen«, beinahe schlimmer noch die amerikanischen »behaviour disorders«, also Verhaltensunordnungen, die den Ordnungen der »brave new world« trotzen, die per Verhaltensmodifikation nach Belieben auf- beziehungsweise wieder abgebaut werden können, wie uns die WATSON, SKINNER und Co. verheißen. Wenn sich irgend ein neues Problem junger Menschen in störenden Verhaltensweisen artikuliert, wie eben jüngst in den rechtsradikalen Jugendausschreitungen in der ehemaligen DDR, sind gleich alle emsig dabei, mit »wissenschaftlich fundierten« Programmen den »Vorurteilen« und dem »Aggressionsstau« zu Leibe zu rücken, oder – das andere Extrem – mit Lichterketten den Teufel auszutreiben. Nur *verstehen* will niemand, kaum jemand läßt sich auf das ein, was in solchen »Verhaltensstörungen« zum Ausdruck kommt und sich Gehör verschaffen will.

Aus dem Teufelskreis des wissenschaftlichen Zweck-Mittel-Denkens auszubrechen und dennoch konkret zu werden, ist Absicht dieses Buches. Es lädt den Leser ein, sich auf Kinder- und Jugendlichenschicksale einzulassen; es will mit den Mitteln der Psychoanalyse sehen, einfühlen und verstehen lehren. Es rechnet sich einem biographisch-narrativen Ansatz in der Pädagogik zu.

Narrativ heißt im gegenwärtigen Zusammenhang: Entwicklung und Lebenslage der betreffenden Kinder und Jugendlichen sollen in der größtmöglichen Konkretion vor Augen gestellt werden, getreu der Überzeugung, richtig verstandene Pädagogik sei überhaupt nichts anderes als die Sammlerin, Bewahrerin und Auslegerin von Geschichten über Erziehung (BITTNER 1979a), hier von Geschichten über problematisch verlaufene Entwicklungs- und Erziehungsprozesse.

Psychoanalytisch will zunächst einmal besagen, daß diese Geschichten nicht bloß in ihrer offen zutage liegenden, manchmal banalen Wortwörtlichkeit gelesen, sondern auch auf eine nur zwischen den Zeilen zu erschließende Tiefendimension hin aufgenommen sein wollen.

Psychoanalytisch meint weiterhin, daß eine genetische Perspektive eingenommen wird, die zugleich einen Ordnungs- und Systematisierungsgesichtspunkt vermittelt. Die tragende Hypothese meines Systematisierungsversuchs besagt dabei, daß psychische Auffälligkeiten von Kindern und Jugendlichen als Steckenbleiben in den Problemlösungsstrategien bestimmter Entwicklungsstufen verstanden werden sollten: der Stufe der BALINTschen Grundstörung, des WINNICOTTschen Übergangsobjekts, der Stufe forcierter Selbstbehauptung (»Trotzphase«) und schließlich der klassischen, von FREUD beschriebenen ödipalen Konstellation mit den vorherrschenden Abwehrmechanismen von Selbsttäuschung und Verdrängung. Dabei lasse ich mich von FREUDS Auffassung leiten, die Neurosenwahl sei davon abhängig, »in welcher Phase der Ich- und der Libidoentwicklung die disponierende Entwicklungshemmung eingetroffen ist« (FREUD 1911a, S.237).

Die genetische Perspektive schließt noch ein weiteres Moment ein: das Zurückgehen auf genau den Punkt, an dem sich ein heute als »Störung« imponierendes Verhalten als einstmals sinnvoll und logisch folgerichtig zu erkennen gibt. Es wird also stets nach der verborgenen »Wahrheit« gefragt, die psychischen Krankheiten und Störungen inhärent ist.

Ich beobachte am Strand zwei kleine Mädchen, die ihre Schaufeln als Krücken gebrauchen und wie Amputierte auf einem Bein durch den Sand humpeln. »Schau, Mutti, ich kann mit Krücken gehen.« – »Wünsch dir das nicht«, mahnt die Mutter. Die Kleine beruhigt sie: »Wir spielen doch nur!« Die Kleine muß die Mutter, die offenbar an die Allmacht der Gedanken glaubt (»Was man sich vorstellt, das passiert auch«), über die Harmlosigkeit ihrer Phantasien beruhigen. Vielleicht wird man aus der Rückschau in zehn oder zwanzig Jahren sagen: Hier fing es an, hier ließ sie sich von der Angst der Mutter vor ihren spontanen Einfällen anstecken und gewöhnte sich das Phantasieren ab. Vielleicht habe ich eine Neurose in statu nascendi beobachten können?

Dieses genetische Verstehen, das Zurückgehen bis auf den Punkt, wo sich der Sinn im Unsinn, die Vernunft in der scheinbaren Unvernunft enthüllt, war der Weg, den die Pioniere der psychoanalytischen Kinderpsychologie wie AUGUST AICHHORN, ANNA FREUD und HANS ZULLIGER gewiesen haben und der heute im Begriff ist, wieder verspielt zu werden. Denn solche Zugänge sind mühsam und umständlich, nicht so glatt eingängig, wie es der aktuelle Psycho-Markt verlangt. Es ist bezeichnend, daß die letzten Versuche zur umfassenden Darstellung kindlicher und jugendlicher Verhaltensstörungen aus tiefenpsychologischer Sicht, die Bücher von DÜHRSSEN (1954) und MEVES (1971), bereits vor Jahrzehnten erschienen sind.

Es geht mir darum, beim Leser die Einsicht zu wecken, daß Verhaltensweisen bei Kindern und Jugendlichen, die uns befremden, vielleicht sogar stören (weshalb wir dann geneigt sind, sie als »Verhaltensstörungen« zu etikettieren und damit nichts weiter kundzutun als unser eigenes Unverständnis und unsere Abwehr), in ihrem Kern eine ursprünglich sinnvolle Anpassung an eine gestörte Umwelt enthalten. Diesen ursprünglich sinnvollen Kern der Verhaltensauffälligkeit zu erkennen, macht es uns möglich, unsere eigene Abwehr gegen das Verhalten des Kindes aufzugeben, neue Formen des Miteinanders zu suchen und Interaktionsmuster mit ihm »auszuhandeln«.

Der Text ist aus Vorlesungen hervorgegangen, die ich seit mehr als 20 Jahren an der Pädagogischen Hochschule Reutlingen und den Universitäten Bielefeld und Würzburg für Pädagogen und Sonderpädagogen gehalten habe. Die ursprüngliche Diktion, die die Hörer in den Gedankengang mit einzubeziehen suchte, habe ich dem schriftlich ausgearbeiteten Text so weit als möglich erhalten.

Aus einer Vorlesung ein Buch zu machen war schwerer als gedacht. So habe ich vielen zu danken, die dazu beigetragen haben, Dr. Volker Fröhlich, Susanne Haug und Gudrun Maurer für ihre Mithilfe bei den redaktionellen Überarbeitungen sowie Brigitte Pabst für die sachkundige und sorgfältige Gestaltung des Manuskripts.

Zu danken habe ich vor allem auch den beiden Mit-Autorinnen der Kapitel über Hysterie und hyperkinetisches Syndrom: meiner Frau Inge Bittner, Psychoanalytikerin und Kinder- und Jugendlichenpsychotherapeutin, und Dr. med. Christa Schaff, Nervenärztin, Ärztin für Kinder- und Jugendpsychiatrie, Psychoanalytikerin und analytische Kinder- und Jugendlichenpsychotherapeutin. Beide haben zu ihren Kapiteln Ausarbeitungen beigesteuert, die ich ergänzt und in die theoretische Gesamtkonzeption des Buches eingepaßt habe.

I. Grundbegriffe und erste Orientierungen

Im folgenden wird es darum gehen,
- die Erscheinungsformen seelischer Krankheiten, Verhaltensstörungen, Fehlentwicklungen und psychosozialer Auffälligkeiten bei Kindern und Jugendlichen herauszuarbeiten,
- nach den Ursachen solcher Störungen und
- nach den (im weitesten Sinne genommen) erzieherischen Beeinflussungsmöglichkeiten zu fragen.

Beispiele

Beginnen wir zuvor jedoch mit ein paar Beispielen – einfacheren und komplizierteren –, damit wir eine Vorstellung davon bekommen, worüber wir eigentlich reden.

»Da geht ein 12jähriger Junge morgens um 7 Uhr aus dem Haus: blaß, von Magenkrämpfen ermattet, ab und zu bleibt er stehen, um den Brechreiz zu unterdrücken.

In der ersten Stunde soll eine Lateinarbeit geschrieben werden. Der Junge hat gut gelernt, kann seine Konjugationen, Deklinationen und unregelmäßigen Verben, aber irgendwo hockt da die Angst vor dem Versagen, vor dem unberechenbaren Lateinlehrer, vor den besseren Mitschülern. Was tun? Der Junge betritt die St.-Jodokus-Kirche, kniet vor dem Marienaltar nieder, holt eine große, weiße Kerze aus dem Ranzen und beginnt das gewohnte Ritual: mit dem Taschenmesser ein Kreuz in das Wachs ritzen, drei Ave Maria (auf lateinisch) beten, fünf Kreuzzeichen machen, die Kerze emporhalten, Augen schließen ... Der Brechreiz ist weg, die Magenkrämpfe lassen nach, der Junge schreibt eine ausgezeichnete Lateinarbeit.

In der 4. Stunde passiert ihm folgendes Malheur: Der Deutschlehrer ertappt ihn, wenige Minuten nach Stundenbeginn, dabei, wie er den letzten Happen eines Butterbrotes verdrückt: ›Flegel!‹ – ›Gieriger Mops!‹ – ›Ich werde deinen Vater anrufen!‹ – ›Der wird dich windelweich schlagen!‹ –.–.– Mein Gott, nur das nicht! Das hat der Vater nicht verdient! Der wird sich furchtbar aufregen! –. –. –.

Die letzten zwei Stunden rasen dahin. Dann der folgende, schon häufig verwirklichte Plan: Ich muß auf der Kante des Bürgersteigs gehen. Wenn ich das bis nach Hause schaffe, wird alles gut. Der Junge versucht es. Balancierend, hüpfend, springend macht er sich auf den Weg. Es gelingt. Nicht ein einziges Mal hat er mit dem Fuß den Rinnstein oder das Pflaster des Trottoirs betreten. Zu Hause: Vater ist gegen 11 Uhr aus der Firma gekommen. Herzattacke. Der Telefonanruf des Studienrats ging ins Leere. Wieder ist alles gut ...

Ist wirklich alles gut? Ich habe noch viele Jahre danach zwangsneurotisch reagiert, Wirklichkeiten paranoid verzerrt, eigenartige Beschwörungsformeln benutzt, um Ängste zu bannen. Und erst viel später habe ich Verdrängtes aufgearbeitet, Ursachen ermittelt, Motive entdeckt, Einflüsse zurückverfolgt, kurz: den 12jährigen Rainer zu verstehen versucht. Und noch viel später erschrak ich abermals, als ich wußte, wie viele Rainers es gibt – etwa 17% unserer Bevölkerung leiden an einer psychischen Anomalie, d.h. in einer Klasse von – sagen wir – 40 Schülern werden im Laufe des Lebens 7 Schüler psychisch erkranken« (WINKEL 1977, S. 13f.).

Mit dieser autobiographischen Geschichte leitet WINKEL sein Buch über »Pädagogische Psychiatrie für Eltern, Lehrer und Erzieher« (1977) ein. Hochachtung – für den seltenen Mut zu bekennen, daß er selbst zu den seelisch Leidenden und Verwundeten gehört. Das wäre gleich der erste Gesichtspunkt, der für die nachfolgenden Erörterungen festgehalten werden soll: Die seelisch Kranken, die Unangepaßten, die Leidenden und Verwundeten – das sind nicht immer »die anderen«, das bin zunächst einmal ich selbst. Ich kann die psychischen Verwundungen eines anderen Menschen nicht verstehen, wenn ich meine eigenen verleugne.

Wie häufig sind psychische Störungen? WINKEL gibt an, etwa 17 Prozent der Bevölkerung litten an einer psychischen Anomalie. Er weist allerdings nirgends nach, wie er auf diesen Prozentsatz kommt. In einer Tübinger Untersuchung wurden seinerzeit 29,7 Prozent nach dem Zufallsprinzip ausgewählter Kinder als »mäßig symptombelastet« eingestuft, 18,3 Prozent als ausgesprochene Problemkinder (THALMANN 1971; BITTNER u. THALMANN 1970). Es gibt eine Reihe von Untersuchungen zu dieser Frage mit stark schwankenden Ergebnissen. Die Angaben von verhaltensgestörtenpädagogischer Seite liegen meist deutlich niedriger. SANDER (1973, S. 48) spricht von 1 bis 2 Prozent der Schülerschaft, die als sonderschulbedürftig anzusehen seien, während die jugendpsychiatrischen Untersuchungen die von THALMANN angegebenen Prozentwerte in etwa bestätigen (vgl. EGGERS in BATTEGAY et al. 1992, S. 260). MYSCHKER geht in seiner jüngsten Veröffentlichung unter Berücksichtigung verschiedenster europäischer und amerikanischer Untersuchungen und unter Hinzunahme von sozialmedizinischen sowie sonderpädagogischen Angaben von rund 15 Prozent verhaltensgestörten Kindern und Jugendlichen aus (vgl. MYSCHKER 1993, S. 71). Die stark schwankenden Prozentwerte belegen, daß die Beurteilungskriterien fließend sind. Wenn man sich – wie ich – auf den Standpunkt stellt, daß irgendwo jeder Mensch einen Punkt hat, wo er seelisch leidet und mit dem Leben nicht fertigt wird, dann werden diese Abgrenzungen von Gesunden und Kranken vollends fragwürdig.

Ein zweites Beispiel:»Ein Kind steht in der Ecke des Schulhofs, allein«. Mit diesem didaktisch vereinfachten Modellfall beginnt CHRISTA MEVES ihr Buch»Verhaltensstörungen bei Kindern«.

»Gelegentlich kommen lärmend Gruppen von Kameraden vorbeigerannt. Sie stoßen es, unabsichtlich oder absichtlich. Das Kind rührt sich nicht. Es spielt nicht mit, es verteidigt sich nicht, es versucht sich allenfalls durch stärkeres Absondern zu schützen.

Sammelt man jetzt solche kleinen Sonderlinge, wie es ja in einer psychagogischen Praxis geschieht, so ergibt sich, daß viele eine Reihe charakteristischer Abwegigkeiten zusätzlich ausgebildet haben. Sie kratzen oder reißen, reiben, drücken, lecken, lutschen, beißen oder zerren meistens einförmig und in einer starren Unausweichlichkeit an ihrem eigenen Körper herum. Das heißt: jedes dieser Kinder ist zur Zeit meist auf eine einzige Besonderheit spezialisiert. Der eine reißt die Fingernägel, der andere zerbeißt die Wangenhäute, der dritte onaniert, der vierte reißt die Haare aus, der fünfte zerkratzt eine immer gleiche Hautstelle, der andere lutscht am Daumen. Oft sind ähnliche Handlungen an fremden Objekten in übersteigerter, wenn auch häufig in mehr versteckter oder abrupt vereinzelter Weise feststellbar. Schlagen, zerreißen, schimpfen, treten, stoßen, bohren, stechen, raffen, sammeln, schmieren, verschlingen.

Gelegentlich wird die Objektwahl dabei wenig realitätsgerecht vollzogen. Die Tätigkeit an sich drängt sich verabsolutierend in den Vordergrund: Ein Kind läuft ziellos und unmotiviert weg, es bekommt Jähzornsausbrüche, es sammelt alles, vom Apfelkern bis zum Silberpapier, es säubert alles, auch wenn es längst sauber ist, es verschlingt undifferenziert und ohne Genuß in bedauernswerter Gier, es stiehlt, was auch immer ihm gerade in die Quere kommt. Außerdem kommt es bei solchen Kindern häufig zu körperlichen Leiden, denen aber typischerweise selten eine anatomisch-pathologische Veränderung, sondern eine Funktionsstörung zugrunde liegt: chronisch funktionelle Störungen des Magen-Darm-Traktes, chronische Störungen der Atemwege, Dauerschnupfen oder chronisch rezidivierende Bronchitiden, Asthma bronchiale, chronische Funktionsstörungen der Blase, Einnässen am Tage oder des Nachts, chronische Funktionsstörungen im Sprachvollzug oder chronische Funktionsstörungen in den Abläufen der Muskulatur« (Meves 1971, S. 7f.).

Meves will an diesem Beispiel zeigen, daß seelische Erkrankungen oder Störungen aller Mannigfaltigkeit der Erscheinungen zum Trotz so etwas wie eine durchgehende, einheitliche Grundstruktur haben.

Diese Struktur »zeigt sich um so deutlicher, je genauer man die Kinder in ihren vielfältigen einzelnen Handlungsweisen beobachtet, je gründlicher man die biographischen Daten eruiert, je mehr man sich um das Erfassen der so unterschiedlichen Lebensumstände bemüht. Durch die Vielfalt der Lebenserscheinungen, durch die verwirrende Fülle voneinander abweichender Besonderheiten des Individuums und seiner Umgebung scheint die Einheitlichkeit eines allgemeingültigen Grundes hindurch« (ebd., S. 7).

Meves beschreibt mit ihrem Beispiel ein ganz einfaches und zugleich sehr wichtiges Prinzip, das *Strukturprinzip* psychischer Störungen, das uns im weiteren Verlauf unserer Überlegungen immer wieder beschäftigen wird. Die seelische Störung besteht sozusagen aus zwei Teilen: auf der einen Seite aus einem Mangel, einem Zuwenig – das Kind steht allein auf dem Schulhof, hat also zuwenig Kontakt, Gemeinschaftsgefühl, soziale Anerkennung oder wie wir sonst sagen wollen –, und auf der anderen Seite aus einem Zuviel, einer Neubildung, die normalerweise nicht vorgefunden wird: aus Daumenlutschen, Fingernägelabbeißen oder einem anderen Phänomen aus dem großen Bereich der krankhaften Erscheinungen. Bei fast allen seelischen Krankheiten wird eine normale Funktion *gehemmt* und zugleich eine anormale Ersatzfunktion *neu gebildet*. Wir sprechen demnach mit Sigmund Freud von der *Hemmung* einerseits und der *Symptombildung* andererseits (vgl. Freud 1926).
    Nun interessiert sich der Laie verständlicherweise zunächst einmal für die Symptome, weil sie das ausmachen, was bei einer seelischen Krankheit am eindrucksvollsten ist und am

meisten auffällt. Wenn ein Kind mit 10 Jahren noch jede Nacht das Bett naß macht oder einkotet, wenn es mit Geschrei zur Mutter gelaufen kommt, weil es schlecht geträumt hat, wenn es morgens erbricht, weil es Angst hat, in die Schule zu gehen, so sind das Erscheinungen, auf die eben jedermann sofort aufmerksam wird. Es sind am augenfälligsten immer die Symptombildungen. Und natürlich muß man diese Symptome genau studieren. Es ist zum Beispiel sehr wichtig zu wissen, ob das Kind regelmäßig jeden Morgen vor der Schule spuckt oder nur dann, wenn es in der ersten Stunde diesen oder jenen Lehrer hat. Man muß die Symptome genau beschreiben, darf dabei aber nicht vergessen, nach der zugrundeliegenden Hemmung zu forschen. Es ist also nicht nur – im wahrsten Sinne des Wortes etwa beim Bettnässen – zu fragen: »Wo macht das Kind etwas Überflüssiges?« sondern auch: »Welchen tieferliegenden Mangel sucht das Kind mit seinem Verhalten auszugleichen?« Diese zweite Frage ist oft sehr viel schwerer als die erste zu beantworten, sie erfordert eine längere Beobachtung des Kindes und auch ein Stück eigenes Nachdenken.

Wir müssen uns bemühen, an einer seelischen Krankheit zweierlei zugleich zu erfassen: das sichtbar Zutageliegende und das Verdeckte. Dabei geraten wir allerdings in Kollision mit dem Prinzip exakter Wissenschaftlichkeit, wie es von manchen Forschern vertreten wird und welches besagt, man müsse sich an die sichtbaren, objektivierten Fakten halten und solle nur möglichst wenig interpretieren.

Dies ist der Standpunkt der Lerntheorie und der darauf aufbauenden Verhaltensmodifikation. Sie sagt ausdrücklich: Das Symptom selbst ist die Krankheit – es gibt kein »Dahinter«. Wenn man so denkt, bekommt man das Wichtigste an den seelischen Störungen überhaupt nicht in den Blick. Nicht einmal die Symptome zu ordnen vermag man, wenn man nur und ausschließlich diese Symptome sieht und die dahinterliegenden Strukturen überhaupt nicht beachtet. Dann ergeht es einem womöglich so wie vor einigen Jahren einem Kollegen, der einen Aufsatz über Verhaltensstörungen schrieb und »völlig voraussetzungslos« an sein Thema herangehen wollte. Er kam auf die glorreiche Idee, die Symptome einfach alphabetisch zu ordnen und fing mit A wie Arbeitsunlust an und endete mit Z wie Zwangshandlungen (vgl. KLUGE 1971).

Aus meiner eigenen Beobachtung ein drittes, in der Sachlage

ebenso einfaches, für das Verständnis aber schwierigeres Beispiel:

Die Lehrerin einer 6. Klasse an einer Heimschule für erziehungsschwierige Kinder erzählt von einem Jungen, der klein und schwächlich ist, aber bei jeder Gelegenheit die Größeren und Stärkeren angreift, von denen er oft schwer verprügelt wird. Wenn er am Boden liegt und verdroschen wird, scheint er ganz zufrieden zu sein. Die Wut ist weg, er steht dann ruhig auf und geht an seine Schularbeit. Das hält ein, zwei Tage, und dann beginnt das ganze Spiel von vorne.

Wir haben über dieses seltsame Verhalten in unserem psychoanalytischen Lehrerkreis lange diskutiert. Ist das Verhalten dieses Jungen abnorm, ist es ein Zeichen seelischer Gestörtheit? Und wenn ja – können wir es uns irgendwie plausibel, einfühlbar machen?

Zunächst einmal können wir sagen, daß es ein *auffälliges* Verhalten darstellt. Es ist nicht das Übliche, was man von Jungen dieses Alters gewohnt ist. Natürlich muß längst nicht alles Auffällige auch ein Zeichen von Störung sein. Daß Mozart mit 14 Jahren Opern komponierte, ist auch auffällig, aber in anderer Weise. Doch die Aufmerksamkeit, die das Verhalten dieses Jungen bei der Lehrerin weckt, ist gemischt mit Besorgnis. Der Junge tut ihr leid, sie fände es besser, wenn er sich anders verhielte. Und rein gefühlsmäßig werden wir ihr recht geben.

Noch etwas fällt auf. Das Verhalten des Jungen scheint irgendwie stereotyp, eingefahren zu sein – er ist nicht Herr seiner Taten. Es könnte ja an sich heldenhaft sein, sich mit Stärkeren zu messen – aber bei ihm hat es etwas Monotones, er handelt unter einem inneren Zwang. Auch das nehmen wir als Hinweis darauf, daß es sich um eine Störung handelt.

Was bringt dem Jungen dieses seltsame Verhalten ein? Außer Schmerzen und Demütigungen sicher noch etwas anderes, etwas schwer zu Fassendes: eine seltsame Art von Lust, von Befriedigung. Niemand tut etwas, was ihm nicht irgendeine Art von Lust einbringt. Ein Teilnehmer unserer Diskussion brachte das Stichwort »Masochismus« in die Debatte ein. Gewiß – aber was ist das, Masochismus? Was ist das Lustmoment am Gequältwerden? Der Gequälte identifiziert sich mit dem Peiniger, er erlebt lustvoll dessen Macht und Stärke mit.

Ein anderer Teilnehmer sagte, der Junge gleiche einem Steh-aufmännchen. Er laufe zwar Gefahr, zusammengeschlagen zu werden, dennoch aber probiere er es immer wieder von neuem. Könne darin nicht auch ein Moment der Lust und des Triumphes liegen? – »Ihr könnt mich verdreschen, aber nicht totschlagen. Ich bin immer noch am Leben, ich bin nicht klein zu kriegen.« (Ein anderer Teilnehmer, der es ganz wört-lich mit FREUD hielt, meinte, das sei wie mit der männlichen Sexualität. Das männliche Glied sei doch auch so ein »Steh-aufmännchen«.)

So sehr weit gehen die Überlegungen gar nicht auseinander. Alle sind sich einig, daß das Verhalten des Jungen irgendwie im Dienste der Selbsterhaltung, der Steigerung des Ich-Gefühls steht. Also, um wieder auf CHRISTA MEVES zurückzukommen: auf der einen Seite ein Mangel, ein gehemmtes, unsicheres Ich-Gefühl, und auf der anderen Seite ein Symptom, eine irgend-wie rätselhafte Verhaltensweise, eine Neubildung, der man den Zusammenhang mit dem Mangel an Selbstgefühl bezie-hungsweise sicherem Lebensgefühl auf den ersten Blick gar nicht ansieht.

Die vorgenannten Beispiele sollten zunächst einmal an-schaulich machen, was die Gegenstände unserer Überlegun-gen sind. Um tiefer in die Zusammenhänge einzudringen, werden wir uns weit von pädagogisch vertrauten Gebieten wegbewegen müssen hinein ins Feld der Psychopathologie und der Neurosenlehre des Kindesalters. Dabei sind die fol-genden vier Punkte vorweg zu klären:
– der Gegenstand der Psychopathologie beziehungsweise der Neurosenlehre des Kindes- und Jugendalters,
– der Krankheitsbegriff der Psychopathologie,
– das pädagogische Interesse an seelischen Krankheiten und Fehlentwicklungen,
– die mit »Verhaltensstörungen« befaßten wissenschaftlichen Disziplinen.

Die Psychopathologie und ihr Krankheitsbegriff

Psychopathologie ist die Lehre von den seelischen Krankheiten, Störungen und Auffälligkeiten. Die Psychopathologie des Kin-des- und Jugendalters handelt demnach von allen seelischen

Krankheiten, Störungen und Auffälligkeiten, die bei Kindern und Jugendlichen vorkommen.

Die Psychopathologie beschäftigt sich mit *allen* Arten von Krankheit und Störung, gleichgültig ob ihre Ursachen in Faktoren der Anlage, in Hirnschädigungen und sonstigen körperlichen Grundkrankheiten oder in seelischen oder sozialen Belastungen zu suchen sind. Die Psychopathologie des Jugendalters ist eine medizinische Disziplin, sie ist Teil der Jugendpsychiatrie. *Psychopathologie* ist der engere Begriff, er umfaßt *nur* die Lehre von den *Krankheiten; Psychiatrie* ist der weitere Begriff, er umfaßt *auch* die Lehre von den *diagnostischen und therapeutischen Methoden,* mit denen der Arzt diese Krankheiten untersucht und behandelt (wichtigste Lehrbücher der Kinder- und Jugendpsychiatrie: HOMBURGER 1926; HARBAUER et al. 1976; REMSCHMIDT 1985-1988; STEINHAUSEN 1987; EGGERS et al. 1993).

Bisher wurden die Begriffe »seelische Krankheit«, »seelische Fehlentwicklung« und »psychische Auffälligkeit« nahezu synonym und ohne nähere Erklärung gebraucht. Was sind das nun: »seelische Krankheiten«? Und zuerst: Was sind Krankheiten überhaupt?

Wie schwer sich die Mediziner mit der abstrakten Definition von Krankheit tun, kann man an den verschiedenen Auflagen des bekannten klinischen Wörterbuches von PSCHYREMBEL (z.B. 1959, 1969, 1986) verfolgen. 1959 hieß es, Krankheit sei die Störung der normalen Vorgänge im Körper oder in seinen einzelnen Teilen; 1969 wurde diese Definition ergänzt: Krankheit sei die Gesamtheit von abnorm gearteten Reaktionen auf einen krankmachenden Reiz; 1986 bedeutet Krankheit im weiteren Sinne das Fehlen von Gesundheit, im engeren Sinne das Vorhandensein von subjektiv oder objektiv faßbaren körperlichen oder geistigen Veränderungen beziehungsweise Störungen. In der aktuellen Ausgabe des PSCHYREMBEL wird Krankheit definiert als »Störung der Lebensvorgänge in den Organen oder im gesamten Organismus mit der Folge von subjektiv empfundenen bzw. objektiv feststellbaren körperlichen, geistigen bzw. seelischen Veränderungen« (PSCHYREMBEL 1994, S. 824). Alle diese Definitionsversuche sind, wie man leicht sieht, recht inhaltslos und reichlich tautologisch.

Weiß nicht wirklich jeder, was das ist: »Krankheit« – auch wenn er es nicht definieren kann? Gehört Krankheit nicht zu den menschlichen Grunderfahrungen, die jeder kennt, so wie

AUGUSTINUS von der Zeit sagte: »Wenn man mich nicht fragt, dann weiß ich es, was das ist – aber wenn man mich fragt, dann weiß ich es nicht.« Das Verständnis von Krankheit, so erkennen auch moderne Medizintheoretiker, »wurzelt im Lebenswelt-lichen, d.h. was Kranksein ist, läßt sich voll nur aus der menschlichen Erfahrung verstehen« (HÄFNER in BATTEGAY et al. 1992, S. 285).

Krankheit ist, wie man heute wohl als erstes sagen wird, eine *Abweichung von der Norm*. Wenn jemand einen systolischen Blutdruck von 180 hat, dann gilt er als krank, weil 160 als die äußerste Grenze des Tragbaren definiert ist. Der durchschnitt-liche systolische Blutdruckwert der Menschen bei uns liegt zwischen 120 und 130.

Nun ist aber zu unterscheiden zwischen *Durchschnittsnorm* und *Idealnorm*. Im Falle des Blutdrucks fallen beide zusammen: Der Wert um 120 bis 130 gilt auch als der optimale. Aber nehmen wir ein anderes Beispiel: Schätzungsweise 90 Prozent der Menschen bei uns haben Karies, also ist Karies normal im Sinne der Durchschnittsnorm. Trotzdem geht man damit zum Zahnarzt. Von der Idealnorm aus gesehen wäre es nämlich besser, wenn wir keine Karies hätten, obwohl wir sie alle haben. Denn erstens tun die Zähne dabei weh, und zweitens werden sie auf die Dauer durch die Karies zerstört.

Die Idealnorm der Gesundheit wäre demnach bestmögli-ches Lebenkönnen, Krankheit wäre zu bestimmen als *Beein-trächtigung des Lebenkönnens, die im Individuum selbst liegt* oder sich im Individuum »niederschlägt«[1]. Diese Einschränkung ist wichtig. Soziale Benachteiligung ist auch eine Beeinträchtigung des Lebenkönnens, liegt aber zunächst nicht im Individuum und ist deshalb keine Krankheit. Wenn dagegen zum Beispiel ein Bewohner einer Obdachlosensiedlung auf Grund der schlechten Lebensverhältnisse eine Tuberkulose bekommt, so hat die soziale Benachteiligung ihre Spuren im Individuum hinterlassen, ist eine Krankheit entstanden.

---

1 Wenn etwa NIETZSCHE sagt, es gebe Krankheiten einer Gesellschaft, die nur bei einzelnen zum Ausbruch kommen würden, so steht das zum hier Gemeinten nicht im Widerspruch: gemeint ist keine durchgängig »idiopathische« Genese von Krankheit, sondern eben dieses Sich-Manifestieren im oder am Individu-um.

Zudem gibt es auch noch den Unterschied zwischen *Krankheit* und *Kranksein*. Wann sage ich denn: »Ich bin krank«? Doch nicht, wenn ich Zahnschmerzen oder Halsschmerzen oder einen Hautausschlag habe. »Ich bin krank«, das heißt, daß sich die Beeinträchtigung meines Lebenkönnens auf zentrale Bereiche erstreckt. Ich bin zum Beispiel bettlägerig oder arbeitsunfähig. Ein solche Grenze ist dabei natürlich oft nur schwer zu ziehen.

Und wie läßt sich dies alles auf die seelischen Krankheiten, Störungen und Auffälligkeiten übertragen? Gerade hier wird die Abgrenzung besonders schwer, denn was Lebenkönnen oder ein Mangel an Lebenkönnen ist, darüber gibt es eben sehr verschiedene Meinungen. »Wenn Dummheit weh täte, müßtest du immer ›Au weh‹! schreien«, sagten wir als Kinder. Aber Dummheit tut nicht weh – oder doch nur auf eine Weise, daß es dem Betroffenen oft gar nicht richtig bewußt wird, was ihm eigentlich fehlt.

Weil seelische Leiden oft nicht so direkt weh tun, sind die Kriterien für seelische Gesundheit schwer zu fassen und schwanken im Lauf der Geschichte. Dies soll an den Auffassungen von vier Psychiatergenerationen illustriert werden. Eine Definition von seelischer Gesundheit des bekannten amerikanischen Psychiaters MENNINGER (1946) lautet: »Lassen Sie uns psychische Gesundheit definieren als Anpassung des Menschen an seine Umwelt und seine Mitmenschen mit einem Maximum an Glück und Effektivität. Nicht bloß Leistungsfähigkeit oder Zufriedenheit allein oder das Glück, sich heiter den Spielregeln fügen zu können, sondern alle diese Eigenschaften gemeinsam sind es, worauf es ankommt. Es ist die Fähigkeit, Ausgeglichenheit, wache Intelligenz, soziale Rücksichtnahme und eine glückliche Veranlagung zu bewahren. Dies, meine ich, macht psychische Gesundheit aus« (MENNINGER in REDLICH u. FREEDMAN 1976, S. 181). Das ist eine an der Idealnorm orientierte Definition, die alle nur denkbaren erfreulichen Eigenschaften, die ein Mensch haben kann, zu einem Idealbild psychischer Gesundheit zusammenfügt.

REDLICH und FREEDMAN, andere bekannte amerikanische Psychiater einer Generation später, weisen darauf hin, wie relativ solche Standards sind. Sie fragen unter anderem: »Was zum Beispiel sind normale Trinkgewohnheiten? In vielen irischen, französischen, italienischen, deutschen und skandinavischen Familien gilt Alkoholgenuß in Maßen als normal; für bibeltreue Protestanten und für gläubige Mohammedaner dagegen fällt jeglicher Genuß von Alkohol außerhalb der Norm. Die Prostitution ist in manchen Kulturen offiziell anerkannt, in anderen nicht ... Der indische Weise RAMAKRISHNA wurde von vielen seiner Anhänger als Prophet und Heiliger verehrt; westliche Psychiater dagegen hätten ihn für psychisch gestört gehalten (und er hätte sich aller Wahrscheinlichkeit nach auch ganz anders verhalten, wenn er in einer abendländischen Kultur gelebt hätte) ... es hat aber doch den Anschein, daß nur einige ganz extreme Verhaltensweisen wie blindwütiger Mord, Kannibalismus oder absolute Mißachtung fremden Eigentums universell abgelehnt werden« (REDLICH u. FREEDMAN 1976, S. 181).

REDLICH und FREEDMAN kommen zu dem Schluß, daß »der Begriff der Gesundheit und Normalität noch immer ein sehr verschwommener ist ... Nur grobe Abweichungen werden klar als solche erkannt und in allen zivilisierten Gesellschaften übereinstimmend beurteilt; zwischen normalem und abnormem Verhalten gibt es Überschneidungen und unklare Grenzbereiche. Im Hinblick auf leichter ausgeprägte Verhaltensstörungen gilt in der Regel ein kultureller Relativismus. In der Praxis können sich die Urteile des Psychiaters nicht sehr weitgehend von den Ansichten des Durchschnittsmenschen in der Kultur bzw. Gesellschaft unterscheiden, in der der Psychiater und seine Patienten leben« (ebd., S. 182f.).

Ich halte meine Definition von »Krankheit« – gegen REDLICH und FREEDMAN und den von ihnen vertretenen soziokulturellen Relativismus – auch angesichts der seelischen Krankheiten aufrecht. Auch als seelische Krankheit bezeichne ich genau das, was das Lebenkönnen im Individuum beeinträchtigt. Nun hängt natürlich alles davon ab, was ich unter Lebenkönnen verstehe, worin ich die wahren menschlichen Bedürfnisse erblicke. Das ist sicher eine Frage des Standpunkts, aber deswegen doch nicht relativ – weil es in dieser Frage nämlich richtige und falsche Standpunkte geben kann. Was der Mensch zum Leben braucht? Ich denke mir, daß die wirklich weisen Menschen in dieser Frage, bei Licht betrachtet, gar nicht so verschiedener Meinung sind: PLATON, MARX oder FREUD, ein indischer Philosoph oder ein japanischer Zen-Meister. Es gibt also eine Relativität in der Bezeichnung von gesund und krank im seelischen Bereich, aber diese Relativität hängt mehr mit Klugheit und Dummheit als mit kulturellen Verschiedenheiten zusammen. Die Klugen aller Kulturen werden sich darin einig sein, daß Alkoholtrinken dann nicht gut ist, wenn die Seele dadurch gebunden wird, und sie werden es den Dummen überlassen, darüber zu streiten, wieviel Gläser noch normal oder schon krankhaft zu nennen sind.

In den siebziger Jahren war die Meinung weit verbreitet, Psychopathologie sei nicht nur eine unnütze, sondern sogar eine gefährliche Wissenschaft. Gefährlich, weil man unter Berufung auf diese Wissenschaft jedes abweichende Verhalten gleich als »Krankheit« abstemple und die Abweichler aus der menschlichen Gesellschaft ausschließe – indem man sie ächte oder für verrückt erkläre und in Anstalten einsperre. Ja, man behauptete sogar, die seelische Krankheit mit ihrem klinischen Verlauf werde überhaupt erst durch die Abstempelung und Etikettierung mit Hilfe einer Diagnose geschaffen. Die Psychiatrie erfinde erst die Krankheiten, die sie angeblich heilen solle. Selbst Psychiater wie der bekannte LAING (1972) vertraten diesen Standpunkt der sogenannten »Anti-Psychiatrie«. In die Pädagogik hat diese psychiatriekritische Perspektive vor allem unter dem Stichwort »labeling approach« Eingang gefunden: Verhaltensstörungen seien das Ergebnis eines sozialen Zuschreibungsprozesses (z.B. BRUSTEN u. HURRELMANN 1973).

Hier ist gewiß das Kind mit dem Bade ausgeschüttet worden. Kein Zweifel, die Art, wie auch heute noch mit seelisch Kranken und Gestörten umgegangen wird, kommt vielfach einer Stigmatisierung gleich (zum Beispiel: Patienten im Lehrerberuf, die dem Schulamt gegenüber eine Psychoanalyse verschweigen – aus Angst, eine Verbeamtung auf Lebenszeit versagt zu bekommen; oder neuerdings die Diskussion um die private »Zuzahlung« bei psychotherapeutischen Behandlungen – als ob psychische Erkrankungen eben doch »Krankheiten minderer Qualität« seien!). Diese Stigmatisierung ist eine beklagenswerte Folge der seelischen Krankheiten, aber sie ist nicht deren Ursache. (Ebenso bekommen z.B. Tuberkulöse noch lange nach der klinischen Heilung Schwierigkeiten bei der Einstellung in den Staatsdienst, werden also benachteiligt, stigmatisiert. Trotzdem habe ich noch nie gehört, daß jemand diese Stigmatisierung für die Entstehung der Tuberkulose verantwortlich gemacht hätte.)

Das heutige psychiatrische Verständnis von Krankheit hat

sich wiederum in eine radikal andere Richtung entwickelt. Seit langem war die relative Unschärfe psychiatrischer Diagnosen aufgefallen. Es konnte passieren, daß ein Patient von jedem Psychiater eine andere Diagnose gestellt bekam. Auch zwischen den einzelnen nationalen Psychiatrien gab es große Unterschiede. Zeitweise waren die amerikanischen Psychiater viel schneller bereit als die deutschen, eine Psychose zu diagnostizieren. Das hatte zur Folge, daß in den USA schon Kranke mit erheblich leichteren Symptomen als psychotisch diagnostiziert wurden, was wiederum nach sich zog, daß die Amerikaner bei Psychosen mit deutlich besseren Heilungsraten aufwarten konnten als ihre deutschen Kollegen.

Als Antwort auf diese Misere wurden von der Weltgesundheitsorganisation und von der Amerikanischen Psychiatrischen Gesellschaft zwei recht ähnliche diagnostische Systeme – das DSM (Diagnostic and Statistical Manual of Mental Disorders) und das ICD (International Classification of Diseases) – entwickelt, die vor allem die Formulierung schärferer, das heißt operationaler und den subjektiven Beurteilungsspielraum einengender Diagnosekriterien zum Ziel hatten (DITTMANN et al. 1990; WITTCHEN et al. 1989). So vernünftig das klingt, die Einführung der modernen Klassifikationssysteme brachte auch erhebliche Nachteile mit sich. Die Operationalisierbarkeit der Krankheitsdefinitionen wurde mit einer rigiden Beschränkung auf den Verhaltensaspekt erkauft. Die Frage der motivationalen, situativen und biographischen Verknüpfungen des Krankheitsgeschehens wurde an den Rand gedrückt – eben weil entsprechende Feststellungen zumeist nicht operationalisierbar sind. Vor allem von tiefenpsychologischer Seite hat es deshalb an dem ICD und DSM prinzipielle Kritik gegeben (vgl. etwa HOFFMANN 1985; J. M. HERRMANN et al. 1990). Ich teile diese Einwände und werde deshalb im weiteren Verlauf dieser Erörterung auf diese Klassifikationssysteme nur selten Bezug nehmen, da sie in der Tat völlig ungeeignet sind, um gerade das zu entwickeln, was das Anliegen unserer Darstellung ist: eine biographisch und motivational orientierte Hermeneutik der psychischen Krankheiten und Verhaltensstörungen.

Die Pädagogik und ihr Interesse an seelischen Krankheiten und
Fehlentwicklungen

In der Pädagogik besteht im allgemeinen eine gefährlich einseitige Orientierung am sogenannten »Normalfall«. Schon über die Tatsache, daß Kinder charakterlich sehr verschieden sein können und daß sich die Erziehung auf diese Kinderindividualitäten einstellen muß – ein Punkt, der in älteren Pädagogiken der Aufklärung und der Romantik große Aufmerksamkeit fand (vgl. U. HERRMANN 1976) –, wird viel zu wenig nachgedacht, um so weniger noch über die pathologischen Extremvarianten.

Auch an den pathologischen Varianten der Kinderindividualität gab es in der älteren Pädagogik ein größeres Interesse. 1891 stellte die Pädagogische Gesellschaft zu Leipzig die folgende Pädagogische Preisaufgabe:

»Mit Berücksichtigung der von Prof. Ludwig Strümpell veröffentlichten Schrift, die Pädagogische Pathologie, soll die deutsche pädagogische Literatur seit Anfang unseres Jahrhunderts untersucht werden, um festzustellen:
– welche pädagogischen Kinderfehler von dem betreffenden Schriftsteller genannt und beachtet worden sind,
– was über die Natur und Eigenartigkeit und
– was über die Veranlassung und Ursachen derselben gesagt wird« (KÖZLE 1893, S. 1).

Den Preis gewann ein Mann namens JOHANN FRIEDRICH GOTTLOB KÖZLE, dessen Schrift ich zufällig in einem Antiquariat gefunden habe und der Gedanken zur Kinderpathologie in den Schriften der pädagogischen Klassiker seit PESTALOZZI mit einer Genauigkeit nachweist, an der selbst zeitgenössische historische Pädagogen ihre Freude hätten.

Genau das Thema dieser altehrwürdigen pädagogischen Preisschrift habe ich mir hier gestellt: Ich will untersuchen, welche Fehlentwicklungen des Kindes es gibt, was ihre Veranlassungen und Ursachen sind und was man im einzelnen dagegen tun kann. Nur eines will ich anders machen als der selige Herr GOTTLOB KÖZLE. Ich will nicht die pädagogischen Klassiker um Auskunft fragen, sondern die allgemeine Lebenserfahrung und jene Wissenschaft, die sich heute besonders mit den Fehlentwicklungen des Kindes- und Jugendalters beschäftigt: die Psychopathologie des Kindes- und Jugendalters.

Wer die Fehlentwicklungen der Kinder und Jugendlichen behandelt, muß von der Psychologie und Psychopathologie des Kindes- und Jugendalters ausgehen. Das war schon 1891 der Fall, als die genannte Pädagogische Gesellschaft ihre Preisaufgabe stellte. Sie bezog sich auf die Schrift des Pädagogikprofessors STRÜMPELL, der seinerseits recht unbefangen von den psychiatrischen Kategorien seiner Zeit Gebrauch machte. Man würde sich wünschen, daß heutige Pädagogen ein ebenso unbefangenes Verhältnis zu ihren Orientierungswissenschaften hätten und es als selbstverständlich ansähen, daß, wer von Erziehung spricht, auch von Psychologie, Soziologie und Psychopathologie sprechen muß. Leider hat sich diese Erkenntnis noch nicht allgemein durchgesetzt.

Von der Aufklärung bis in dieses Jahrhundert hinein war die Erörterung der sogenannten »Kinderfehler« ein Thema der Pädagogik – wohlgemerkt, nicht irgendeiner »Sonderpädagogik«, sondern der allgemeinen Pädagogik (vgl. U. HERRMANN 1976). Der letzte von den pädagogischen Klassikern, der verstanden hat, daß diese Charaktervarianten bis zum Pathologischen hin eine menschliche Realität sind und die Erziehungswissenschaft sich mit dieser Realität beschäftigen muß, war NOHL in den 20er Jahren.

Neuerdings hat GÖPPEL (1989) vorgetragen, wie sehr das Nachdenken über mißlingende Erziehungsprozesse immer Teil der pädagogischen Reflexion war, bei PESTALOZZI, HERBART und WICHERN und vor allem seit Beginn dieses Jahrhunderts. Gelingende und mißlingende Erziehung sind sozusagen zwei Seiten derselben Medaille; wer die eine bedenkt, muß immer zugleich auch die andere in seine Überlegungen mit einbeziehen (MÖCKEL 1984). Doch seit NOHLs Zeiten hat man von Charakterunterschieden oder Kinderindividualitäten kaum mehr gesprochen, und die pathologischen Eigenarten wurden immer mehr in den Zuständigkeitsbereich der Sonderpädagogik abgeschoben.

Einen Schritt in die Richtung, die Ausklammerung des Psychopathologischen wieder rückgängig zu machen, tat bereits das erwähnte Buch von WINKEL mit dem meines Erachtens etwas gewagten Titel: »Pädagogische Psychiatrie für Eltern, Lehrer und Erzieher. Eine Einführung in neurotische und psychotische Schul- und Erziehungswirklichkeiten« (WINKEL 1977).

Gewagt erscheint mir der Titel und das Thema dieses Buches in mehrfacher Hinsicht. Eine Einführung in psychiatrisches Grundwissen für Eltern, Lehrer und Erzieher, von einem Fachmann, das heißt von einem Psychiater geschrieben – das wäre unbedenklich. Solche Bücher gibt es zum Beispiel von LEMPP (1972). Nun ist WINKEL meines Wissens aber kein Arzt und Psychiater, sondern Professor der Erziehungswissenschaft. Woher also nimmt er die Kompetenz, eine Darstellung der Psychiatrie zu verfassen? Weiterhin soll es bei WINKEL nicht um irgendeine, sondern um eine *pädagogische* Psychiatrie gehen. Was ist damit gemeint?

»Die traditionelle Trennung von Pädagogik (= Erziehung der ›Gesunden‹) und Psychiatrie (= Eingliederung der ›Anormalen‹) spiegelt exakt ein gesellschaftliches Bewußtsein, das da meint, zwischen uns und den ›Schizophrenen‹ lägen Welten; ›Alkoholismus‹ würde ebenso vererbt wie bürgerliche Anständigkeit; ›Zwangsneurotiker‹ sollte man gesondert behandeln, denn sie könnten uns anstecken. ...

Dabei wissen wir heute: zwischen den Allmachtsphantasien eines über die Autobahn jagenden Porschefahrers und eines ›verrückten Katatonikers‹, zwischen den Ängsten eines sexuell impotenten Topmanagers und den ›Halluzinationen eines Süchtigen‹, zwischen dem Maria verehrenden Quartaner und dem ›kriminell gewordenen Sonderschüler‹ liegen oft nur Zufälle, gesellschaftliche Konventionen, individuelle und familiäre Vertuschungsmöglichkeiten, quantitative und nicht qualitative Unterschiede« (WINKEL 1977, S. 14f.).

Insoweit ist WINKEL vollauf zuzustimmen. Indessen erscheint es allzu anspruchlich, diesen Gesichtspunkt mit dem Etikett »Pädagogische Psychiatrie« zu versehen. Richtiger wäre zu sagen: Die Psychiatrie gehört ebenso wie die Psychologie und Soziologie zu den unentbehrlichen Bezugs- und Orientierungswissenschaften der Pädagogik, weil sie uns über mißlingende Lebensläufe und über fehlgegangene Entwicklungs- und Erziehungsprozesse viel lehren kann. In diesem Sinne soll in unseren Überlegungen keine »pädagogische Psychiatrie«, wohl aber eine pädagogische Aufmerksamkeit für psychopathologische und psychiatrische Sachverhalte entwickelt werden.

Übersicht über die mit Verhaltenstörungen befaßten wissenschaftlichen Disziplinen

Verhaltensstörungen sind an sich Thema der »Allgemeinen Pädagogik«, doch hat sich diese seit langer Zeit nur noch sporadisch dafür interessiert. Mit unterschiedlichen Terminologien und von unterschiedlichen Erfahrungsfeldern aus sind Verhaltensstörungen heute Gegenstand
- der Kinder- und Jugendpsychiatrie,
- der Kinder- und Jugendlichenpsychotherapie,
- der Sozialpädagogik,
- der sonderpädagogischen Unterdisziplin »Verhaltensgestörtenpädagogik«.

Die *Kinder- und Jugendpsychiatrie*. Ende des vorigen Jahrhunderts erschienen die ersten Monographien über psychische Störungen des Kindes- und Jugendalters, verfaßt von Vertretern der allgemeinen Psychiatrie. In Deutschland war die Darstellung von HOMBURGER (1926) für lange Zeit maßgeblich. In den letzten Jahrzehnten galten die Arbeiten von LEMPP (1972) und NISSEN (1977) als grundlegend. Ein umfassendes Handbuch erschien als Gemeinschaftswerk von HARBAUER, NISSEN, LEMPP und STRUNK (1971 bzw. 1976⁴). Heute wird der Aufgabenbereich der Kinder- und Jugendpsychiatrie folgendermaßen umschrieben:

»Die Kinder- und Jugendpsychiatrie hat die Erkennung, Behandlung, Prävention und Rehabilitation psychischer, psychosomatischer und neuropsychiatrischer Erkrankungen des Kindes- und Jugendalters zum Ziel. Diese Aufgaben beziehen sich in erster Linie auf folgende Zielgruppen: Kinder mit cerebralen Funktionsstörungen, Kinder mit allgemeinen und speziellen Entwicklungsrückständen (Intelligenzmängel, sprachliche, motorische und sensorische Retardierungen), Kinder mit chronischen geistigen und/oder körperlichen Behinderungen, Kinder psychisch kranker Eltern, Kinder von Angehörigen sozialer Randgruppen, Kinder aus gestörten Familienverhältnissen und/oder Heimen« (EGGERS in BATTEGAY et al. 1992, S. 258).

Obwohl diese Aufzählung den Gesamtbereich kindlicher Verhaltensauffälligkeiten umfaßt, liegt doch ein gewisser Akzent – und darin wird der ärztliche Zugang erkennbar – auf den von hirnorganischen Befunden ableitbaren Störungen. Breit diskutiert wird etwa die Frage, ob Verhaltensstörungen womöglich häufiger als angenommen Folge sogenannter minimaler cerebraler Dysfunktionen (MCD) sein könnten.

Die *Kinder- und Jugendlichenpsychotherapie* hat ihren Ursprung in der Psychoanalyse. In den 20er Jahren unternahmen vor allem MELANIE KLEIN, ANNA FREUD und HANS ZULLIGER den Versuch, die Psychoanalyse als Heilmethode bei Neurosen für die Behandlung von Kindern zu adaptieren. In Deutschland wurde nach 1945 der Beruf des Psychagogen (heute Kinder- und Jugendlichenpsychotherapeut) geschaffen, dem die psychoanalytische Behandlung neurotisch gestörter Kinder und Jugendlicher obliegt. Die Kinderanalyse behandelt in erster Linie die neurotischen Störungen des Kindes; dieser Erfahrungshintergrund bestimmt die Terminologie, in der die Störungen beschrieben und interpretiert werden. Es gibt nur wenige systematische Darstellungen der seelischen Störungen des Kindes aus der Sicht dieser analytischen Kinderpsychotherapie, und auch diese wenigen sind noch älteren Datums (A. FREUD 1968; A. DÜHRSSEN 1954).

Die *Sozialpädagogik* beschäftigt sich mit einem relativ begrenzten Ausschnittsfeld: Verwahrlosung, Delinquenz und Jugendkriminalität. Und dieses ohnehin schon begrenzte Ausschnittsfeld wird zusätzlich noch durch den Umstand eingeschränkt, daß vorwiegend die außerschulischen Manifestationen interessieren. Als Erklärung werden bevorzugt soziologische Theorien herangezogen wie zum Beispiel der »labeling approach«. Aus dieser Sicht werden Verhaltensstörungen als nonkonforme und deviante Formen der Problemverarbeitung von Kindern und Jugendlichen definiert (vgl. etwa HURRELMANN u. JAUMANN 1985).

Schließlich die sonderpädagogische *Verhaltensgestörtenpädagogik*. Auch sie reicht mit ihren Wurzeln bis ins vorige Jahrhundert zurück und erreichte eine erste Blüte in den zwanziger Jahren unseres Jahrhunderts, als die ersten schulischen Sondereinrichtungen für Schwererziehbare eingerichtet wurden (MÖCKEL 1988).

Die sechziger Jahre standen in der Bundesrepublik im Zeichen der Differenzierung des Sonderschulwesens. Die Hilfsschule, die heutige Sonderschule für Lernbehinderte, sollte ergänzt werden durch schulische Förderangebote für Geistigbehinderte, Körperbehinderte und so weiter – und eben auch durch spezielle Schulen für Verhaltensgestörte.

Dadurch war das Interesse wiederum zugangsbedingt eingeengt. Es interessierten vor allem jene Manifestationen auffälligen Verhaltens, die in der Schule Probleme bereiten: Schwierigkeiten des Lernens und der sozialen Einordnung. Es ist leicht einzusehen, daß etwa das Einnässen von Kindern nicht zu den bevorzugten Themen der Verhaltensgestörtenpädagogik zählt, denn es erfolgt meistens nachts und verlangt keine schulischen Sondermaßnahmen.

Parallel zu der Untergliederung der Sonderschulen differenzierte sich die Sonderschullehrerausbildung, was wiederum eine Differenzierung der wissenschaftlichen Lehre teils zur Voraussetzung, teils zur Folge hatte. Die Anfang der siebziger Jahre vom Deutschen Bildungsrat in Auftrag gegebenen Gutachten zur Erarbeitung der Empfehlung »zur pädagogischen Förderung behinderter und von Behinderung bedrohter Kinder und Jugendlicher« spiegeln die vielfältigen Bemühungen um eine neue Konzeption von Sonderpädagogik wider.

Mit der Erstellung des Gutachtens für den Bereich der Verhaltensgestörtenpädagogik wurden seinerzeit BITTNER, ERTLE und SCHMID (1974) beauftragt. Wir wollten zweierlei zur Strukturierung des inzwischen akademisch etablierten Faches »Verhaltensgestörtenpädagogik« leisten: eine lebensgerechtere Sichtweise des verhaltensgestörten Kindes durchsetzen (bis dahin wurden die Verhaltensgestörten mehr oder weniger den Behinderten subsumiert; allen Ernstes wurde der Ausdruck »Verhaltensbehinderte« gebraucht) und außerdem – zugunsten eines abgestuften Systems pädagogischer Interventionen – vom Konzept einer Sonderschule für Verhaltensgestörte wegführen. Diese zweite Intention hat sich in der neueren Verhaltensgestörtenpädagogik allgemein durchgesetzt und bis hin zur Etablierung von »mobilen Erziehungshilfen« (HUSSLEIN 1983) geführt. Die Sicht des »verhaltensgestörten« Kindes indessen ist nach wie vor defizitär.

Wir haben schon in diesem Gutachten für den Deutschen Bildungsrat die Untauglichkeit des Begriffes »Verhaltensstörung« hervorgehoben, haben ihn allerdings schweren Herzens weiter verwendet, weil er sich eingebürgert hat und ein besserer nicht zu finden war. Die Schwierigkeit, zu einer passenden Bezeichnung zu kommen, sahen wir in zwei sachimmanenten Gegebenheiten begründet:

»a) Der gesuchte Oberbegriff müßte allzu divergierende Formen problematischen Verhaltens zusammenfassen: Emotional gestörte (›neurotische‹) und sozial auffällige (›verwahrloste‹) Kinder haben wenig mehr als die allgemeinste Eigenschaft, ›schwierig‹ zu sein, und die allgemeinste Ursache ihrer Auffälligkeit (Familienfaktoren) miteinander gemein.

b) Alle vorgefundenen Bezeichnungen gehen von der Annahme aus, daß auffälliges Verhalten ein relativ situationsunabhängiges Merkmal bestimmter Kinder sei. In Wirklichkeit hat es jedoch die Verhaltensgestörtenpädagogik weniger mit einer besonderen Art von Kindern (›Behinderungsart‹), sondern eher mit Kindern in bestimmten typisch problematischen Lebenslagen zu tun, in denen diese Kinder dann für kürzere oder längere Zeit mehr oder weniger ausgeprägt ›schwierig‹ reagieren« (BITTNER, ERTLE u. SCHMID 1974, S. 18).

Die Sachlage ist bis heute die gleiche geblieben. Immer noch sprechen wir schlechten Gewissens von »Verhaltensstörungen« (und machen die innere Distanz zu dem Begriff durch Anführungsstriche kenntlich). Immer noch geht es uns darum, gestörtes Verhalten in seiner situativen und biographischen Bedingtheit darzustellen, sogenannte »Verhaltensgestörte« als Problemkinder oder Kinder in besonderen Lebenslagen vor Augen zu führen.

Die Verhaltensgestörtenpädagogik hat unser Anliegen in den letzten 20 Jahren nur unzulänglich aufgenommen. Sie krankt bis heute an einem Defizit des konkreten Wahrnehmens der so vielfältigen Erscheinungsweisen kindlicher »Verhaltensstörungen« und der Mannigfaltigkeit der Lebensumstände, die solche »Verhaltensstörungen« bedingen. Die maßgeblichen Lehr- und Handbücher (z.B. GOETZE u. NEUKÄTER 1989; SPECK 1984) handeln von Verhaltensstörungen auf einer merkwürdig abstrakten Ebene; auch dem an sich verdienstvollen Werk von SCHMID (1985), das programmatisch eine »Daseinsanalyse« des verhaltensgestörten Kindes entwirft, wäre man dankbar gewesen, wenn es etwas Derartiges selbst in concreto in Angriff genommen hätte.

Wo Konkretionen versucht werden (z.B. HAVERS 1981), bleiben diese wiederum allzu eng auf den Umkreis der Schule beschränkt – was dem theoretisch neuerdings proklamierten Selbstverständnis der Sonder- oder Heilpädagogik widerspricht, die ja nicht mehr nur Sonderschulpädagogik sein will, sondern pädagogische Bemühung um das behinderte, gestörte und gefährdete Kind in allen seinen Lebenslagen. Auch bei HUSSLEIN wird der von ihm gestellte Anspruch, seine Schul- und Unterrichtskonzeption für verhaltensgestörte Kinder auf praktische Erfahrungen aus der Begegnung mit jungen Menschen in besonders problematischen Lebenslagen (vgl. HUSSLEIN 1983, S. 19) aufzubauen, nur ansatzweise sichtbar. Anspruch und Wirklichkeit klaffen überall weit auseinander. Verhaltensgestörtenpädagogik, wie sie sich heute akademisch darstellt, ist merkwürdig inhaltslos, teils überzogen »wissenschaftlich«, fixiert auf Organisationsformen und Interventionsmethoden. Sie hat kein Sensorium für die ihr anvertrauten Kinder entwickelt.

Diese problematische, über die Adressaten, das heißt die Kinder mit Verhaltensstörungen hinwegsehende Blickrichtung läßt sich besonders gut an dem Handbuchband »Pädagogik bei Verhaltensstörungen« (GOETZE u. NEUKÄTER 1989) belegen. In dem ganzen umfangreichen Werk von mehr als 1000 Seiten sind allein schon ausführlicher geschilderte Fallbeispiele »gestörten« Verhaltens und des pädagogischen beziehungsweise therapeutischen Umgangs mit derlei Störungen nur spärlich anzutreffen. Gänzlich fehlt indessen ein systematischer Beschreibungsversuch. Allein der jugendpsychiatrische Beitrag von LEMPP unternimmt Ansätze zu einer solchen systematischen Beschreibung; er beschränkt sich aber, dem ärztlichen Auftrag gemäß, auf die Darstellung solcher Verhaltensstörungen, die in irgendeiner Weise mit einer hirnorganischen Schädigung oder Funktionsstörung oder mit einer körperlichen Krankheit in Zusammenhang stehen. Das Schwergewicht des Bandes liegt eindeutig auf der Darstellung wissenschaftlicher Erklärungs- und pädagogischer beziehungsweise therapeutischer Interventionsansätze. Von daher ist dieses Werk ein besonders guter Beleg für die hier vertretene Auffassung, daß Verhaltensgestörtenpädagogik heute in der Tendenz ohne genaueren Blick auf die betroffenen Kinder, ihre Lebenswelten und -schicksale exekutiert wird.

Einige wenige Ausnahmen von diesem generellen verhaltensgestörtenpädagogischen Trend sind zu registrieren: Einzelne Arbeiten von MONIKA VERNOOIJ (z.B. 1987) – auf individualpsychologischem Hintergrund – lassen etwas vom Engagement für das gestörte Kind in seiner konkreten Lebenslage erkennen. Eine reichhaltige Phänomenologie kindlicher Verhaltensstörungen bieten INNERHOFER und seine Mitautoren (1988) – allerdings auf Grund ihres lerntheoretischen Konzepts ohne tiefer eindringendes Interesse für die biographischen und psychosozialen Hintergrundskonstellationen. Den psychoanalytisch orientierten Verhaltensgestörtenpädagogen in Frankfurt und Reutlingen verdanken wir zahlreiche wertvolle kasuistische Studien über Einzelerfahrungen mit Kindern und Kindergruppen (ERTLE u. SCHMID 1978; LEBER 1983), deren Intentionen sich genau mit den hier verfolgten decken. Was dort noch fehlt und hier als Ziel vorschwebt, ist ein Stück Überblick und Systematik der bestehenden Erscheinungen.

Das Urteil über die Verhaltensgestörtenpädagogik, sie sei nicht adressatenbezogen und vernachlässige die Reflexion über verhaltensgestörte Kinder und ihre spezifischen Lebenslagen, ist nach dem kürzlichen Erscheinen von MYSCHKERS »Verhaltensstörungen bei Kindern und Jugendlichen« (1993) teilweise zu modifizieren. Hier wird – soweit ich sehe erstmals – der längst überfällige Versuch unternommen, eine Übersicht über die Erscheinungsweisen kindlicher und jugendlicher Verhaltensauffälligkeiten im Kontext einer Verhaltensgestörtenpädagogik zu geben. Die Darstellung ist lebensweltorientiert und narrativ und daher für den pädagogischen Leser gut nachvollziehbar.

MYSCHKERS erklärter Anspruch, die Verhaltensstörungen auf dem Hintergrund der Gesamtheit der Humanwissenschaften im Sinne einer »Zusammenschau ihrer Ergebnisse« (MYSCHKER 1993, S. 13) behandeln zu wollen, läßt sich offenbar nur additiv referierend einlösen.

In bezug auf Unbewußtes sowie psychoanalytische Interpretationszugänge ist das ansonsten verdienstvolle Werk sicherlich unbefriedigend. Wir erfahren zwar, daß die Psychoanalyse auf die Pädagogik seit ihren Anfängen einen starken Einfluß ausgeübt hat, »der sich auch gegenwärtig noch deutlich zeigt« (ebd., S. 163), doch in MYSCHKERS Buch sind psychoanalytische Interpretationszugänge, auch wenn sie referiert werden, nirgends wirklich integriert. Symptomatisch ist zum Beispiel, daß bei der Aufzählung der Berufe, die mit verhaltensgestörten Kindern zu tun haben, der analytische Kinder- und Jugendlichentherapeut einfach fehlt – und das, obwohl (oder weil) schon vor Jahrzehnten eine Kontroverse zwischen MYSCHKER und mir über den heilpädagogischen Stellenwert der analytischen Kinderpsychotherapie ausgetragen wurde (vgl. Myschker 1971; Bittner 1971). Myschker führt nicht einmal mehr seinen eigenen damaligen Beitrag im Literaturverzeichnis auf – doch wohl kein Ergebnis von »Verdrängung«?

Die vorliegende Darstellung intendiert einerseits weniger, andererseits mehr als das Buch von Myschker. Weniger insofern, als es nur um eine Darstellung der Verhaltensstörungen ohne den im spezifischeren Sinn verhaltensgestörten*pädagogischen* Kontext geht. Mehr intendiert meine Darstellung, insofern sie auf motivationales Verstehen und auch und vor allem auf das Verstehen *unbewußter* Motive hin angelegt ist.

II. Erscheinungsweisen der »Grundstörung«

Psychosomatische Erkrankungen

Unter psychosomatischen Krankheiten verstehen wir Erscheinungen, die echte Krankheiten im Sinne der allgemeinen Medizin sind. Im Gegensatz zu »eingebildeten« Krankheiten sind hier objektiv faßbare Symptome, also körperliche Krankheitserscheinungen sichtbar, die aber eine seelische Ursache haben. Daß solche Krankheiten auch seelisch bedingt sein könnten, hatte SIGMUND FREUD noch nicht angenommen. Er hatte sich auf die sogenannten Psychoneurosen konzentriert, das heißt auf seelische Krankheiten, die ihre Manifestationen überwiegend im seelischen Bereich haben, wie die Zwangsneurose und die Hysterie.

Die Lehre von den psychosomatischen Krankheiten wurde von einigen tiefenpsychologisch orientierten Internisten etwa seit den 30er Jahren dieses Jahrhunderts begründet: von GEORG GRODDECK, dem genialen Intuitiven, später systematischer von FRANZ ALEXANDER in Chicago, von VIKTOR VON WEIZSÄCKER in Heidelberg und dem Jungianer GUSTAV RICHARD HEYER in Berlin (GRODDECK 1923; ALEXANDER 1951; v. WEIZSÄCKER 1986; HEYER 1937).

ALEXANDER, der sozusagen das erste Lehrbuch der neuen Wissenschaft schrieb, erkannte folgende Krankheiten als »psychosomatisch« an: Herzunregelmäßigkeiten (Tachykardie), Ohnmachtsanfälle, viele Arten des Hautjuckens und des Ekzems, Asthma der Bronchien, Zuckerkrankheit, hohen Blutdruck, Magengeschwür, Muskel- und Gelenkrheumatismus. Inzwischen sind noch viele andere Krankheiten hinzugekommen, bei denen man zumindest eine seelische Mitverursachung annimmt. Es macht heutzutage schon beinahe Mühe, eine Krankheit zu finden, bei der seelische Mitursachen mit Sicherheit ausgeschlossen werden können. Ich persönlich würde vermuten, daß die Psyche mittelbar oder unmittelbar immer ihre Finger mit im Spiele hat, wenn wir krank werden, sogar wenn wir eine simple Grippe bekommen, oder wenn wir uns etwa ein Bein brechen. Man soll auch nicht denken, daß die psychisch bedingten Krankheiten die leichten und die organischen die schwereren seien. Es gibt tödliche Krankheiten, bei denen die psychische Mitverursachung allgemein anerkannt ist, wie zum Beispiel den Herzinfarkt. Auch beim Krebs können wir seelische Komponenten wenigstens ahnen, wenn wir auch noch weit davon entfernt sind, sie zu kennen; immerhin meinte man feststellen zu können, daß Krebspatienten schon vor der Manifestation ihrer Krankheit eine ausgeprägt depressive Charakterstruktur zeigen (zur Komplexität der Forschungslage vgl. VERRES 1986). Heutzutage liegt es nahe anzunehmen, daß der pathogene Mechanismus bei zahlreichen psychosomatischen Krankheiten über eine herabgesetzte Immunabwehr läuft (KROPIUNIGG 1990).

Warum stelle ich dieses schwierige Gebiet der psychosomatischen Krankheiten an den Anfang meiner Ausführungen? Wäre es nicht besser gewesen, mit etwas Einfacherem, weniger Voraussetzungsreichem zu beginnen? Ich tue es trotz dieser Bedenken aus drei Gründen:

Erstens. Ich habe mir vorgenommen, die Lehre von den seelischen Krankheiten oder Verhaltensstörungen systematisch aufzubauen, das heißt mit dem Grundlegendsten zu beginnen und dann erst die abgeleiteten, zusammengesetzteren Formen zu behandeln. Das grundlegendste seelische Leiden scheint mir dabei die körperliche Krankheit zu sein.

Zweitens. Alle Lehrbücher der Neurosenlehre beginnen mit der Zwangsneurose und der Hysterie, weil FREUD mit der Erforschung dieser Krankheiten begonnen hat. Sie gelten daher sozusagen als die Schulbeispiele psychoanalytischer Krankheitslehre. Dabei haben sie allerdings einen Nachteil: Es gibt diese Krankheiten in der reinen Form, in der sie FREUD beschrieben hat, vor allem bei Kindern und Jugendlichen heute kaum mehr.

Drittens. Schließlich will ich, ganz ehrlich gesagt, ein bißchen beeindrucken, damit die Sache ernst genommen wird. Denn wir sind ja alle insoweit Materialisten, als wir nur das glauben, was wir anschauen, was wir mit Händen greifen können. Das gilt auch für die Psyche: Weil wir sie nicht sehen können, darum glauben wir nicht so recht an sie. Erst wenn man also deutlich macht, daß die Psyche nicht nur Ängste und Verhaltensstörungen, sondern auch »richtige« körperliche Krankheiten hervorzubringen vermag, die man zum Beispiel mit Hilfe eines Elektrokardiogramms eben auch »sehen« und an denen man allerschlimmstenfalls sogar sterben kann, dann, so denke ich mir, wird man ein bißchen Respekt vor der Psyche bekommen und eher bereit sein, an ihre Existenz zu glauben.

Psychosomatik ist heute – über 40 Jahre nach dem ersten Erscheinen des Buches von ALEXANDER – eine hochentwickelte medizinische Spezialdisziplin, mit eigenen Fachzeitschriften und umfassenden Standardwerken (vgl. etwa BRÄUTIGAM u. CHRISTIAN 1975; umfassend v. UEXKÜLL 1990). Auch die Psychosomatik des Kindes ist inzwischen ein weitverzweigtes Wissensgebiet (ZIMPRICH 1984): Fett- und Magersucht, Einnässen, Einkoten, Stottern, Schlafstörungen gelten als unzweifelhaft psychosomatische Störungen des Kindes- und Jugendalters, bei Asthma und Allergien werden zumindest psychogene Mitverursachungen diskutiert, bei vielen primär somatischen Erkrankungen bis hin zu den Tumorerkrankungen ergeben sich erhebliche psychische Folgeprobleme (vgl. PRINDULL u. SCHULZE 1978; STEINHAUSEN 1977).

Die Behandlung psychosomatischer Störungen bei Kindern und Jugendlichen ist in erster Linie Sache ärztlicher Spezialisten oder mit Ärzten zusammenarbeitender Kinder- und Jugendlichenpsychotherapeuten. Pädagogisches Interesse beanspruchen die psychosomatischen Störungen vor allem auf Grund der Umfeldprobleme, die sowohl bei der Entstehung als auch bei der Behandlung solcher Störungen bedeutsam sind.

Die Herzneurose als Beispiel
psychosomatischer Krankheit im Kindesalter

Als Beispiel greife ich die Herzneurose des Kindes heraus, um die Verzahnung von medizinischen, psychologischen und pädagogischen Gesichtspunkten aufzuweisen. Daß psychosomatische Krankheiten schon im Kindesalter eine Rolle spielen, soll zunächst an Hand von zwei Fällen kindlicher Herzneurosen vor Augen geführt werden. Eine erste, ausführlichere Falldarstellung entnehme ich aus RICHTER und BECKMANN (1969), ein zweites Beispiel aus meinem eigenen Beobachtungsmaterial.

»Unangemeldet erscheinen beide Eltern mit ihrer 9jährigen Tochter Bettina am Samstag mittag in unserer Klinik. Der Vater, Bäckermeister aus einem kleinen ländlichen Ort, hält das zitternde blasse Mädchen an der Hand. Seit 14 Tagen sei Bettina krank. Man sei mit ihr erst beim Hausarzt, dann bei einem Homöopathen und schließlich in einer Kinderklinik gewesen. Nichts habe bisher geholfen. Man wisse jetzt nicht mehr weiter.

Allmählich schält sich folgende Vorgeschichte heraus: Bettina hatte vor 14 Tagen abends ihre Tante besucht, die im gleichen Ort wohnte. Sie hatte ihr einen entliehenen Eimer zurückgebracht. Anstatt sich zu freuen, hatte die Tante geschimpft, weil Bettina keine Strümpfe und Schuhe, sondern nur ›Holzschläpper‹ getragen hatte: ›Wenn du keine Strümpfe anziehst, wirst du noch krank werden!‹ Bettina hatte sich geärgert. (Diese Details waren vorher mit den Eltern noch nie besprochen worden und ergaben sich erst nach und nach aus den Erzählungen Bettinas.) Am nächsten Morgen gab es große Aufregung. Als Bettina erwachte, hörte sie von der weinenden Mutter, daß man die Tante gerade tot aufgefunden habe. Sie müsse einen Herzschlag erlitten haben. Ihre Tür sei verschlossen gewesen. Man habe die Tür aufbrechen müssen. Vielleicht hätte man ja der Tante noch helfen können, wenn jemand in der Nähe gewesen wäre. Aber niemand habe einen Hilferuf gehört. Als die Mutter bemerkte, daß Bettina erwacht war und zugehört hatte, wandte sie sich dieser zu und versuchte in sie zu dringen: ›War denn gestern abend etwas mit der Tante, du warst doch da. War sie denn krank?‹

Bettina weinte nicht, als sie diese erschreckende Geschichte hörte. Man konnte ihr auch tagsüber nicht anmerken, daß etwas Besonderes in ihr vorging. Aber als sie abends ins Bett gebracht worden war, sprang sie nach 10 Minuten wieder auf und schrie. ›Ich muß zum Doktor, mir wird so schlecht. Mein Herz tut mir so weh, das klopft so!‹ Der Vater berichtet: ›Ich habe selbst gespürt, wie das Herz bei ihr gerast hat. Bevor meine Frau das Auto fertig machen konnte, lief sie schon im Nachthemd los, zu unserem Hausarzt im Ort. Sie war nicht zu halten ...‹

Das Kind klammerte sich zitternd an den Hausarzt. Der gab ihr einen Schlafsaft. Zu Hause fing aber die Angst gleich wieder an. Der Hausarzt wurde wiederum bemüht und verabreichte nun ein weiteres sedierendes Mittel. Als die Angst nicht wich, nahm er sie kurzerhand zu sich mit nach Hause. Er ließ sie die nächsten beiden Nächte bei sich schlafen, weil er hoffte, dem Mädchen durch seine ständige Anwesenheit die Angst nehmen zu können. Außerdem gab er ein Psychopharmakon. Aber in der dritten Nacht rief er um Mitternacht bei Bettinas Eltern an: ›Ich werde mit ihr nicht mehr fertig!‹ ... Das Mädchen verlangte, unbedingt ins Krankenhaus gebracht zu werden. Der Vater lud sie in sein Auto und war mit ihr schon auf dem

Wege in die Stadt zur Klinik, da schlief sie im Auto ein. Daraufhin kehrte der Vater um und fuhr das schlafende Kind nach Hause. Schließlich hatte der Hausarzt ja erklärt, es sei keine organische Krankheit. ...

Nachdem der Hausarzt mit ihr nicht weiterkam, versuchten es die Eltern mit einem Homöopathen. Dieser verordnete angeblich Opiumkügelchen – ohne jeden Effekt. Endlich wurde Bettina doch in der Kinderklinik vorgestellt. Aber dort nahm man sie nicht auf. Man untersuchte sie gründlich körperlich und fertigte auch eine Röntgenaufnahme des Schädels an. Alle organischen Befunde waren in Ordnung, man beruhigte die Eltern und empfahl eine Vorstellung in unserer Klinik. Die Eltern konnten sich zunächst jedoch nicht entschließen, das Kind zu uns zu bringen. Erst als es in den folgenden Tagen erneut wesentlich schlechter wurde und die Eltern für das bevorstehende Wochenende Schlimmes befürchteten, luden sie Bettina samstags mittags ins Auto und erschienen mit ihr bei uns« (RICHTER u. BECKMANN 1969, S. 128ff.).

An einem Behandlungsfall hatte ich Gelegenheit, Symptomatik und Hintergründe herzbezogener neurotischer Schreckphänomene selbst näher kennenzulernen.

Der Patient, ein 31jähriger Akademiker, ist seit längerem in psychoanalytischer Behandlung, die er zunächst wegen zwanghafter Symptome aufgesucht hatte. Mit der Zeit trat offene Angst immer mehr in den Vordergrund. Schon in einer der ersten Analysenstunden berichtete er von einem Angstanfall. Er war, wie es seiner Gewohnheit entsprach, abends niedergekniet, um zu beten, als er plötzlich das Gefühl hatte, alles gleite ihm fort und er werde im nächsten Augenblick im Nichts versinken. Durch Anklammern an seinen Schreibtisch brachte er sich wieder in die Wirklichkeit zurück. Während einer Analysenpause und auch später noch öfter überkam ihn, wenn er auf einer Wiese lag und in den wolkenlosen Himmel hinaufschaute, die Angst, die Schwerkraft der Erde könne plötzlich versagen und er dadurch in die Weite des Weltraums hinausgeschleudert werden – eine Vorstellung, die von dem Patienten so realistisch erlebt wurde, daß er sich an Grasbüscheln festzuklammern versuchte. Ein hartnäckiges Symptom ist auch das nächtliche Aufschrecken. Zunächst nur fühlbar im Zusammenhang mit einer Extrasystole, dann zunehmend bewußter werdend in den darunterliegenden Phantasien. Der Patient träumt im Moment des panischen Aufwachens, er habe Geschirr über eine Treppe zu tragen und komme dabei ins Rutschen. Das Aufschrecken wird dabei von einer typischen Moro-Bewegung der Arme begleitet. Oder er träumt, er sitze in einem abstürzendem Flugzeug, das sich erst kurz über dem Erdboden wieder fängt. Oder gar: Die Erdkugel, auf der er sich befindet, gerät von ihrer Umlaufbahn ab und stürzt ins Nichts. Übrigens leidet er unter Flugangst, die sich bei seinem Beruf gelegentlich hinderlich auswirkt. Seit dem ersten Flug, den er zwar genoß, bei dem ihn dann jedoch irgendwann starke Angst packte, ist er nie wieder geflogen. Im Alter von etwa 12 Jahren waren erstmals Todesängste aufgetreten, die ein physiologisch faßbares Korrelat in einer hochgradigen vegetativen Labilität hatten. Er hatte Angst einzuschlafen und dann nicht mehr aufzuwachen, beim Schwimmen einen Hitzschlag zu erleiden und so weiter. Häufig waren vor allem Fallträume. Die gleichzeitige Entdeckung der Onanie mit sehr starker und erregender Lustempfindung führte zu der Angst, von der Erregung weggespült zu werden und keinerlei Kontrolle mehr über sich selbst zu besitzen. Die Analyse deckte eine ganze Reihe von Phantasien auf, die mit plötzlicher und totaler Vernichtung – seiner selbst und der ganzen Welt – zu tun hatten. In hypochondrischen Befürchtungen begegnete vor allem die Idee eines plötzlichen Herztodes, in seinen Weltuntergangsphantasien die seit der Kindheit, als er zum ersten Male etwas von atomaren »Kettenreaktionen« gehört hatte, gehegte Vorstellung, die ganze Erde könne in wenigen Sekunden – etwa als Folge eines atomaren Unfalls – vollständig zerstört werden. Auf den Fahrten zur Analysenstunde mit dem Auto spielte er gelegentlich ein recht bezeichnendes Gedankenspiel. Er visierte ein mäßig entferntes Verkehrszeichen an und sagte sich dann: »Die Sekunden, bis ich diesen Punkt erreiche, werde ich ganz sicher noch erleben.« Offenbar versuchte er auf diese Weise, die Befürchtung abzuwehren, in diesen wenigen Augenblicken vernichtet werden zu können (vgl. BITTNER 1974, S. 32; 1979b, S. 34f.).

An diesen beiden Beispielen lassen sich drei Gesichtspunkte hervorheben:

1. Der objektiv faßbare medizinische Befund ist in diesen beiden Fällen gering. »Mein Herz klopft so«, sagte das Mädchen Bettina; wahrscheinlich hatte sie eine kleine Pulsbeschleunigung. Mein Patient hatte immer mit den Extrasystolen zu tun, also Pulsunregelmäßigkeiten, die als ein Aussetzen des Herzschlages mit einem nachfolgenden heftigen Schlag erlebt werden.

Das ist nun recht typisch für Herzneurosen, daß eine an sich harmlose Herzaktion, sei es eine Pulsbeschleunigung, eine Extrasystole oder etwas anderes, falsch interpretiert und als bedrohlich erlebt wird. Die erste Vorbedingung solcher Zustände ist also die, daß man an seinem Körper Wahrnehmungen macht, auf die man normalerweise nicht achtet, und diese dann in einem bedrohlichen Sinne mißdeutet. Daraufhin schleift sich der Angstzirkel ein, der diese bedrohlichen Erscheinungen nach Art eines bedingten Reflexes fixiert und immer wieder beinahe willkürlich hervorruft. RICHTER und BECKMANN (1969) haben in ihrer Studie über die Herzneurose gezeigt, daß man Extrasystolen selbst hervorzurufen geradezu erlernen kann. Durch eine bestimmte Atemtechnik zum Beispiel lassen sich fortwährende Pulsunregelmäßigkeiten erzeugen.

Dieses Phänomen weist auch einen wichtigen pädagogischen Aspekt auf. Die Mißdeutung der Herzaktion ist nur deshalb möglich, weil wir unsere Körpersignale niemals richtig zu deuten gelernt haben. Kinder werden heutzutage über alles und jedes aufgeklärt, von der Sexualität bis zu den gesellschaftlichen Verhältnissen, bloß nicht über die Sprache ihres Körpers. Dieses fehlende Verständnis für unsere Körperempfindungen aber ist der Wurzelboden psychosomatischer Verwicklungen.

Meine Tochter, drei Jahre alt, hat einen neuen Trick entdeckt, wenn ich mit ihr auf dem Hügel hinter unserem Haus spazierengehen will. Sie läßt sich auf die erste Bank fallen und erklärt: »Ich kann nicht weitergehen, ich bin so krank.« Eigentlich müßte sie sagen: »Ich bin müde, ich mag nicht mehr, meine Beine tun mir weh.« Aber sie sagt: »Ich bin so krank.« Wahrscheinlich findet sie das eindrucksvoller. Die Mutter hatte kurz vorher eine Grippe gehabt und war noch eine Zeitlang matt hinterher, und da hatte die Kleine offenbar gehört, daß diese Mattigkeit mit der Krankheit zusammenhänge. Also denkt sie: »Wenn ich mich matt fühle, dann muß ich wohl auch krank sein.« Ich denke mir, daß in diesem falschen Sprachspiel eine Weichenstellung liegen kann. Wenn sie einmal größer ist, wird sie vielleicht jeden Zustand von Müdigkeit als Krankheit auslegen. Das wäre dann der Anfang einer Fehlentwicklung. Also versuche ich, ihr das richtige Wort beizubringen. Ich sage: »Du bist nicht krank, du bist müde.« – Das ist erfolglos, denn das nächste Mal sagt sie wieder: »Ich bin krank.« Ich entnehme daraus, daß man dem Kind nicht einfach richtige Worte beibringen kann, wenn man nicht den Kontext ändert. Indem sie sagt: »Ich bin krank«, will sie ihren Worten Nachdruck verleihen. Ich könnte ihr das richtige Wort also nur beibringen, wenn ich sie erfahren lasse, daß »Ich bin müde« genügt, daß ich auf ihre Müdigkeit genauso bereit bin Rücksicht zu nehmen wie auf ihre Krankheit.

Es ist äußerst wichtig, daß die Kinder klare und richtige Vorstellungen über ihre körperlichen Zustände bekommen. Sozialmedizinische Untersuchungen haben dokumentiert, daß auch bei den meisten Erwachsenen vielfach unklare Vorstellungen darüber herrschen, welche körperlichen Signale harmlos sind und welche bedrohlich, wann man einen Arzt aufsuchen sollte und wann es nicht nötig ist. Darin liegt eine wichtige Bildungsaufgabe der Schule, die heute noch sehr vernachlässigt wird: dem Kind richtige – und das heißt nicht nur wissenschaftlich, sondern auch lebenspraktisch richtige – Vorstellungen über den eigenen Körper zu vermitteln. Darum ist es von großer Bedeutung, daß diese medizinische Wissensvermittlung in Schule und Erwachsenenbildung als selbständige Aufgabe begriffen wird.

In den Schulen benutzte Lehrbücher der Biologie lassen sich meistens nur die wissenschaftliche Richtigkeit angelegen sein. Der menschliche Kreislauf etwa wird immer noch gern »als Pumpe mit Röhrensystem« dargestellt. Wie sollen die Kinder denn wissen, daß dieses ganze System höchst lebendig ist und recht seltsame Erscheinungen hervorbringen kann, vor denen man aber keine Angst haben muß, weil dabei alles mit rechten Dingen zugeht? Man könnte Schülern die Aufgabe stellen: Fühle deinen Puls im Stehen (ganz schnell), im Liegen (langsam), wenn du den Atem anhältst und so weiter. Das Ziel solcher Experimente ist es, mit dem eigenen Körper vertraut zu werden. Man sage nicht, die Kinder würden damit zum Herumexperimentieren an sich selbst verleitet. Das tun sie nämlich ohnehin: Wer kann am längsten die Luft anhalten? – Oder sie saugen am Oberarm, bis Blutflecken auftreten, und ähnliches mehr.

2. Der unmittelbare Anlaß für die Ausbildung einer Herzneurose ist bei Kindern und Jugendlichen oft ein traumatisches Ereignis, der Herztod eines nahen Verwandten zum Beispiel, wie im Falle der kleinen Bettina: Die Tante, mit der sie am Abend vorher Streit hatte, stirbt in der Nacht darauf. Wie naheliegend ist es für die Logik des Kindes, sich mit dem Tod der Tante in Beziehung zu bringen: »Habe ich die Tante so sehr geärgert, daß ich schuld an ihrem Tod bin?«

In diesem Zusammenhang muß man sich darüber klar werden, was der Tod einer nahestehenden Person für das Kind bedeutet. Das kleine, drei-, vier- oder fünfjährige Kind hat noch keine klare Vorstellung vom Tod. Das Sterben nahestehender, aber nicht lebenswichtiger Personen (Onkel, Tanten, Großeltern) nimmt es meist mit erstaunlicher Fassung hin. Tot-Sein bedeutet einfach so viel wie »Weg-Sein«. Das Sterben einer lebenswichtigen Person hingegen (von Vater, Mutter oder auch einem Geschwister) ist oft katastrophal. Es wird ein Loch in die Welt des Kindes gerissen, das kaum ausgefüllt werden kann.

Ich hatte einen Patienten, einen Mann von 35 Jahren, der mit drei Jahren seine Mutter verloren hatte, die an Tuberkulose starb. Und als er sechs Jahre alt war, fiel sein Vater im Krieg. Der Mann hatte nicht eigentlich eine Neurose entwickelt – wenn man einmal davon absieht, daß er etwas fettleibig war und bei allen früheren Frauenbeziehungen, bevor er seine Ehefrau kennenlernte, Potenzschwierigkeiten hatte. Eine Neurose also mit ausgeprägten Symptomen hatte er nicht, doch er bereitete sich ein ungeheuer schweres Leben: Er heiratete eine depressive Frau, die ein Übermaß an Aufopferung von ihm verlangte und jeden Tag drohte, sie würde ihn verlassen, Selbstmord begehen, die Kinder mitnehmen und so weiter. Und der Mann klammerte sich immer fester an diese Frau, weil er sich sagte, sie sei die einzige, bei der er je Befriedigung gefunden habe, und wenn sie ihn verließe, wäre er wieder ganz und gar allein. Er erlebte, könnte man sagen, in seiner Ehe das Sterben der Mutter Tag für Tag neu.

Ein kleines Kind also leidet mit seinem ganzen Wesen am Tode nahestehender Personen. Ein Schulkind, von etwa sieben oder acht Jahren an, vermag sich schon eine Vorstellung vom Tod zu machen und fürchtet ihn als etwas, was ihm selbst begegnen könnte. Deswegen sind solche Gedankengänge wie die von Bettina charakteristisch für ältere Schulkinder: »Die Tante ist gestorben, ich könnte auch sterben.«

Wiederum die Frage: Was bedeutet das pädagogisch? Natürlich kann man dem Kind Traumen solcher Art nicht ersparen. Gegen den Tod ist nun mal kein Kraut gewachsen, und man kann keine Tante dazu veranlassen, erst zu sterben, wenn die Kinder größer sind. Aber man sollte doch Bescheid wissen über die Art, wie Kinder in verschiedenen Altersstufen den Tod erleben (vgl. E. STERN 1957), und sich teilnehmend in das Kind hineinversetzen. Nicht wie jene Eltern eines ängstlichen Jungen, der sich Todesfälle und Schrecknisse in seiner Umgebung ausmalte und den seine Eltern deswegen manchmal »Katastrophenheini« nannten. Auch dieser Junge erkrankte an einer Herzneurose.

3. Nun sind die beiden bisher genannten Faktoren eher akzidentieller Art, denn viele Kinder, die nicht über ihren Körper Bescheid wissen und bei denen eine Person aus der Verwandtschaft stirbt, bekommen trotzdem keine Herzneurose.

Menschen, die an einer Herzneurose erkranken, waren nach RICHTER und BECKMANN (1969, S. 25) in der Kindheit vor allem solchen Einflüssen ausgesetzt, die die Ausbildung von *Selbstsicherheit* gestört haben. Einflüsse dieser Art sind in der Regel von Müttern ausgeübt worden, welche die Kinder symbiotisch an sich gebunden und in bestimmter Weise eingeschüchtert haben. Das Grundgefühl des Herzneurotikers manifestiert sich in der Überzeugung: »Es gibt nichts, worauf ich mich verlassen kann.« Die Erschütterung des Vertrauens zum eigenen Körper ist die grundlegendste, die man sich überhaupt vorzustellen vermag. Wie muß einem Menschen zumute sein, der merkt, daß ihm seine Glieder, seine Organe den Dienst versagen, daß sie nicht so wollen, wie er will? »Wenn ich mich auf meinen Körper nicht mehr verlassen kann, dann kann ich mich auf gar nichts mehr verlassen!«

Demnach also ist die Erschütterung des Selbstvertrauens, die sich auf die organischen Funktionen erstreckt, die tiefste und nachhaltigste. Darum ist Krankheit, körperliche Krankheit aus seelischen Gründen, auch die tiefste und unmittelbarste Form der seelischen Störung. Deswegen habe ich diese Krankheiten hier an erster Stelle behandelt, weil sie bei aller medizinischen Kompliziertheit psychologisch gesehen eigentlich die einfachsten sind. Wenn mich etwas kränkt und erschüttert bis auf den Grund meiner Existenz, werde ich krank. Der Körper ist mit allen seinen Organen das erste und grundlegendste Ausdrucksmittel des Seelischen, auch des seelischen Leidens.

Die Auffassung, daß der Körper der unmittelbarste Ausdruck des Seelischen sei, hat in den letzten Jahren die rasche Verbreitung der sogenannten »Körpertherapien« als psychotherapeutische Verfahren (vor allem Bioenergetik, konzentrative Bewegungstherapie, psychomotorische Therapie nach PESSO) begünstigt. Vor allem MOSER hat sich für die Verbreitung dieser Methoden eingesetzt (vgl. MOSER 1988, 1989).

Obgleich ich von der Bedeutung des Körpers als des primären Seelenträgers überzeugt bin, halte ich den Körpertherapie-Boom für einen gefährlichen Irrweg (BITTNER 1988b). Vieles spricht zwar dafür, die Vorstellung von der Psyche zu »ent-hirnen« und statt dessen ein Seelenleben und Gedächtnis des Körpers und aller seiner Organe anzunehmen (vgl. BITTNER 1974, 1992) sowie außerdem von »Engrammen« der persönlichen Sozialisations- und Leidensgeschichte im Organismus auszugehen (ORBAN 1981; vgl. BITTNER 1979b, S. 38ff.) – doch diese Engramme gehören der *psychischen*, der *sprachlichsymbolischen* Welt an.

Seelische Störungen beim Säugling

Die Bedeutung des Körperlichen als eines gleichsam Proto-Psychischen läßt sich vor allem belegen, wenn wir uns die Verhältnisse beim ganz kleinen Kind, beim Säugling, vergegenwärtigen. Seelische Störungen beim Säugling drücken sich fast immer psychosomatisch aus; sie haben kaum eine andere Möglichkeit, sich zu manifestieren.

SPITZ (1969) fand durch den Vergleich zweier Gruppen von Heimkindern heraus, daß die eine Gruppe, die in einem Heim aufwuchs, in dem die Mutterpflege fehlte, gegenüber der zweiten, die mit ihren Müttern zusammen war, eine erheblich höhere Sterblichkeit aufwies. Die nachfolgenden Forscher, zum Beispiel BREZINKA (1959), haben diesen Befund angezweifelt. Sie haben vorgebracht, daß die Kinder in den beiden Heimen gar nicht vergleichbar gewesen seien, weil die einen im Gegensatz zu den anderen eine negative biologische Auslese darstellten; deswegen seien von ihnen auch mehr gestorben. In Einzelheiten mögen die Kritiker recht haben, aber im Grunde zeigt diese Kritik an SPITZ doch vor allem deutlich das materialistische Vorurteil: Es kann und darf doch nicht sein, daß ein Säugling einfach deshalb stirbt, weil sich niemand um ihn kümmert; da müssen doch irgendwelche Infektionen oder sonst etwas Handgreifliches dafür verantwortlich sein.

Heute wird ein mit den von SPITZ beschriebenen Phänomenen vergleichbares kontrovers diskutiert: der plötzliche Kindstod (sudden infant death syndrome, abgekürzt SIDS) und seine Ursachen (vgl. ALTHOFF 1986, S. 3529ff.). Psychosomatische Erklärungshypothesen des SIDS werden sehr vorsichtig vertreten – aus guten Gründen, denn gerade bei diesen tragischen Fällen wäre jede »Elternbeschuldigungspsychologie« unerträglich. Grundsätzlich wird man auf psychodynamische Erklärungen aber nicht verzichten können. Unter besonderen Umständen kann ein Säugling sterben, wenn er spürt, daß ihm das Leben nichts bringen wird. Wenn dieses kleine Wesen bis ins Innerste hinein fühlt: »Es hat einfach keinen Zweck«, dann kann es sterben, aus psychischen Gründen. In der Tendenz hat SPITZ gewiß recht, auch wenn seine Untersuchung methodische Schwächen aufweist.

SPITZ hat als erster eine übersichtliche Darstellung der seelisch bedingten Krankheiten des Säuglings gegeben. Er unterscheidet zwei große Gruppen:
– Störungen, die auf einem *quantitativen* Mangel an *mütterlicher Zuwendung* beruhen (das Kind bekommt effektiv zu wenig Mutterliebe),
– Störungen, die auf einem *qualitativen* Mangel an *Mutterliebe* beruhen; die Mutter kümmert sich zwar genügend um das Kind, tut dies auf eine falsche Weise; SPITZ nennt diese zweite Gruppe die »psychotoxischen« Störungen.
Bedrohlich ist vor allem die erste Gruppe. Wenn das Kind keine ausreichende Mutterpflege erhält, dann kommen nach SPITZ entweder schwere Entwicklungsstörungen zustande (geistiges Zurückbleiben, Autismus), oder das Kind kommt körperlich von Kräften; es entstehen Ernährungsstörungen, für die keine körperliche Ursache gefunden werden kann.

Von diesen seelisch bedingten Ernährungs- und Entkräftungsstörungen wissen vor allem die Kinderärzte zu berichten. Der Tübinger Kinderarzt NITSCHKE (1968) hat besonders eindrucksvolle Beispiele beschrieben. Er berichtet von Säuglingen, die wegen Ernährungs- und Entkräftungsstörungen stationär in die Klinik aufgenommen wurden und trotz bester medizinischer Versorgung weiter körperlich verfielen und in lebensbedrohliche Zustände gerieten. NITSCHKE nennt dies die »Heimweh-Reaktion« des Säuglings, die sich als Folge des Verlusts ihrer »Heimat«, ihres angestammten Mutter-Raumes einstellt.

Weniger schwer sind die Folgen, wenn sich die Mutter auf falsche Weise (»psychotoxisch«) um das Kind kümmert. SPITZ beschreibt besonders eindrucksvoll zwei mütterliche Fehlhaltungen und die aus ihnen resultierenden Säuglingskrankheiten: die Dreimonatskolik und das Säuglingsekzem.

»Die ›Dreimonatskolik‹ ist ein den Kinderärzten wohlbekanntes klinisches Bild: Nach dem Ende der dritten Lebenswoche – und bis

45

zum Ende des dritten Monats – beginnt das Kind nachmittags zu schreien. Vorübergehend kann man es mit Nahrungszufuhr beruhigen. Innerhalb relativ kurzer Zeit zeigt das Kind wieder Symptome kolikartiger Leibschmerzen. Es ist einerlei, ob man das Kind von der Brust auf die Flasche oder von der Flasche auf die Brust umstellt, ob man die Zusammensetzung der Flaschennahrung ändert oder so läßt, wie sie ist – nichts scheint zu helfen. Man hat auch Medikamente ausprobiert, unter anderem Atropin, meistens ohne Erfolg. Die Stühle dieser Säuglinge sind nicht pathologisch, obwohl in manchen Fällen leichte Durchfälle auftreten können. Die Schmerzen der Kinder halten einige Stunden lang an, dann hören sie auf, um am folgenden Nachmittag wieder anzufangen. Gegen Ende des dritten Monats verschwindet die Störung gewöhnlich ebenso unerklärlich, wie sie angefangen hat – zur großen Erleichterung der Mutter und des Kinderarztes« (Spitz 1969, S. 226f.).

Spitz bezieht sich auf kinderärztliche Erfahrungen, unter anderem von Soto, nach denen die Dreimonatskolik in Heimen nicht vorkommt, und bestätigt diese.

»In den verschiedenen Heimen, in denen ich Kinder beobachtet habe, stellte die Dreimonatskolik kein Problem dar. In den Heimen, in denen die Kinder ganz ohne mütterliche Pflege aufgezogen wurden, kam die Kolik überhaupt nicht vor. In dem von mir als ›Säuglingsheim‹ (Nursery) bezeichneten Heim, wo die Mutter-Kind-Beziehungen noch relativ am besten waren, kam die Kolik gelegentlich vor. Bei den Kindern, die in ihren eigenen Familien aufwuchsen, kam die Dreimonatskolik häufig vor.

Soto erklärt das Fehlen der Dreimonatskolik in Institutionen damit, daß die Kinder dort nicht ›verwöhnt‹ werden ... Nur eins der vielen Kinder, die Soto in diesem Heim beobachtet hat, bekam die Dreimonatskolik.

Diese einzige Ausnahme ist wirklich sehr lehrreich. Es war ein Kind, das im Alter von sechs Wochen von einer Dame adoptiert wurde, die Soto als äußerst besorgt und liebevoll im Umgang mit dem Kind schildert« (Spitz 1969, S. 227f.).

Das *Säuglingsekzem* tritt in der zweiten Hälfte des ersten Lebensjahres auf. Spitz untersuchte die näheren Umstände des Auftretens wiederum an seiner Heimkinderpopulation, das heißt in einem Jugendgefängnis, wo die Mütter mit ihren Kindern zusammen waren. Von den 192 Säuglingen, die er dort beobachten konnte, erkrankten 28 an diesem Ekzem. Spitz suchte nun nach Merkmalen bei den betroffenen Kindern und ihren Müttern, die sie von den nicht Erkrankten unterschieden. Dabei stellte er zunächst eine erhöhte Reflexerregbarkeit der Haut fest. Aber das allein konnte es nicht sein, denn die Erregbarkeit der Haut gehört zu den angeborenen Dispositionen. Außerdem, so fragte sich SPITZ, warum tritt die Erkrankung erst in der zweiten Hälfte des ersten Lebensjahres auf und nicht früher? Gibt es vielleicht ein psychisches Phänomen in dieser Zeit, das die Erkrankung auslöst?

SPITZ stieß bei den Ekzem-Kindern auf ein hervorstechendes Merkmal: Während fast alle Kinder in dieser Zeit die sogenannte Achtmonatsangst durchmachten, das heißt sich fremden Personen gegenüber furchtsam zeigten, hatten die Ekzem-Kinder keine solche Angst entwickelt. SPITZ erklärt das folgendermaßen: Die Achtmonatsangst sei eine normale und entwicklungsnotwendige Erscheinung. Sie zeige an, daß das Kind Freunde und Fremde voneinander unterscheiden könne. Das Ekzem-Kind nun habe diese Fähigkeit nicht in ausreichendem Maße erworben, und dies hänge damit zusammen, daß seine Mutter zwiespältig zu ihm eingestellt sei, daß es auch bei seiner Mutter nicht recht erkennen könne, ob es sich bei ihr um eine Freundin oder eine Fremde handle. SPITZ beschreibt die Mutter der Ekzem-Kinder als ambivalent: Sie tue alles für ihr Kind, sei ängstlich besorgt, aber innerlich doch fremd, distanziert, fast feindselig. Es entstehe also eine Situation, in der das Kind widersprüchliche Signale empfange: Sie trage das Kind zum Beispiel herum, spreche mit ihm, sei lieb zu ihm – habe dabei aber kalte Hände. Und zwar nicht etwa, weil die Heizung kalt sei, sondern habituell. Die kalten Hände der Mutter sprächen eine andere Sprache als ihre Worte. Auf diese Art der Berührung reagiere das Kind nun auch, sozusagen ambivalent, mit einem aus der Bahn geratenen Hautreflex, eben dem Ekzem (vgl. ebd., S 238ff.).

Die Konstruktionen von SPITZ vermögen heute nicht mehr voll zu überzeugen. Vor allem lastet er die Gedeihstörungen des Säuglings etwas rasch und ohne ausreichende empirische Absicherung der Mutter an. Trotzdem bleibt ihm das Verdienst, die Kinder- und speziell die Säuglingspsychosomatik auf den Weg gebracht zu haben.

Über die heutigen Auffassungen kinderärztlicher Psychosomatik berichten BÜRGIN und ROST (1990). Sie behandeln als wichtige psychosomatische Symptome des Kindes: Schlafstörungen, Eßstörungen verschiedener Art (z.b. psychogenes Erbrechen, Säuglingsanorexien und Gedeihstörungen), Atemkrämpfe, Asthma bronchiale und Neurodermitis. Beim älteren Kind spielen Bauch- und Kopfschmerzen, Tic-Störungen, Einnässen und Einkoten sowie Übergewicht eine wichtige Rolle. Alle diese Krankheiten entwickeln sich in psychosozialen Kontexten und sind das Ergebnis von interpersonalen Lernvorgängen, von »Erkundungen im Sozialbezug« (BÜRGIN u. ROST in v. UEXKÜLL 1990, S. 1003), bei denen zumindest in der Frühphase der Austausch von Signalen mit der Mutter die entscheidende, wenn auch keine ausschließliche Rolle spielt.

Somato-Psychik

Neben dem klassischen psychosomatischen Standpunkt entwickelt sich derzeit eine gegenläufig-ergänzende Perspektive (die sich allerdings im kindlichen Bereich noch nicht so ganz durchgesetzt hat), sozusagen eine Somato-Psychik, die nach den Auswirkungen primär körperlich bedingter Krankheiten und Deformationen auf das Selbst- und Lebensgefühl des Kranken fragt. Bei den Erwachsenen liegen ausgedehnte Forschungen vor allem über die psychische Anpassung an Krebserkrankungen vor (vgl. VERRES 1986, S. 165ff.), auch zum Beispiel über Menschen, denen die Pankreasdrüse operativ entfernt wurde, was erhebliche psychische Folgeprobleme mit sich bringt (LANG et al. 1989).

In einem von der Deutschen Forschungsgemeinschaft geförderten Projekt »Selbstwerden des körperbehinderten Kindes« (BITTNER u. THALHAMMER 1989) sind wir einem speziellen Thema der Somato-Psychik, dem Selbst- und Leiberleben schwer körperbehinderter Kinder nachgegangen. Die wichtigsten Ergebnisse dieser Untersuchung sind im folgenden (»als Modellbeispiel«) somato-psychischer Fragestellungen etwas ausführlicher dargestellt:

Die 9jährige Silke kann sich nur mit dem Rollstuhl oder dem Rollator fortbewegen. Sie leidet an einer spastischen Tetraplegie, die Beine sind nahezu bewegungsunfähig. Sie besucht die zweite Klasse der Sonderschule für Körperbehinderte und gilt als lernbehindert.

Nicht nur die Fortbewegung scheint für Silke mühsam zu sein, auch ihre sonstigen Bewegungen und Regungen sind auffallend langsam. Oft reagiert sie mit einem eigenartigen Grinsen, bei dem man nicht recht weiß, ob es aus Verlegenheit oder wissender Überlegenheit entsteht. Obwohl Silke ein eher freundliches Wesen hat, blieb in den Spielstunden doch häufig ein Gefühl von Distanz, von Nicht-richtig-in-Kontakt-gekommen-Sein zurück. Beispielsweise sprach sie oft sehr leise vor sich hin, so daß ich nicht recht wußte, ob die Worte eigentlich für mich bestimmt waren.

In all den verschiedenen Gruppen, in denen wir über Silke diskutierten, entstand immer wieder eine lähmende Atmosphäre. Deutlich wurde das vor allem im Vergleich mit den Gesprächen über andere Kinder. Wir interpretierten diese Atmosphäre als Gegenübertragungsphänomen: Silke scheint etwas auszustrahlen, was uns sprachlos macht, in uns das Gefühl der Leere und Langeweile erzeugt.

In einem der Gruppengespräche über Silke entwickelte sich bei mir eine Phantasie, die für mich selbst und für die anderen, denen ich sie mitteilte, erschreckend war: Silke ist ein Kind, das seelisch tot ist, das eigentlich kaum existiert.

Man möge ein solches Angemutetsein beileibe nicht für eine psychologische oder psychoanalytische Diagnose halten. Man möge aber auch nicht aus lauter sonderpädagogischem Idealismus solche Gedanken von sich weisen, wenn sie über einen kommen. Wir müssen unser Angemutetsein schon aushalten, wenn wir dem behinderten Mitmenschen nicht nur mit einer leeren Helferfassade begegnen wollen.

Ich dachte also, Silke ist ein seelisch totes Kind – abgestorben oder noch nicht zum Leben gekommen. Der Schock, den die Mitteilung meines Empfindens in der Gruppe auslöste, brachte uns weiter. Wir einigten uns, daß Silkes Leben wie ein »flakkerndes Lichtchen« sei, meist an der Grenze des Verlöschens. Und wir fingen an, nach der »lebendigen« Silke zu suchen. Zwei Geschichten dazu aus den Protokollen:

Silke will eigentlich mit dem Rollator gehen, entscheidet sich aber auf meinen Vorschlag hin für den Rollstuhl. Wir fahren im Hof vom Weg ab. Silke dirigiert mich. Als ich zurück auf den Weg will, schreit sie begeistert, ich müsse noch länger durch den Tiefschnee fahren. Sie ist ganz bei der Sache; wenn sie mir ihre Anweisungen gibt, biegt sich ihr ganzer Körper im Rollstuhl. ...

Dann soll ich Silke Schneebälle formen. Sie hat die Idee, sie gegen die Scheiben zu werfen. Wir suchen ein Klassenzimmer, in dem einige Erzieherinnen sitzen. Silke trägt die Schneebälle im Schoß, dann holt sie aus und ›wirft‹ mit ›voller Wucht‹ einen Ball gegen die Scheibe. Der Schneeball erreicht allerdings nur mit Mühe sein Ziel, in einem sanften Bogen tropft er gegen das Fenster. Trotzdem ist Silke außer sich vor Freude über ihre Unverfrorenheit. Ich muß ihren Rollstuhl schnell wegschieben, damit wir nicht entdeckt werden. Silke kann kaum genug bekommen, immer weiter muß ich Schneebälle formen, den Rollstuhl nah an eine Scheibe fahren und nach dem Wurf schnellstens davon eilen.

Das ist also die »lebendige« Silke. Sie fährt begeistert durch den Tiefschnee, wenn ihr der Betreuer die Kraft seiner gesunden Glieder leiht, und sie selbst meldet sich mit dem kleinen, zaghaften Schneeballwurf ans Fenster. Sie genießt es, mit ihren kleinen, schwachen Kräften einen richtigen »Streich« zu machen.

Silke paßt sich mit ungeheurer Mühe den Forderungen des Lebens und der Schule an. Mit aller Kraftanstrengung vermag sie nach außen hin die Rolle eines 9jährigen, lernbehinderten Mädchens zu spielen. Doch dabei entfernt sie sich so weit von ihrer inneren Wirklichkeit, daß sie fast wie eine Marionette agiert: den Forderungen der äußeren Welt unterworfen, ohne Fühlung mit der inneren Welt der Wünsche und Triebe. Mit WINNICOTT bezeichne ich dies als die Bildung eines »falschen Selbst«. Das »falsche Selbst« entsteht aus einem bedingungslosen Sich-Fügen. Normalerweise, nach WINNICOTTS Theorie, paßt sich die Mutter soweit als möglich den Bedürfnissen des Säuglings an. Dadurch schafft sie ihm eine Welt, in der sich die Dinge wie durch Zauberei so gestalten, daß sie für das Kind gut und erfreulich sind. Und, unterstützt durch den Beistand der Mutter, kann das Kind die entwicklungsnotwendige Illusion seiner Omnipotenz, seiner »Gottesmacht«, ausbilden. Das Kind genießt es, die Welt gleichsam mit seinen Wünschen zu lenken.

»Durch die Stärke, die das schwache Ich des Säuglings dadurch bekommt, daß die Mutter die Omnipotenzäußerungen des Säuglings praktisch zur Wirkung bringt, beginnt sein wahres Selbst zum Leben zu erwachen. In ungünstigen Fällen hingegen unterläßt es die Mutter, die spontane Geste des Säuglings zu verstärken ... statt dessen setzt sie ihre eigene Geste ein, die durch das Sich-Fügen des Säuglings sinnvoll gemacht werden soll« (WINNICOTT 1974, S. 189).

Das ist eine der wichtigsten Erfahrungen, die wir bei der Vergegenwärtigung der Schicksale körperbehinderter Kinder gemacht haben: wie tief dieser Regelkreis wechselseitiger spontaner und lustvoller Verstärkung zwischen dem körperbehinderten Kind und seiner Mutter gestört sein kann. Aus Silkes Anamnese:

Nach Angaben der Mutter verlief die Schwangerschaft bis zum 7. Monat völlig normal. Zu diesem Zeitpunkt setzten aber plötzlich die Wehen ein, die die Ärzte durch einen Verschluß der Gebärmutter zu bekämpfen versuchten. Nachdem trotzdem eine Woche lang die Wehen nicht vergingen, protestierte die Mutter gegen die ärztliche Maßnahme. Der Verschluß wurde daraufhin entfernt. Die Mutter sagt: ›Jetzt merkten die Ärzte endlich, was los war.‹ Silke wird nach ganz schneller Geburt 10 Wochen zu früh geboren, wiegt etwas über 3 Pfund und mißt 40 Zentimeter. Sie kommt sofort in den Brutkasten und bleibt 2 Monate in der Kinderklinik.
Auf die Behinderung werden die Eltern bei der Entlassung Silkes aus der Kinderklinik aufmerksam gemacht. Bereits die Kinderklinik verordnet Krankengymnastik. Silke spricht ihr erstes Wort mit 12 Monaten und krabbelt mit 28 Monaten.

Die Mutter hatte sich einem sinnlosen apparativen medizinischen Reglement zu fügen, bis die Ärzte endlich »merkten, was los war« (das heißt, daß sie Wehen hatte und mit wehenhemmenden Mitteln anstatt mit mechanischen Verschlüssen zu behandeln gewesen wäre). Und Silke wird bereits im Alter von drei Monaten ihrerseits dem krankengymnastischen Reglement unterworfen. Krankengymnastik ist notwendig, und doch werden wir als Psychoanalytiker auf die »ungewollten Nebenwirkungen« aufmerksam machen müssen. Eine uneinfühlsame, rein technisch betriebene Krankengymnastik tötet die »spontane Geste« des Säuglings und beschädigt dessen Lebendigkeit.
Darum war es uns so wichtig, Silkes sensorische Halluzination und spontane Geste wieder zu entdecken: das Werfen des Schneeballs, die Faszination durch das Tiefschneefahren mit dem Rollstuhl, wo – dank unauffälliger Verstärkung durch den rollstuhlschiebenden Betreuer – eine spontan entstandene sensomotorische Phantasie in spontane Aktion umgesetzt werden konnte und das Kind damit ein Stückchen näher zur Welt und zu seiner eigenen unterdrückten Lebendigkeit kam.

Gibt es eine spezifische Disposition des Körperbehinderten für neurotische Fehlentwicklungen? Es liegen nur wenige Berichte über psychoanalytische Behandlungserfahrungen mit Körperbehinderten vor, und diese kommen zu widersprüchlichen Aussagen. Der kanadische Psychoanalytiker Lussier hat in mehreren Arbeiten (Lussier 1960, 1980) über die Behandlung eines 12jährigen Jungen mit dysmeliebedingt verkümmerten Armen berichtet. Neurosenpsychologisch gesehen habe der Junge überhaupt keine Schwierigkeiten mit seinen verkümmerten Armen und Händen gehabt, sondern einzig und allein mit der Scham seiner Mutter über diese Hände. »Ein grundlegender Mangel an Stolz, ein feines Gespür des Mangels an Lob, an Bejahung von ihrer Seite – das ist es, worüber er in der Tiefe trauerte, nicht über sein körperliches Handicap« (Lussier 1980, S. 179). So kam es, daß dieser Junge keine masochistische Befriedigung an seinem Leiden zeigte, keine Passivität und kein Selbstmitleid über seinen Defekt – drei Dinge, die der Alltagsverstand bei behinderten Menschen zu finden erwartet.

»In der Übertragung«, schreibt Lussier, »verfolgte der Junge vor allem ein Ziel: Er wollte, daß ich einsehe, daß er ein physisch intaktes menschliches Wesen ist, daß sein Körper eine vollständige Einheit ist, sich selbst genügend und nicht beschädigt« (ebd., S. 180). Er konnte sich zum Beispiel ohne weiteres der Phantasie hingeben, er könne mit seinen Armen und Händen Trompete spielen – als Bedrohung empfand er hingegen die Aussicht, operiert zu werden und Armprothesen zu bekommen.

Die Grundthese Lussiers lautet: Der Körper, den ein Mensch von Geburt an hat, wie beschädigt er auch immer sein mag, ist die Basis seines Selbstgefühls – er nimmt sich selbst so, wie er ist, und so wie er ist, will er von den anderen angenommen sein. Die Frage nach einem »anderen« Körper stellt sich gar nicht. Lussier belegt das, indem er die unerschütterliche Selbstbejahung bei seinem Patienten mit den Reaktionen anderer Patienten auf viel geringere, erworbene körperliche Schäden vergleicht. So kann zum Beispiel ein simpler Beinbruch eines vorher gesunden Kindes dessen Selbstgefühl viel mehr erschüttern und viel leichter Anlaß zu neurotischen Störungen geben als bei seinem Patienten die schwere körperliche Behinderung von Geburt an. Lussier meint daher, daß angeborene körperliche Handicaps *als solche* neurosenpsychologisch oft erstaunlich irrelevant sind, daß sie traumatisch erst durch die Niedergeschlagenheit, die Scham und die Resignation der Eltern werden.

Es gibt aber auch die entgegengesetzte These, die von NIEDERLAND (1965) vertreten wird. Jeder angeborene oder früh erworbene Körperschaden bedeute per se ein schweres Hindernis, den Körper positiv narzißtisch zu besetzen.

NIEDERLANDS klinische Erfahrungsgrundlage ist allerdings für unsere Fragestellung nur beschränkt verwendbar. Er behandelte eine Reihe erwachsener Patienten mit kleineren, äußerlich wenig auffallenden körperlichen Stigmen (z.B. Hernien, Torticollis). Und er ist der Ansicht, diese Stigmen hätten für die Neurosenpsychologie dieser Patienten die Funktion von Knotenpunkten gehabt. Im Unterschied zur Vielgestaltigkeit und Unabgegrenztheit rein psychischer Traumen sei der Körperschaden etwas Konkretes und Überdauerndes, so daß sich Ängste und Phantasien mit einer gewissen Konstanz daran festmachen könnten. NIEDERLAND meinte, in allen von ihm behandelten Fällen einen ungelösten und vielleicht unlösbaren narzißtischen Konflikt im Hinblick auf das Körperbild konstatieren zu müssen.

Zwischen LUSSIER und NIEDERLAND bewegen wir uns mit unserer eigenen Untersuchung. Wir meinen, es lassen sich zwei Typen unterscheiden, die »Lussier-Kinder«, die in einem fraglos positiven Verhältnis zu ihrem Körper stehen, die sich selbst nehmen, wie sie sind, und die allenfalls daran leiden, daß sich die Eltern über ihr Gebrechen grämen. Einigermaßen verständnisvolle Eltern vorausgesetzt, entwickeln sich diese Kinder erstaunlich harmonisch, unneurotisch und im Einklang mit sich und der Welt. Wir möchten auf Grund unserer bisherigen Beobachtungen annehmen, daß diese Kinder unter den von uns beobachteten normal intelligenten Gliedmaßengeschädigten in der Überzahl sind. Dennoch scheint uns, als gebe es auch den andern Typus, die »Niederland-Kinder«, die mit ihrem Körper in Kriegszustand leben, die sich nicht abfinden können mit dem, was ihnen das Schicksal mit auf den Weg gegeben hat.

Unter welchen Bedingungen Kinder sich mehr nach dem Lussier- oder nach dem Niederland-Typus entwickeln, ist auf Grund unseres Materials schwer zu sagen. Zeitweise hatten wir gemeint, die Regel aufstellen zu können, daß die körperlich schwerer geschädigten Kinder neurosenpsychologisch eher weniger belastet sind als die leichtgeschädigten, denen es eine größere Kränkung bedeutet, daß sie es den unbehinderten Altersgenossen nicht in jeder Hinsicht gleichtun können; aber dieser Zusammenhang hat sich letzten Endes doch nicht bestätigt. So bleibt zunächst nur die Feststellung: Es gibt die einen, die ohne neurotische Auffälligkeiten mit ihrem Handicap zurechtkommen, und es gibt auch die anderen, die eine psychische Auffälligkeit entwickeln.

Neurosenpsychologisch sind jedoch an den Körperbehinderten einige Besonderheiten hervorzuheben, die uns erst im Fortgang unserer Einzelfall-Beobachtungen deutlicher geworden sind:

1. Einen wichtigen Faktor hatten wir nicht bedacht; die Körperbehinderungen, auf die sich unser Interesse konzentrierte – Littlesche Krankheit, Spina bifida – sind ja nicht nur von der motorischen Einschränkung und eventuell optischen Verunstaltung durch den Gliedmaßenschaden bestimmt, sondern haben zugleich auch einen *cerebralen* Störungsanteil. *All diese Kinder* sind zugleich mehr oder weniger *ausgeprägt hirngeschädigt mit entsprechenden Ausfällen im kognitiven Bereich.* Hier ergab sich für uns die interessante und schwierige Frage, wie sich eine neurotische Fehlentwicklung unter den strukturierenden Bedingungen einer hirnorganischen Primärschädigung gestaltet. Die Kinderpsychiater sprechen in solchen Fällen von einer »sekundären Neurotisierung« (Lempp 1976, 1978), ohne daß mit dieser Bezeichnung geklärt wäre, wie denn das »Primäre« und das »Sekundäre« ineinandergreifen oder aufeinander aufbauen.

Ganz unbekannt ist dieses Problem in der Psychoanalyse nicht. Kohut macht seine Erörterungen über die narzißtische Wut an Erfahrungen mit Patienten fest, die, bedingt durch eine hirnorganische Schädigung, in Situationen geraten, in der sie plötzlich die eigenen kognitiven Prozesse nicht mehr recht unter Kontrolle haben und einfache Probleme nicht mehr lösen oder Gegenstände nicht mehr benennen können. Ein solcher Defekt im Bereich der Gedankenprozesse, »die die Menschen als ihr intimstes Eigentum ansehen, als Teil ihrer selbst« (Kohut 1973, S. 537), wird als schwere narzißtische Kränkung erlebt und führt oft zu sogenannten »Katastrophenreaktionen«, das heißt heftigen Wutausbrüchen.

Wir haben bei den von uns beobachteten Kindern solche Wut-reaktionen, wie von KOHUT beschrieben, nicht feststellen können. Viel eher eine resignative Stimmung, zum Beispiel bei Jens, der im Szeno-Test ein Kreuz auf das Grab des Großvaters setzen wollte und den oberen Balken nicht setzen konnte – eine neuropsychologisch wohlbekannte Strukturgliederungsschwäche.»Sekundär« folgt aus dieser Strukturierungsschwäche ein großes Bedürfnis nach Len-kung, nach Bestätigung, nach Rückmeldung von außen, vom Inter-aktionspartner her – das Persistieren eines »allmächtigen« Mutter-beziehungsweise Elternintrojekts wird begünstigt.

Während in dem eben genannten Beispiel neuropsychologische und psychoanalytische Deutungsmuster widerspruchsfrei an-einander anschließen, kommt es in anderen Fällen zu konkur-rierenden Erklärungen.

Der 9jährige Florian, der an einer rechtsseitigen Hemiplegie leidet, versucht im Spiel mit dem Betreuer um jeden Preis zu gewinnen, auch mit massivem Mogeln. Als ihm das nicht gelingt, gerät er in ein wütendes Schreien und Weinen und ruft nach seiner »Mama«.

Um jeden Preis gewinnen zu müssen, ist sicherlich zunächst als alterstypische Verhaltensweise zu bewerten, unabhängig von jeder Behinderung. Die Stärke der regressiven Katastrophenreaktion übertrifft aber dann doch bei weitem das als altersentsprechend zu erwartende Ausmaß. Psychodynamisch ließe sie sich erklären durch einen Konflikt dieses intellektuellen und wachen Jungen zwischen der quälend wahrgenommenen präödipalen Abhängigkeit und der abwehrbedingten narzißtischen Überbewertung des eigenen Kön-nens und Wollens.

In Widerstreit zu dieser psychodynamischen trat in der Falldis-kussion die neuropsychologische Erklärung, daß Rechts-Hemiple-giker generell streßanfällig und labil reagieren. In diesem Fall konnte ein Ausgleich zwischen psychodynamischer und neuropsycholo-gischer Erklärung nicht gefunden werden, beide Erklärungen sind nur im je eigenen Theorie-Rahmen gültig.

2. Einen weiteren, neurosenpsychologisch bedeutsamen Ge-sichtspunkt haben wir erst zu würdigen gelernt, als wir uns tiefer mit den Schicksalen dieser Kinder und ihrer Familien einließen: die grundlegende *Veränderung der frühen Mutter-Kind-Beziehung* unter dem Vorzeichen der organischen Schädigung des Kindes.

In der Literatur wird immer wieder betont, daß die Mütter zu ihren behinderten Kindern ambivalent eingestellt seien, bis hin zur Verwöhnung aus unbewußten Schuldgefühlen oder bis hin zu manifestem Haß (vgl. THALHAMMER 1985). So bekannt dieser Sachverhalt grundsätzlich ist, so wenig hat andererseits die psychodynamische Betrachtungsweise bisher im Detail aufgewiesen, wie die Zerstörung der Beziehung zwischen dem körperbehinderten Kind und seiner Mutter vor sich geht.

Die Zerstörung des Mutter-Kind-Verhältnisses geht oft von den medizinischen Diagnosen und Prozeduren aus. Diagnosen, die ungeschickt und zur Unzeit, mit falscher Schonung oder falscher Dramatisierung gegeben werden, finden sich in der Anamnese fast aller Kinder. Die frühzeitig einsetzende Krankengymnastik schafft ein rigides Über-Ich-Reglement, besonders wenn die »Mutter als Therapeutin« eingesetzt wird – ein Slogan, der den wirtschaftlichen Gesichtspunkt, daß es billiger ist, die Mutter anzulernen als eine Fachkraft einzusetzen, mit beschönigenden Formeln kaschiert. Die »Mutter als Therapeutin« steht unter dem beständigen Über-Ich-Druck, hart gegen ihr Kind zu sein und die medizinisch für notwendig gehaltenen Maßnahmen auf Biegen und Brechen durchsetzen zu müssen – um den Preis der Zerstörung eines natürlich-emotionalen Verhältnisses. Weicht die Mutter von diesem Kurs ab, muß sie sich selbst sagen oder sagen lassen, sie wolle nicht das »Beste« für ihr Kind – wobei als das »Beste« immer nur das orthopädisch Optimale unter Hintansetzung aller anderen Gesichtspunkte fungiert.

3. Neurosenpsychologisch auffallend ist schließlich noch, daß sich die psychische Konflikthaftigkeit vor allem im Bereich des Narzißtischen und in der Beziehung zur präödipalen (d.h. nährenden, versorgenden, aber auch kontrollierenden und einschränkenden) Mutter beobachten läßt, während die klassischen Ödipus-Themen (Experimentieren mit der sexuellen Rollenidentität, Werben um die Mutter, Angst und Rivalität dem Vater gegenüber) nur zaghaft zum Durchbruch gelangen.

Wenden wir uns noch einmal zurück zum Grundsätzlichen: Psychosomatik und Somato-Psychik beruhen auf der gleichen fundierenden anthropologischen Gegebenheit, daß der Leib der erste »Austragungsort« des Seelischen ist – für alle Menschen, besonders für Kinder.

Merkwürdig, daß NIETZSCHE seinen Zarathustra sagen läßt:

»»Leib bin ich und Seele‹ – so redet das Kind … Aber der Erwachte, der Wissende sagt: Leib bin ich ganz und gar … und Seele ist nur ein Wort für ein Etwas am Leibe« (NIETZSCHE 1883, S. 39).

Was NIETZSCHE hier dem Kind als Rede zuschreibt, ist wohl nur das gedankenlose Nachplappern irgendwelcher Katechismusweisheiten. Denn an und für sich gilt um so mehr für das Kind, je kleiner es ist, daß »Seele nur ein Wort für ein Etwas am Leibe« ist.

Depression

Die Depression, so sagen die Psychiater, ist eine grundlose oder ungewöhnlich verlängerte Traurigkeit nach einem schmerzlichen Ereignis, eine im Verhältnis zum Anlaß ungewöhnlich heftige oder langandauernde Trauer. Manche Psychiater, die besonders gründlich sind, geben sogar an, wie lang eine normale Trauer nach einem schmerzlichen Ereignis dauern darf: eine Woche, einen Monat oder ein halbes Jahr.

Das müssen wir nun als erstes untersuchen: wie sich die Depression zur normalen Traurigkeit verhält. – Traurig ist man, wenn man weint oder weinen möchte. Ein einfacher Fall von Traurigkeit ist der folgende: Ein Mensch, den ich seit langem kenne, mit dem ich viel geteilt habe, den ich gern habe, will für lange Zeit verreisen, sagen wir nach Japan oder nach Peru. Ich weiß, daß ich ihn zwei oder drei Jahre nicht mehr sehen werde – und was dann sein wird, ja, wer weiß das schon. Wenn ich diesen Menschen zum Flugplatz bringe, dann wird mir wahrscheinlich zum Weinen zumute sein. Das nenne ich traurig sein.

Gesetzt den Fall nun, ich nehme es diesem Menschen übel, daß er weggeht. Ich mache ihm insgeheim oder auch offen Vorwürfe deswegen, daß er mich alleine läßt, und sage ihm zum Beispiel: »Du hättest ruhig hierbleiben können! Warum mußt du das tun? Du zerstörst ja alle meine Zukunftswünsche!« – Wenn ich so rede, dann ist das nicht mehr nur eine einfache Traurigkeit, sondern ich bin dabei, mich in eine Depression hineinzusteigern.

Traurigkeit ist das Gefühl, das man beim Abschied von Menschen hat, mit denen man gern zusammen gewesen ist, die man lieb hat. Wenn jemand stirbt, wenn jemand andere Wege geht, auf denen ich ihm nicht folgen kann, wenn ein Kind aus dem Hause geht, sich von den Eltern löst – das alles sind Gründe für Traurigkeit. Eine besondere Art von Traurigkeit ist das Heimweh, das sich nicht nur auf die Menschen, sondern auch auf die Orte bezieht, die man liebt.

Wie steht es nun mit folgendem? Jemand ist durch das Examen gefallen oder hat eine Stelle nicht bekommen, die er sich wünschte, und nun stehen ihm die Tränen in den Augen. Ist das auch Traurigkeit? – Oder sind das nicht vielmehr Tränen der Wut, der Enttäuschung? Nein, wenn jemand durch's Examen gefallen ist, würden wir kaum sagen, daß er traurig, viel eher würden wir sagen, daß er niedergeschlagen oder *deprimiert* ist.

Zwischen Trauer und Depression wäre demnach ein qualitativer Unterschied anzusetzen (ähnlich neuerdings BEUTEL u. WEINER 1993)[2]: Trauer ist der Schmerz über den Verlust dessen, was man liebt. Der körperliche Ausdruck der Trauer ist das Weinen. *Depression* ist der Schmerz über die Vereitelung eigener Wünsche und Hoffnungen (das Grundgefühl ist nicht der helle und irgendwie warme Schmerz der Trauer, sondern Dumpfheit und Niedergeschlagenheit). Depression ist nicht gesteigerte Traurigkeit, sondern chronisch gewordene *Niedergeschlagenheit*. In der Traurigkeit bin ich vorwiegend auf einen geliebten Menschen bezogen, in der Depression auf mich selbst. Trauer wäre also die *Verarbeitung eines seelischen Trennungsschmerzes*, Depression die Reaktion auf die chronische *Vereitelung eigener Wünsche und Hoffnungen*. Natürlich sind die Übergänge in jeder Hinsicht fließend. In jede Traurigkeit fließen depressive Gekränktheitsmomente mit ein, weil jeder Verlust eines geliebten Menschen zugleich eine Frustration eigener Lebenserwartungen ist. Es treten also meistens beide Gefühle gemischt auf: die Trauer und die depressive Niedergeschlagenheit.

Von diesen Überlegungen her läßt sich das Symptombild der Depression beim Erwachsenen gut verstehen. Depressive Menschen sind gar nicht unbedingt solche, die besonders viel weinen, sondern das Hauptgewicht der Klagen liegt anderswo:

---

2 Bei genauerem Hinsehen finden sich Bestätigungen auch in der psychiatrischen Literatur. Schon vor Jahren schrieb W. SCHULTE einen Aufsatz über »Nichttraurigseinkönnen im Kern melancholischen Erlebens« (SCHULTE 1961).

»Häufig hört der Arzt, wenn depressive Patienten ihre Symptome schildern, sie seien in trauriger, düsterer Stimmung; das Selbstgefühl ist herabgesetzt, Schuldgefühle und Selbstanklagen werden geäußert, verbunden mit dem Gefühl von Hoffnungslosigkeit. Versucht der Arzt hier zu trösten, stößt er auf taube Ohren. Neben dieser geschilderten affektiven Verstimmung sind die Kranken oft ängstlich, manchmal, ohne Gründe dafür angeben zu können, nicht selten aber auch mit ängstlichen Vorstellungen über ihren eigenen Körper, die in ihrer Hartnäckigkeit den Charakter hypochondrischer Überzeugungen haben. Die Kranken schildern viele Beschwerden, mangelnden Appetit, Verstopfung, Herzbeschwerden, und insbesondere quält sie Schlaflosigkeit. Solche somatischen Störungen können ganz im Vordergrund stehen und den Arzt unter Umständen zu einer falschen Diagnose verführen. Auffällig ist auch das Bild einer allgemeinen Hemmung, einer ›dynamischen Reduktion‹, die sich nicht nur in Mimik und Gestik, sondern überhaupt in einer motorischen Verlangsamung, nachlassendem Interesse, verlangsamtem Denken und Einschränkung der Kommunikationsbereitschaft äußert. Andererseits gibt es Kranke mit sogenannter agitierter Depression, die gerade durch ihre ausgeprägte Ruhelosigkeit, durch ihre unaufhörliche und erschöpfende Hypermobilität auffallen. Für depressive Kranke besonders kennzeichnend ist die häufige Beobachtung, daß die Symptome zu Beginn des Tages besonders schwer sind und gegen Abend subjektiv als leichter erlebt werden: die sogenannte Tagesschwankung« (DE BOOR 1974, S. 97).

Wie läßt sich dieses »Symptomsammelsurium« erklären und auf einen Nenner bringen? Wie läßt sich das Wesentliche dieses Krankheitsbildes herausarbeiten?

Drei theoretische Ansätze sind zu nennen, die sich von jeweils ganz unterschiedlichen Ausgangspunkten mit der Frage des »inneren Zusammenhangs« der depressiven Symptome beschäftigt haben.

»Trauer und Melancholie«

In seiner berühmten Abhandlung »Trauer und Melancholie« (1916–1917) untersucht FREUD Gemeinsamkeiten und Unterschiede dieser beiden seelischen Phänomene:

»Trauer ist regelmäßig die Reaktion auf den Verlust einer geliebten Person oder einer an ihre Stelle gerückten Abstraktion wie Vaterland, Freiheit, ein Ideal usw. ... Es ist auch sehr bemerkenswert, daß es uns niemals einfällt, die Trauer als einen krankhaften Zustand zu betrachten und dem Arzt zur Behandlung zu übergeben, obwohl sie schwere Abweichungen vom normalen Lebensverhalten mit sich bringt« (FREUD 1916–1917, S. 428f.).

Die Melancholie zeigt in vieler Hinsicht ähnliche, in einem entscheidenden Punkt aber doch abweichende Symptome.

Sie »ist seelisch ausgezeichnet durch eine tief schmerzliche Verstimmung, eine Aufhebung des Interesses für die Außenwelt, durch den Verlust der Liebesfähigkeit, durch die Hemmung jeder Leistung und die Herabsetzung des Selbstgefühls, die sich in Selbstvorwürfen und Selbstbeschimpfungen äußert und bis zur wahnhaften Erwartung von Strafe steigert. Dies Bild wird unserem Verständnis näher gerückt, wenn wir erwägen, daß die Trauer dieselben Züge aufweist, bis auf einen einzigen; die Störung des Selbstgefühls fällt bei ihr weg. Sonst aber ist es dasselbe« (ebd., S. 429).

»Hört man die mannigfachen Selbstanklagen des Melancholikers geduldig an, so kann man sich endlich des Eindruckes nicht erwehren, daß die stärksten unter ihnen zur eigenen Person oft sehr wenig passen, aber mit geringfügigen Modifikationen einer anderen Person anzupassen sind, die der Kranke liebt, geliebt hat oder lieben sollte« (ebd., S. 434).

FREUD erklärt den Unterschied so, daß die Melancholie Folge des Verlusts eines überwiegend narzißtisch besetzten Liebesobjekts sei, das heißt das Objekt war ins Ich aufgenommen worden. Insofern manifestiert sich der Objektverlust zugleich als partieller Ich-Verlust.

»Die Objektbesetzung erwies sich als wenig resistent, sie wurde aufgehoben, aber die freie Libido nicht auf ein anderes Objekt verschoben, sondern ins Ich zurückgezogen. Dort fand sie aber nicht eine beliebige Verwendung, sondern diente dazu, eine *Identifizierung* des Ichs mit dem aufgegebenen Objekt herzustellen. Der Schatten des Objekts fiel so auf das Ich, welches nun von einer besonderen Instanz wie ein Objekt, wie das verlassene Objekt, beurteilt werden konnte. Auf diese Weise hatte sich der Objektverlust in einen Ichverlust verwandelt ...« (ebd., S. 435).

Der Objektverlust der Depression ist also ein solcher, der zugleich ein Stück Ich-Verlust enthält, weil das Objekt, das man verloren hat, ein Teil des Ich geworden ist, weil man sich mit ihm identifiziert hat.

Die Verbindungslinien zu meiner einleitenden Unterscheidung sind deutlich: Die Trauer wird als objektbezogen, das heißt auf den anderen Menschen bezogen, gesehen; die Depression wird als Niedergeschlagenheit verstanden, weil das eigene Ich frustriert, weil es verletzt worden ist (vgl. dazu auch BEUTEL u. WEINER 1993).

Auch die psychoanalytischen Auffassungen von der Depression haben sich weiterentwickelt und sind differenzierter geworden. So führte etwa LOCH in einem Vortrag über die frühkindlichen Entstehungsbedingungen der Depression aus, die Grundlage sei die Erfahrung eigener Macht- und Wertlosigkeit: »Man kann nichts machen.« Das Urerlebnis der Depression sei, daß man den anderen nicht in die Stimmung versetzen könne, in der der andere gerne etwas tut, was man braucht. Beim Kleinkind bezieht sich das natürlich vor allem auf die eigene Mutter.

Ich finde diese Formel recht erhellend. Warum machen gerade Kinder immer gern Spaß und Schabernack mit den Erwachsenen? Warum benehmen sie sich drollig? Sie wollen, daß die Erwachsenen ihren Spaß an ihnen haben, über sie lachen. Kinder erleben sich als erfolgreich, wenn ihnen die Herzen der Erwachsenen zufliegen.

Und nun stellen wir uns ein depressives, steifes, ernsthaftes Milieu vor: Das Kind kann sich auf den Kopf stellen, sein ganzer Charme ist umsonst, es entlockt dem Erwachsenen kaum ein müdes Lächeln. Muß es da nicht depressiv werden, wenn es fühlt: »Ich schaffe es einfach nicht, den anderen zur Resonanz, zum Mitschwingen zu bringen«?

In solchen depressiven Situationen, dies wieder nach LOCH, entstehen die wahnhaften Idealisierungen. Das Kind phantasiert sich eine Phantom-Mutter zurecht, die allmächtig ist, die ihm alle seine Wünsche befriedigen kann. Wenn diese idealisierte Welt das Übergewicht gewinnt, kann dies die Wurzel einer Wahnkrankheit sein.

Neuerdings hat LANG (1990) zusammengefaßt, wie sich dieser Ausfall eines befriedigenden primären Interaktionspartners in der Struktur des Depressiven niederschlägt: Er pflegt »sympathetisch-symbiotische Beziehungsmuster«, kann nicht aggressiv sein, sich nicht – im buchstäblichen Sinne des Wortes – mit anderen auseinander-setzen. Da der Aufbau der psychischen Repräsentanzen und Symbolisierungen gestört ist, »bleibt der Betreffende in der Struktur narzißtisch-fusionierender Primärbeziehung hängen, bleibt er auf die unmittelbare Präsenz des anderen angewiesen«. Ein reflektiertes »probehandelndes« und »spielerisches« Verhältnis zur Welt bleibt ihm mehr oder minder verschlossen (LANG 1990, S. 310/312).

MENTZOS drückt den gemeinten Sachverhalt alltagssprachlicher aus: »Der Depressive hat als kleines Kind große Angst gehabt, die Liebe der Eltern zu verlieren, und mußte sich deshalb streng nach ihren Verboten und Geboten richten, um geliebt zu werden, und sich selbst große Leistungen abverlangen, um das eventuelle oder tatsächliche Liebesdefizit auszugleichen« (MENTZOS 1984, S. 188).

Alle die psychoanalytischen Erklärungen der Depression – von FREUD angefangen bis zu LANG, LOCH und MENTZOS – leiten die Depression aus den frühen Elternbeziehungen und der daraus entstandenen Schädigung des Selbstwertgefühls ab. Führt das nicht doch wieder zu einer grund- und haltlosen Eltern-, insbesondere Mutter-Beschuldigungs-Psychologie?

Ein Lehranalysand, der sich in der psychoanalytischen Literatur gut auskennt, der aber auch weiß, wie umstritten die psychoanalytischen Auffassungen heutzutage sind, und der entsprechend mißtrauisch gegen alle psychoanalytischen Deutungen ist, geriet im Lauf seiner Analyse in eine stürmische depressive Selbstwertkrise. »Und Sie werden schließlich alles auf die Beziehung zu meiner Mutter zurückführen«, wandte er sich ironisch an mich.

Nun, auch ich bin nicht frei von Zweifeln an der Psychoanalyse. So war es uns beiden recht eindrücklich und unerwartet, als er einige Tage darauf einen Traum hatte, in dem er vier Jahre alt war und das Bild seiner Frau mit dem Bild seiner Mutter zusammenfloß. Das Mischbild von Frau und Mutter verwandelte sich im Laufe des Traums auf undeutliche Weise in einen Hasen. Dann folgte noch ein weiteres Traumstück: Er hat Streit mit seiner Mutter, die ihm zwar Geld geben, aber auch genau bestimmen will, wie er das Geld aufteilen und verwenden soll. Das Zusammenfließen von Frau und Mutter zu einem Hasen, einem »Angsthasen« vielleicht, und die Ambivalenz zur Mutter, die gibt und zugleich einengende Vorschriften macht – diese Motive werfen doch ein recht erhellendes Licht auf die innere Befindlichkeit des depressiven Menschen.

»Das Gefühl der Gefühllosigkeit«

Vom *medizinisch-somatischen* Standpunkt aus hat HOIMAR VON
DITFURTH, der bekannte, vor einigen Jahren verstorbene Wis-
senschaftsjournalist, der seine Karriere als Psychiater begonnen hatte, die Frage aufgeworfen, ob man die vielen Beschwerden der Depressiven nicht auf einige wenige Grundsymptome
zurückführen könne. Ihm zufolge gilt, »daß wir am depressiven
Patienten in der Regel nicht die Krankheit beobachten, sondern
ein viel komplexeres Geschehen, nämlich das Bild der Auseinandersetzung der befallenen Persönlichkeit mit ihrer Krankheit, hinter dem ... die primären, der Krankheit selbst und
ursprünglich zugehörigen Phänomene meist mehr oder weniger verborgen bleiben« (v. DITFURTH o.J., S. 13).

Beim ersten Durchsieben bleiben einige Kernsymptome der
Depression übrig: im psychischen Bereich die *Verstimmung*
und die *Antriebshemmung* und im körperlichen die *vegetative
Dystonie*, also vielfältige Beschwerden an Herz und Kreislauf,
Magen, Darm und so weiter, die auf eine Funktionsstörung des
vegetativen Nervensystems zurückgehen.

VON DITFURTH meint nun, daß dieser vegetative Ausfall das
primäre Symptom der Depression sei. Das vegetative Nervensystem regle normalerweise die affektive Beziehung zur Welt,
es sei das Zentrum unserer Gefühle. Das Grundsymptom der
Depression nennt er das »Gefühl der Gefühllosigkeit«. Medizinisch entspricht dieses Gefühl einer Blockade oder einem Ausfall des vegetativen Nervensystems. Von daher werden die
körperlichen Symptome verständlich, und in einem zweiten
Schritt auch die psychischen: Der Patient fühlt, daß in ihm
etwas nicht stimmt, daß da ein Loch ist, wo er früher sein Leben
spürte, und dieses Loch füllt er nun mit Befürchtungen, mit
wahnhaften Phantasien und ähnlichem aus.

Das ist ein sehr überzeugender Ansatz, der das ganze
Krankheitsbild der Depression wirklich aus einem Guß erklärt.
Nur das eine bleibt übrig: VON DITFURTH ist Mediziner, Phar-
makologe. Er beschäftigt sich nur mit dem materiellen Substrat
der seelischen Erscheinungen und konstatiert eine Blockade
des vegetativen Nervensystems. Er fragt nicht weiter danach,
woher denn diese Blockade des Vegetativen kommt?

Ein wichtiger aktueller Forschungsschwerpunkt über Depressionen verfolgt die von VON DITFURTH angesprochene psy-

chophysiologische Linie weiter. Es wird immer deutlicher, daß die schweren, die sogenannten endogenen Depressionen mit recht deutlichen Verwirrungen der Biosphäre einhergehen. So wurde gefunden, daß die Tagesrhythmik beim sogenannten endogenen Depressiven völlig durcheinander ist: Während der Normale zum Beispiel das Tief der Körpertemperatur in den frühen Morgenstunden und das Maximum am späten Nachmittag und am frühen Abend hat, scheinen die Tagestemperaturen der Depressiven irgendwie regellos. Und erst mit der Computeranalyse ist es gelungen, in dieser scheinbaren Regellosigkeit doch ein Maß zu entdecken: Man fand, daß Depressive abweichende, zumeist kürzere Tageszyklen haben als die Normalen, zum Beispiel einen 22-Stunden-Rhythmus statt eines 24-Stunden-Rhythmus (vgl. dazu auch PFLUG in BECKMANN u. LAUX 1988, S. 51ff.). Oder ein anderer interessanter Befund aus der Psychophysiologie: Der Normale zeigt bei neu auftretenden stärkeren Sinnesreizen die sogenannte *Orientierungsreaktion*. Für einen Moment wird der Puls langsamer, der Atem wird angehalten und niedriger – als ob der Mensch seine Eigenaktivität zurücknehmen wollte, um ganz lauschen zu können, wie das Tier im Walde, das Witterung nimmt. Schwer Depressive zeigen diese vegetative Orientierungsreaktion normalerweise nicht, sie sind also sozusagen vegetativ gleichgültig für alles, was um sie herum vorgeht.

Zur Sozialgeschichte der »Melancholie«

Von *sozialgeschichtlich-soziologischer* Seite hat LEPENIES eine interessante Deutung des Phänomens »Melancholie« gegeben. Mit soziologischer Spitzfindigkeit verschiebt er zunächst einmal das Problem: Es geht ihm nicht um Melancholie als psychopathologischen Tatbestand, sondern nur um die Benennung. Das Buch fragt nicht danach, »ob einer melancholisch ist, sondern was es bedeutet, wenn einer behauptet, er sei es« (LEPENIES 1972, S. 7). LEPENIES untersucht nun, warum und unter welchen geschichtlichen Umständen Begriffe wie »Melancholie« oder »Lebensüberdruß« (französisch: ennui) in Mode kommen: in den Salons des französischen 18. Jahrhunderts vor der Revolution, im deutschen Bürgertum des 19. Jahrhunderts, in den politisch restaurativen Epochen. Melancholie, sagt

Lepenies, wird in solchen Zirkeln und Schichten gepflegt, die von der Macht, der Teilnahme am politischen Leben und Entscheiden ausgeschlossen sind. Unter diesen Bedingungen ziehen sich die Intellektuellen in die Innerlichkeit zurück und werden melancholisch.

Was Lepenies als »Melancholie« abhandelt, ist mit der »Depression« im modernen Sinne des Wortes gewiß nicht gleichzusetzen, auch wenn die bezeichneten Inhalte sich überlappen. Freuds Aufsatz »Trauer und Melancholie« beispielsweise handelt im modernen Verständnis eher von der Depression als von der Melancholie. Gleichviel: Die Interpretation des Phänomens Melancholie, die Lepenies gibt, läßt sich zwanglos auch auf die Depression übertragen.

Sehen wir uns diese drei Zugänge nebeneinander an. Sie ergänzen sich einander mehr, als daß sie sich gegenseitig widersprechen.

Von Ditfurth, der Physiologe, konstatiert als Grundsymptom der Depression das »Gefühl der Gefühllosigkeit«, das vegetative Abgestorbensein. Als rein somatisch orientierter Mediziner fragt er allerdings nicht weiter: Wie entsteht denn dieses »Gefühl der Gefühllosigkeit«, diese »innere Erstarrung«?

Da führt Freuds Ansatz weiter: Das vegetative Absterben ist der körperliche Ausdruck eines Ich-Verlustes (der seinerseits die innerpsychische Spiegelung eines Objekt-Ausfalls bzw. Objekt-Verlustes darstellt) – das vegetative Nervensystem ist ja der Träger des Ich-Gefühls. Dann können wir freilich auch über Freud hinaus weiterfragen: Was bedeutet Ich-Verlust? Was verliert das Ich, wenn es sich selbst verliert? Es hat – um mit Lepenies zu sprechen – den Zugang zum Gefühl des Seinerselbst-mächtig-Seins verloren. Dabei dürfen wir aber nicht nur, wie Lepenies, an politische Macht denken, sondern auch und vor allem an das Erleben der Ich-Macht im Bereich der persönlichen Lebensführung.

Kindheit und Depression

Im Rahmen der gegenwärtigen Überlegungen ist nun zu fragen, wie weit dies alles auf Kinder anwendbar ist. Können Kinder trauern? Können Kinder depressiv sein?

Trauern ist eine seelische Leistung, die eine bestimmte Ich-Reife voraussetzt – wo ein schmerzliches Ereignis unterhalb des Niveaus echter Trauer verarbeitet wird, entsteht Depression. FURMAN (1966) zählt in psychoanalytischer Terminologie fünf psychische Grundbedingungen auf, die erfüllt sein müssen, damit sich wirkliche Trauer entfalten kann. FURMAN nennt als Bedingungen:

»1. ausreichend stabile und differenzierte Selbst- und Objekt-Repräsentanzen in der Innenwelt, so daß die Integrität der Selbst-Repräsentanz durch die Bedrohung, die im Tod eines anderen liegt, nicht erschüttert wird; 2. eine ausreichende Ich-Herrschaft über das Es, so daß der Begriff des Todes in die ... Erfahrungen des Ichs integriert werden kann, statt Trieb-Derivaten aufzurühren; 3. die Fähigkeit, zwischen belebt und unbelebt zu unterscheiden und so einen Begriff des Lebendigen im Gegensatz zu dem des Unlebendigen zu haben; 4. eine gewisse Fähigkeit, die Zeit im Sinne von Vergangenheit, Gegenwart und Zukunft zu verstehen und 5. ein ausreichendes sekundär-prozeßhaftes Kausal-Denken, um zu verstehen, daß etwas, das tot ist, gewisse Dinge nicht mehr tun kann« (FURMAN 1966, S. 769f.).

Kann ein Kind trauern? Dieser Frage ist auch MARIE-LUISE WERNER (1972) nachgegangen. An Hand von anschaulich erzählten Fall-Vignetten belegt sie, wie Kinder, die einen schweren Verlust, zum Beispiel den Verlust eines Elternteils, erlitten haben, »Trauerarbeit« leisten, indem sie etwa stehlen oder neurotische Symptome entwickeln, indem sie »vergessen« oder symbolische Verbindung mit dem verlorenen Objekt halten. Sie beruft sich auf ANNA FREUD, die gesagt habe, im zweiten Lebensjahr sei das Ich des Kindes so weit entwickelt, daß es Trauerarbeit zur Bewältigung eines Verlusterlebnisses leisten könne (vgl. WERNER 1972, S. 54).

Diese Auffassung scheint im Gegensatz zu der zuvor von FURMAN wiedergegebenen zu stehen. Die Diskrepanz entsteht dadurch, daß WERNER den Begriff »Trauerarbeit« ausgesprochen weit faßt und jede Reaktion auf einen Verlust, an der das Ich irgendwie beteiligt ist, als »Trauerarbeit« bezeichnet. Legen wir dagegen die strengeren Maßstäbe von FURMAN an, so werden wir die Fähigkeit zumindest des jüngeren Kindes zur »Trauerarbeit« verneinen müssen.

FURMAN hat ein ausführliches Fallbeispiel der Analyse eines

6jährigen Bettnässer-Jungen publiziert, während dessen Analyse die Mutter an Krebs starb.

»Billy war bei Beginn seiner Analyse gerade sechs Jahre alt. Zwei Wochen später brach bei seiner Mutter das bösartige Leiden wieder aus, das im Jahre zuvor eine radikale Mastektomie erforderlich gemacht hatte. Die Krankheit nahm einen rapiden Verlauf und führte nach dreieinhalb Monaten zum Tode der Mutter. ...

Billy kam mit viereinhalb Jahren in die Hanna-Perkin-Schule ..., zunächst wegen einer hartnäckigen Enuresis, Fingerlutschens und weil er seine fünf und sieben Jahre älteren Brüder plagte. ...

Als die Eltern kamen, um Billy für eine Analyse anzumelden, erhob sich die Frage nach der Gesundheit der Mutter, und dies bereitete ein erstes Problem. Der Gewißheit, daß Billy eine Analyse brauchte, stand die Ungewißheit der Lebenserwartung der Mutter gegenüber. Ich hatte aber das Gefühl, daß jegliche analytische Arbeit, die vor ihrem Tode geleistet werden konnte, falls sie während der Analyse des Kindes sterben sollte, ihm nur helfen könnte, mit dem Verlust fertig zu werden. ...

Bei den ersten exploratorischen Kontakten mit der Mutter wurde klar, daß sie ganz erfüllt von der Angst vor dem Sterben war. Die Fakten, die sie über sich zu berichten hatte, machten diese Angst nur zu verständlich. Sie berichtete, daß sie vor Billys Geburt wegen Krebsphobie in Analyse war. Beide Eltern waren an Krebs gestorben. Im Alter von zwei Jahren war bei ihr eine Operation am Brustkorb durchgeführt worden, und sie war als Kind an einem Unfall beteiligt gewesen, der einem ihrer vier Brüder ein Auge gekostet hatte. So hatten Krebs, Operation und Amputation zusätzlich zu der erschreckenden Realität besondere Bedeutungen für sie, und alte Ängste waren wieder aufgeflackert.

Aber es war klar, daß sie ihre Beschäftigung mit dem Tod auch dazu benützte, um gewissen Realitäten des Alltags zu entfliehen. So hatte sie z.B. den Wunsch, ich solle Billys Stunden so legen, daß sie sich nicht mit ihren Verabredungen zum Golf kreuzten, weil sie nicht wisse, wieviel Golf sie noch spielen könnte. Trotz eines unguten Gefühls stellte ich mich auf den Standpunkt, daß es mir leid tue, daß sie so schwere Sorgen habe, aber wir hätten bei Billys Analyse eine Aufgabe zu leisten; dies schien sie zu entlasten.

Zwei Wochen, nachdem Billy begonnen hatte, zu mir zu kommen, war sie wegen ihrer rechten Brust beunruhigt. Ihr Arzt fand diese normal, aber an der Operationsstelle links wurde ein kleiner Knoten entdeckt. Die Biopsie war positiv, und man begann mit einer Reihe von Bestrahlungen. Sieben Wochen später kam sie ins Krankenhaus und einen Monat später, nach der ersten Hälfte ihrer Krankenhauszeit, ergab eine Probe-Laparotomie weitverzweigte Metastasen im Unterleib. Sie starb einen Monat nach diesem Eingriff.

Von der Biopsie bis zur Unterleibsoperation war sie ständig einer Panik nahe. So kam es zu vielen unkontrollierten Weinszenen vor den Kindern. Ich machte dabei zwei wertvolle Beobachtungen über die Art, wie sie mit ihren Gefühlen umging. Sie meinte, daß es wichtig sei, Gefühle dann zu haben, wann immer sie aufträten, und daß es nicht ›aufrichtig‹ sei, ihre Tränen vor den Kindern zu verbergen. Wenn dann die Kinder ebenfalls weinten, pflegte sie sie zu ermutigen, das Gefühl ›herauszulassen‹, ohne ihnen über den Grund ihrer aller Traurigkeit irgendwelche Erklärung zu geben« (FURMAN 1966, S. 778ff.).

In diesem Umfeld von nur allzu berechtigter Todesangst, von Hilflosigkeit und Gefühlsausbrüchen, von ärztlichen Befunden und Prozeduren, die einem Kind unverständlich bleiben müssen, vollzieht sich Billys Entwicklung. Kein Wunder, daß er verwirrt und tief beunruhigt ist. Die ersten Stunden stehen vor allem im Zeichen der Frage, was Billy von der Krankheit der Mutter »weiß«.

»Als Billy zur ersten Analysestunde kam, kannte ich ihn und er mich von den wöchentlichen Besuchen, die ich seit Jahren in der Nursery-Schule und im Kindergarten gemacht hatte. Er war klein, etwas zart in der Erscheinung, mit kurzen, glatten bräunlichen Haaren und ziemlich großen, ausdrucksvollen braunen Augen. In den ersten Stunden kam er mir ganz schrecklich klein vor, so als ob er kaum größer als einen halben Meter sei, und ich glaube, so fühlte er sich auch.

Anfangs bestand eine oberflächliche, ängstliche Verleugnung der Furcht vor mir oder der Trennung von seiner Mutter. Seine großen braunen Augen sagten jedoch etwas anderes. Als er eine Bemerkung über meine Größe machte, sagte er, daß ich wirklich nicht sehr groß sei; aber als er das sagte, maß er meine Gestalt mit einem Blick, der von meinem Scheitel bis zur Sohle über mich hinwegstrich, als ob ich mindestens zwei Meter groß sei. Seine ersten Bilder hatten mit einem Riesen und einem Zangenmann zu tun, letzterer ›wie der, der Mammis Knoten herausgenommen hat‹. Er spielte, er sei ein Räuber und ich das Opfer; und auf meine Bemerkung, daß er mir doch zu zeigen scheine, daß er etwas in Sorge gewesen sei, wie ich sein oder was ich tun könnte, wollte er gern wissen, ob es in Ordnung sei, wenn Jungens andere Jungens leiden mögen.

Er brachte seinen ersten Traum am Tag, bevor das Wiederauftauchen des Krebses entdeckt wurde. ›Drei schlimme Männer kamen zu meinem Haus. Eine schreckliche Frau, die nur ein Auge hatte, wusch den Boden der Garage auf. Mein Freund sah sie. Es war zu schrecklich für mich‹. Er sagte, seine Mutter habe einmal den Boden der Garage aufgewaschen und gab zu, das kleine Mädchen mit einem blinden Auge zu kennen, das bei mir Patientin gewesen war. Aber mehr über diesen Traum wollte er nicht sagen, worauf er zur Toilette ging.

Dieser Traum sowie Berichte seiner Mutter ließen mich stark vermuten, daß er nicht nur über die Brust-Amputation, von der man ihm angeblich nichts gesagt hatte, Bescheid wußte, sondern wahrscheinlich auch die Operationsnarbe gesehen hatte. Die Mutter beschrieb, wie er seinen Kopf zwischen ihren Brüsten anzuschmiegen pflegte und wie er ihren Spezial-Büstenhalter genau betrachtete. Sie berichtete auch über einen Angstanfall im letzten Sommer, als er ein Kreuzigungsbild sah. Als Billy mir von diesem Bild erzählte, sprach er von Wunden der linken Brust. Man hatte den Söhnen im vergangenen Jahr gesagt, daß bei ihrer Mutter aus der Brustwand ein kleiner Knoten entfernt worden sei« (ebd., S. 780f.).

Nachdem das Schlimme zur Gewißheit geworden ist, beginnen die vielfältigen Versuche, mit der Situation zu leben, und das heißt eben für das Kind, das noch nicht »trauern« kann, allerlei Auswege zu probieren.

»An dem Tag, an dem das Wiederauftreten der Krankheit entdeckt und eine unverzügliche Biopsie beschlossen wurde, riefen die Eltern an, um Billy zu informieren, während er bei mir Stunde hatte. Als er es hörte, brach er in Tränen aus und bestand darauf, daß ›nur Pappi‹ ihn holen sollte. In seiner großen Not erklärte er mir, während wir am Fenster standen und auf den Wagen warteten, daß er nicht wollte, daß Mammi käme, weil die Fahrt sie kränker machen könnte und weil ›sie es mich einmal hat sehen lassen. Die Haut war ganz runzlig‹.

Am Tage nach der Biopsie kam er in großer Indianer-Aufmachung und erschrak vor seinem winzigen Spiegelbild in der Deckenbeleuchtung. Er wollte mit mir Nase-Abschneiden spielen. Ich interpretierte, daß er Angst habe, die Operationsstelle bei seiner Mutter wieder zu sehen, und fürchte, ich könnte ihm das antun, was er meinte, daß die Ärzte seiner Mutter angetan haben. ...

In den nächsten drei Monaten zeigten Billys Stunden ein charakteristisches Bild. Er war überaktiv und zornig, tat Dinge, von denen er wußte, daß sie verboten sind, wie z.B. den Wandkalender bemalen oder an den Vorhängen reißen. Das verbale Material kam in unzusammenhängenden staccatohaften Ausbrüchen, und er konnte bei jedem Thema nur ein oder zwei Augenblicke bleiben. Er verlangte dauernd nach Papier, Büroklammern, Klebestreifen, Heftklammern und Stiften, konnte das alles aber nur zerbrechen oder verderben; er schien nicht in der Lage zu sein, einen konstruktiven Gebrauch davon zu machen. Es gab viel Schreierei mit ›Mist, Mist, du Stinker‹, und er spukte auch, wenn er wirklich in Wut war« (ebd., S. 781).

»Nach seinem letzten Besuch bei ihr erzählte er mir, es ginge ihr besser, aber er geriet sofort danach außer Rand und Band. Ich sagte, ich wüßte, daß er Kummer leide, aber ob er nicht lieber etwas für sie tun wolle, als nur zu toben. Er machte für sie einen Scherenschnitt von sich, denn ›sie hat mich vielleicht vergessen‹. Ich fragte ihn, warum er fürchte, sie zu vergessen. ›Sie sieht so anders aus, vielleicht kommt sie nicht zurück‹. Ich sagte, so hart es auch sei, sei es vielleicht besser, diesen Kummer zu erleben und ihm zu begegnen, als sich vorzumachen, daß es ihn nicht gebe, und dann außer sich zu geraten.
Es gab in diesem Monat zwei neue Spiele. Im einen versteckte er sich, und ich suchte ihn vergeblich. Als die Umkehrung des Passiven ins Aktive als Abwehr seiner Trauer interpretiert wurde, erzählte er mir, daß sein älterer Bruder Bert, jetzt 13 Jahre alt, gesagt habe, es sei schwächlich, traurig zu sein, und er vermisse die Mutter nicht. Wir besprachen die Abwehr seines Bruders und wie man mit 6 und mit 13 Jahren die Dinge verschieden fühlt. Das zweite Spiel ging um eine Bank; er hob große Geldsummen von mir, dem Kassierer, ab und beraubte die Bank um große Summen, als ich es überdrüssig war, die endlos vielen Schecks auszustellen. Ich drückte nur mein Mitgefühl aus, wie leer und arm er sich vorkomme ohne die Mutter« (ebd., S. 786).

Als die Mutter schließlich stirbt, hat das Hin und Her zwischen quälenden Befürchtungen und vagen Hoffnungen ein Ende. Das Kind muß sich jetzt mit dem unwiderruflichen Faktum auseinandersetzen.

»Am Montag nach dem Tod seiner Mutter kam er mit den gleichen Spielzeugsoldaten zur Analyse, die er mitbrachte, als er zum ersten Mal zu mir kam und seine Mutter draußen wartete. Er wurde zornig über eine kleine Mitschülerin, deren Mutter gerade aus dem Krankenhaus nach Hause gekommen war. Er fürchtete sich vor deren Vater, was schwer zu verstehen war, bis er mir ›Amerika‹ vorsang, das mit ›Land, wo mein Vater starb‹ endet. In den ersten beiden Beispielen zeigte ich ihm mein Mitgefühl mit seinen offenkundigen und schmerzlichen Wünschen. Im dritten Beispiel kleidete ich seine Gefühle mehr in Worte – den erschreckenden Gedanken, daß er manchmal vielleicht sogar gewünscht habe, es wäre Pappi anstatt Mammi, der gestorben ist. Er ärgerte sich über alle Babies, besonders über das ganz kleine neugeborene Baby seiner Kindergarten-Lehrerin – Babies haben Mütter. In den Stunden wollte er seine Zeichnungen und speziellen Spielsachen unter die meiner anderen Patienten mischen, als wollte er sagen, laßt uns doch eine große Familie sein und die Eltern teilen. Obwohl er wußte, daß ich zwei Töchter habe, wollte er meinem Sohn ein Geschenk machen und spielte anschließend Spiele, in denen er entführt wurde. Ich betrachtete dies wieder als einen Wunsch, zu einer Familie zu gehören, die eine Mutter hat. ...

Wirklich traurig war er nur ein paarmal, beispielsweise eines Tages, als ich mich verspätete und er zu früh kam und mich verfehlte. Bereitwillig stimmt er zu, daß dies das ›Mammi-Vermissen‹-Gefühl gewesen sei« (ebd., S. 790).

»Mammi vermissen«, das ist durch alle neurotischen Verkleidungen und Verleugnungen hindurch der wahre Ansatz eines Ausdrucks von Trauer – er führt zumindest in die Nähe dieser Gefühlsqualität. Dieser ist für das Kind schwer zu erreichen, weil es den Verlust eines geliebten Menschen *notgedrungen und rechtmäßigerweise ich-bezogen erlebt, als eine Vereitelung eigener Lebensmöglichkeiten.*

»Trauern« im oben bezeichneten Sinn kann das Kind, wie das Beispiel Billy lehrt, wohl nicht, weil es keinen geliebten Menschen verlieren kann, ohne gleichzeitig ein Stück seines Ich zu verlieren. Doch kann das Kind sehr wohl depressiv, niedergeschlagen sein – aktuell und chronisch.

Es ist auffallend, wie wenig Beachtung den kindlichen Depressionen in der alten kinderpsychiatrischen Literatur geschenkt wurde. So fand zum Beispiel der Berliner Psychiater DESTUNIS (1962) unter 4000 (!) verhaltensgestörten Kindern nur elf Kinder mit einer Depression. Ein anderer Untersucher kam 1952 bei 4000 »durchschnittlichen« Kindern auf 3 Prozent depressive Störungen. Die Untersuchung von NISSEN (1971) ergab unter 5800 kranken Kindern 1,8 Prozent depressive Verstimmungszustände (vgl. NISSEN 1971, S. 27f.).

Neuerdings setzt die Forschung deutliche Akzente zugunsten der kindlichen Depressionen. So war etwa die Festschrift für NISSEN (vgl. FRIESE u. TROTT 1988) dem Thema »Depression in Kindheit und Jugend« gewidmet. Die Unterbewertung der kindlichen Depression ist vorbei, fast hat man den Eindruck, das Pendel sei in die entgegengesetzte Richtung ausgeschlagen. Schwab und Schwab-Stone berichten von epidemiologischen Untersuchungen in den USA, bei denen 15 bis 28 Prozent der untersuchten Oberschüler depressive Symptome gezeigt hätten. Endogene Depressionen meinte man bei 1,8 Prozent der 9jährigen und 4,7 Prozent der 14- bis 16jährigen diagnostizieren zu können. Wichtig ist der Hinweis von Schwab und Schwab-Stone, daß die enorme Steigerung der vorübergehenden depressiven Störungszustände bei Kindern und Jugendlichen offenbar im Zusammenhang mit dem Anwachsen der Scheidungsrate zu setzen ist (vgl. Schwab u. Schwab-Stone 1988, S. 50ff.).

Nissen selbst hatte bereits 1971 darauf hingewiesen, daß die depressiven Verstimmungen bei Kindern oft verkannt werden, weil sie sich in der Symptomatik von denen der Erwachsenen unterscheiden und noch dazu mit den Altersstufen wechseln. Der Säugling drückt seine depressive Verstimmung vor allem durch psychosomatische Symptome und durch Nahrungsverweigerung aus. Bei Kleinkindern zeigt sich Weinen, Ängstlichkeit, aber auch stilles, braves Benehmen – eine sehr wechselnde Symptomatik. Bei Schulkindern kommt als neues Motiv die Leistungsschwäche, das Schulversagen, die Passivität hinzu.

Diese seinerzeit von Nissen angeschnittene Frage einer altersspezifischen Symptomatik kindlicher Depressionen beziehungsweise die Frage, ob es eine »larvierte Depression« gibt, wird heute kontrovers diskutiert. Der eine Standpunkt besagt: »Bei Kindern ist das depressive Geschehen gewöhnlich durch kinderspezifische Symptome überdeckt, aus der Sicht der Erwachsenenpsychiatrie könnte man deshalb von larvierten Depressionen sprechen, aber tatsächlich handelt es sich um primäre, altersadäquate und somit echte Depressionen im Kindesalter« (Kielholz u. Adams 1988, S. 154). Der Gegenstandpunkt lautet: »In den USA besteht im Moment eine beachtliche Übereinstimmung darüber, daß charakteristische Zeichen und Symptome depressiver Störungen im wesentlichen zwischen Jugendlichen und Erwachsenen ähnliche sind« (Kovacs u. Marsh 1988, S. 158). Mir scheint, daß sich in dieser Argumentation eine der schlimmen Auswirkungen des DSM III zeigt: Die Psychopathologie wird umgeschrieben, um sie dem DSM III anzupassen.

Die psychoanalytische Betrachtungsweise hält im Unter-

schied zur psychiatrischen an der Spezifität des Krankheitsbildes der kindlichen Depression fest. Durchgehende sympto-
matische und strukturelle Gemeinsamkeiten an der Kinder-
Depression werden von SANDLER und JOFFE (1980) beschrieben.
Die Symptome der depressiven Reaktionen charakterisieren
sie folgendermaßen:

»1. Das Aussehen des Kindes wird als traurig, unglücklich oder
niedergeschlagen beschrieben. Das bedeutet nicht, daß das Kind zu
dem betreffenden Zeitpunkt über ein Gefühl von Bedrücktheit geklagt
haben muß, noch, daß es sich dessen überhaupt bewußt zu sein
scheint. Dieses Merkmal pflegte sich in dem vom Therapeuten beobachteten Bild einer affektiv-motorischen Verhaltenskonstellation
widerzuspiegeln.
2. Das Kind weist einen mehr oder weniger ausgeprägten Grad
von als Rückzug zu bezeichnendem Verhalten auf und bringt Berichten zufolge seiner Umwelt gelegentlich oder generell kaum
Interesse entgegen. Es mag den Eindruck erwecken, es langweile
sich.
3. Das Kind wird als mißvergnügt beschrieben; es ist nicht leicht
zufriedenzustellen und kann sich nicht recht freuen.
4. Das Kind vermittelt den Eindruck, sich abgelehnt oder ungeliebt
zu fühlen; erkennbar ist auch die Tendenz, sich von enttäuschenden
Objekten abzuwenden.
5. Es ist nicht bereit, Hilfe oder Trost anzunehmen; selbst dort, wo
es danach verlangt oder wo es das Angebotene zu akzeptieren
scheint, brechen Enttäuschung und Unzufriedenheit immer wieder
durch.
6. Zu beobachten ist eine allgemeine Regressionstendenz zu oraler
Passivität. Sie kommt in bestimmten Fällen selbst dort zum Ausdruck, wo sich das Kind wirklich um eine Anpassung bemüht hat.
7. Schlaflosigkeit oder sonstige Schlafstörungen treten auf.
8. Daneben werden autoerotische oder sonstige repetitive Beschäftigungen beschrieben.
9. Schließlich berichtet der Therapeut gewöhnlich von in dieser
Situation auftretenden Schwierigkeiten, mit dem Kind einen dauer-
haften Kontakt aufrechtzuerhalten« (SANDLER u. JOFFE 1980, S. 417).

Die depressive Reaktion des Kindes deuten SANDLER und JOFFE
als sichtbaren Ausdruck einer Entbehrung. Allerdings – und
das ist das Interessante – geht es weniger um einen Objektverlust als vielmehr darum, daß ein »früherer Zustand des
Selbst« (ebd., S. 420) verlorengegangen ist. Daher konvergieren

ihre Auffassungen von einem ganz anderen Ausgangspunkt her mit der (auch hier vertretenen) Grundkonzeption, daß Depression, im Unterschied zur Trauer, welche eine Frustration auf der Beziehungsebene darstellt, durch eine Ich-Frustration bedingt ist.

Im folgenden möchte ich auf drei typische Formen kindlicher und jugendlicher Depression auf verschiedenen Altersstufen näher eingehen: die von SPITZ beschriebene anaklitische Depression beim Säugling, die »Faulheit« des Schulkindes und die manifeste, schon erwachsenenähnliche depressive Symptomatik des Jugendlichen.

Die anaklitische Depression beim Säugling

SPITZ (1968) hat wohl als erster ein depressives Zustandsbild bei Säuglingen im zweiten Lebenshalbjahr beschrieben, das ganz eindeutig mit einem bestimmten Faktor zusammenhing: mit dem Entzug der Mutter. SPITZ machte seine Studien in einem Frauengefängnis, in dem die Mütter einiger Kinder für zwei bis drei Monate von ihren Säuglingen getrennt wurden. Und nun entwickelte sich bei den Säuglingen das Krankheitsbild, das SPITZ folgendermaßen beschreibt:

»Im Verlauf einer über längere Zeit durchgeführten Untersuchung des Verhaltens von Kleinkindern in einem Säuglingsheim, wo wir den Gesamtbelag, d.h. 123 Säuglinge, jeweils zwölf bis achtzehn Monate lang beobachteten, trafen wir ein auffallendes Syndrom an. In der zweiten Hälfte des ersten Jahres entwickelte sich bei einigen dieser Kleinkinder ein weinerliches Verhalten, das in scharfem Gegensatz zu ihrem früheren fröhlichen und freundlichen Benehmen stand. Nach einer Weile wurde die Weinerlichkeit von Kontaktverweigerung abgelöst. Die betreffenden Kinder lagen dann meist mit abgewandtem Gesicht in ihren Bettchen und weigerten sich, an dem Leben ihrer Mitwelt Anteil zu nehmen. Wenn wir uns näherten, wurden wir nicht beachtet. Einige dieser Kinder pflegten uns mit suchendem Ausdruck zu beobachten. Wenn wir auf der Annäherung bestanden, fingen sie an zu weinen, manchmal auch zu schreien. In den meisten Fällen bewirkte das Geschlecht des sich nähernden Beobachters keinen Unterschied in der Reaktion. Dieses Verhalten pflegte zwei bis drei Monate lang anzudauern. In dieser Zeit verloren einige dieser Kinder an Gewicht, anstatt zuzunehmen; das Pflegepersonal berichtete, daß manche an Schlaflosigkeit litten; in einem Fall führte das zur Isolierung des Kindes. Alle Kinder zeigten eine wachsende Anfälligkeit für interkurrente Erkältungen oder Ekzeme. In all diesen Fällen war ein allmähliches Absinken des Entwicklungsquotienten zu beobachten.

Dieses Verhaltenssyndrom dauerte drei Monate lang an. Dann hörte die Weinerlichkeit auf, und wenn man sie hervorrufen wollte, mußte man zu stärkeren Mitteln greifen. Statt dessen zeigten die Kinder einen ›gefrorenen‹, starren Gesichtsausdruck. Diese Kinder pflegten mit weit geöffneten, ausdruckslosen Augen dazuliegen oder dazusitzen, mit erstarrtem, unbeweglichem Gesicht und abwesendem Ausdruck, wie in einer Betäubung; offenbar nahmen sie nicht wahr, was in ihrer Umgebung vor sich ging. Dieses Verhalten war in einigen Fällen von autoerotischer Betätigung oraler, analer und genitaler Art begleitet. Es wurde immer schwieriger, mit den Kindern, die dieses Stadium erreicht hatten, Kontakt aufzunehmen; schließlich wurde es unmöglich« (Spitz 1968, S. 104f.).

Die Symptome der Kinder waren:

»Furchtsamkeit, Traurigkeit, Weinerlichkeit. Mangel an Kontakt, Ablehnung der Umwelt, Kontaktverweigerung, Verzögerung der Entwicklung, Verzögerung der Reaktion auf Reize, Verlangsamung der Bewegungen, Schwermut, Stupor. Appetitverlust, Nahrungsverweigerung, Gewichtsverlust. Schlaflosigkeit.

Zu dieser Symptomatik gehört auch noch der physiognomische Ausdruck der Kinder, der schwer zu beschreiben ist. Er würde bei Erwachsenen als Depression bezeichnet werden« (ebd., S. 108).

Die Kinder waren im fraglichen Zeitraum von ihrer Mutter getrennt gewesen. Danach kehrte die Mutter zurück:

»Die Veränderung im beobachtbaren Verhalten der Kinder war dramatisch. Sie waren plötzlich freundlich, fröhlich, kontaktbereit. Die Kontaktverweigerung, die Interesselosigkeit, die Ablehnung der Außenwelt, die Traurigkeit – alles verschwand wie durch Zauberei. Aber am eindrucksvollsten war, über diese Veränderungen hinaus, der sprunghafte Anstieg des Entwicklungsquotienten innerhalb von zwölf Stunden nach der Rückkehr der Mutter; in manchen Fällen lag er 36,6% höher als bei der vorherigen Messung« (ebd., S. 122).

Die Faulheit des Schulkindes

»Faulheit« als depressives Symptom wird von Pädagogen oft verkannt. – Wann bezeichnen wir ein Kind als »faul«? Wenn es seine Aufgaben nicht macht, wenn es keinerlei Einsatz zeigt, wenn es, wie man es vornehm ausdrücken kann, »schulisch nicht interessiert« ist. Nun kann der Ausdruck »Faulheit« verschiedenes meinen: Manches Kind kommt nicht dazu, seine Hausaufgaben zu machen, weil es so viel anderes vor hat: Spielen, zu Hause helfen, sich Taschengeld verdienen und so weiter. Das ist sozusagen die gesunde Faulheit. Das Kind tut zwar nichts für die Schule, aber es hat ansonsten ein ausgefülltes Leben.

Doch oft liegen die Verhältnisse anders. Das Kind tut nichts für die Schule, aber es tut in der freien Zeit auch nichts anderes, das ihm wichtiger wäre – es tut gar nichts und langweilt sich. Es ist ihm alles gleichgültig, nichts macht ihm Freude, weder in der Schule noch außerhalb. Wenn es so ist, wenn dem Kind alles gleichgültig ist, dann hat seine Faulheit, seine Lernunlust ihren Grund in der Depression.

Der Kinderpsychoanalytiker Berna hat den seelischen Hintergrund solcher Gleichgültigkeit anschaulich beschrieben.

»In meinem Spielschrank befindet sich ein Farbendomino. Das ist ein einfaches Spiel für Kinder von drei bis sechs Jahren. Auf dem Deckel dieses Spiels steht auf einer Hälfte gedruckt: ›Es isch mir glich‹, und auf der andern Hälfte ›Ich weiss nöd.‹ Wenn Kinder zu mir kommen und auf die Frage, was sie tun wollen, mit der einen oder der andern der gedruckten Redensarten antworten, nehme ich das Spiel hervor, zeige die Aufschrift und fordere sie zum Spiel auf. Den meisten Kindern ist das Spiel zu kleinkindlich und zu blöd. So, wie sie mich zum Hervornehmen des Spiels veranlassen, fordere ich bei ihnen eine Stellungnahme heraus. Oft wird das Kind bald wütend, manchmal weicht es der Redensart in Zukunft aus, indem es nichts mehr sagt, oder es beantwortet meine Frage mit einem wirklichen Entscheid.

Auch Fritz war ein Knabe, dem es schon auf dem Gesicht geschrieben stand, daß ihm alles gleich sei. Er habe einen ›müden Blick‹, hieß es von ihm, und alles gleite an ihm ab. Der bald vierzehnjährige Knabe war auch sehr wortkarg, und außer den Schulschwierigkeiten, die sich besonders im letzten Jahr anhäuften, war seine allgemeine Gleichgültigkeit und Bequemlichkeit Anlaß zur Beratung.

Wenn wir von einer kindlichen Depression sprechen, schauen uns die meisten Eltern erstaunt an. Sie begreifen nicht, wovon wir sprechen. Das Kind kann ja nicht sagen, es sei niedergeschlagen, es gehe ihm nicht gut oder es fehle ihm etwas, es sei unglücklich usw. Abgesehen davon können sich auch die wenigsten Erwachsenen über ihren eigenen seelischen Zustand Rechenschaft geben, und besonders einer Depression weichen sie gerne aus. Trotzdem besteht sie, und auch bei Kindern finden wir sie oft als seelisches Leiden, nicht selten in bedrohlichem Ausmaß.

Die Niedergeschlagenheit, die den meisten Menschen nur als Folge eines Unglücks oder eines Verlustes bekannt ist, kann zum chronischen Leiden werden, ...

So war es auch bei Fritz, dessen Mutter bald nach der Geburt erkrankt war und die den wenige Wochen alten Knaben einer Cousine abtreten mußte, um ihn nach einigen Wochen wieder zu sich zu nehmen. Fritzens Lebensgeschichte wies, besonders in den ersten sechs Lebensjahren, noch viele solche Trennungen von Mutter und Familie auf. Das Schlimme war, daß Fritz fast jedesmal zu jemand anderem kam. Er konnte sich also nie recht und nirgends zu Hause fühlen. Die Mutter erinnerte sich noch, wie das Kind jeweils niemand, auch die Mutter nicht mehr kannte, wenn es zurückkam. Solche Kinder, besonders wenn sie empfindsam, zartfühlend (und damit besonders liebesbedürftig) sind, leiden mehr und mehr an einer Verlassenheitsangst, die eine Ursache der Depression wird. Denn die Angst, verlassen und sich selbst überlassen zu sein, diese Angst können sie nicht verarbeiten. ...

Viele dieser Kinder (und Erwachsener) müssen mit der Maske der Gleichgültigkeit eine tiefe Traurigkeit verbergen, sich und den andern. Viel später einmal, als Fritz schon Lebensfreude und viel Bubenhaftigkeit zeigte, schrie er einmal seine Mutter an: ›Mir ist *nichts* gleich!‹ und Tränen der Verzweiflung rannen ihm herunter« (BERNA 1961, S. 26ff.).

Die depressive Symptomatik des Jugendlichen

Erst im späten Schulkindalter und beim Jugendlichen nimmt die Depression die Gestalt an, die uns auch vom Erwachsenen vertraut ist: düstere Stimmungen und Phantasien, Kleinheits- und Versündigungsideen.

PFISTER, Pfarrer und Psychoanalytiker, einer der Pioniere psychoanalytischer Pädagogik in den Zwanziger Jahren, berichtet von einem 16jährigen Knaben, den beim Einschlafen regelmäßig das Gefühl ängstigte, es kämen Wolken auf ihn zu, und er falle in einen Abgrund. »Erst allmählich gibt er an, noch eine Reihe weiterer Angsterscheinungen aufzuweisen. Betritt er eine Brücke, so tritt ein quälendes Gefühl ein. Auch vor Mädchen ängstigt er sich. Wegen seiner Gesundheit ist er schwer besorgt: er glaubt an Magenkrebs zu erkranken oder zu erblinden ... Dabei litt unser Zögling am Gefühl der

Wertlosigkeit, benahm sich aber vor andern überaus stolz und spöttisch ... er fand, es wäre nicht schade um ihn, wenn er in einer Woche sterben würde ... sein Wunsch ging auf ein Nirvana aus, auf ein Auslöschen. Gott leugnete er, obwohl ihm die Ordnung und der Geist in der Wirklichkeit tiefen Eindruck machten und obwohl er keine Gründe gegen das Dasein Gottes hätte vorbringen können. Die Welt nennt er ein Karussell, das sich beständig im Kreis herumdrehe, die Menschenseele ein Schnupftuch des Satans, anfangs weiß, bis der Böse seine Nase hineinstecke usw.« (PFISTER 1921a, S. 8f.).

PFISTER erkannte die Krankheit des Knaben, dessen Behandlung vor 1921 gelegen haben muß, als Melancholie. FREUD hatte erst wenige Jahre zuvor ein erstes Modell zur Erklärung dieses Krankheitsbildes formuliert: Die Melancholie entstehe durch den Verlust eines geliebten Objektes, wenn auf Grund von Introjektionen der Objektverlust einen Ich-Verlust nach sich ziehe (vgl. FREUD 1916–17, S. 435). Die Melancholie gehört demnach ebenso wie die Paranoia und die Homosexualität zu dem psychoanalytisch damals gerade erst neu und noch unvollkommen erschlossenen Bereich der Störungen von primärer Objektbeziehung und narzißtischem Gleichgewicht. Und ein derart schweres Krankheitsbild nimmt PFISTER ohne große Skrupel zum Ausgangspunkt einer pädagogischen Gelegenheitsanalyse! Wir dürfen auf das Ergebnis gespannt sein.

»Meine Aufgabe bestand ... darin, den ... verborgenen Sinn dieser Symptome zu deuten, ihre Entstehung aufzudecken, ihre Nichtigkeit dem Zögling bewußt zu machen und so durch klares Denken und Umschaltung der innersten Wünsche auf edle Bahnen die unbewußte Hemmung zu überwinden« (PFISTER 1921b, S. 72f.).
    Zunächst zeitigt die analytische Prozedur bei dem Knaben eine Anzahl recht aufschlußreicher passagerer Symptome und Phantasien: »Während zuvor unser Zögling sich vor dem Erblinden gefürchtet hatte, bekam er plötzlich die Empfindung, seine Augen seien ungeheuer groß« (PFISTER 1921a, S, 8). Es trat ferner »das Gefühl auf, seine Glieder würden enorm groß und wollten die ganze Welt umspannen«. Weiterhin ängstigte er sich zeitweise »wegen eines leeren Raumes in seinem Körper« (ebd., S. 12).

Passagere Phantasien von Größe und Leere sind ungemein charakteristisch für die tiefe Regression, die in der analytischen Behandlung schwerer narzißtischer Persönlichkeitsstörungen als Durchgangsstadium unvermeidlich ist. Die heutige psychoanalytische Literatur ist voll von solchen Schilderungen, damals dagegen waren derartige Beobachtungen ausgesprochen selten.

PFISTER sah den Kern des Problems bei dem Knaben in der »Hemmung der Liebesfähigkeit«: »Hemmung des Liebeslebens oder Liebesanspruchs kann«, so stellt er sehr modern im Sinne der Narzißmus-Theorie fest, »das Selbstgefühl stören, ja zerstören, wie umgekehrt eine glückliche Liebe die Selbstbewertung hebt.« Er zitiert den Dichtervers: »Daß du mich liebst, macht mich mir wert«, und auch den Vers aus dem Neuen Testament: »Furcht ist nicht in der Liebe.« Von dem Jungen weiß er abschließend zu berichten, daß er »zu den Menschen, auch zu den Eltern, innerlich bedeutend besser stehe, sich nach einem verständnisvollen Freund oder einer Freundin sehne und auch den Zweifel an Gott überwunden habe. Die Melancholie schwand« (PFISTER 1921a, S. 13).

Es mag richtig sein, daß eben diese Varianz der Erscheinungsbilder schuld daran ist, daß Depressionen bei Kindern so selten erkannt werden. Aber vielleicht kommt noch eine Verdrängung seitens der Erwachsenen hinzu: Wir glauben gern an die glückliche Kindheit – ein depressives Kind zu sehen, ist sehr schmerzlich. Deswegen besteht die Neigung, das Unglück und die Depression der Kinder zu verdrängen.

Die Struktur der seelischen Krankheiten

Ich hatte mir vorgenommen, die seelischen Krankheiten nicht nur in ihren Erscheinungsweisen und Symptomen darzustellen, sondern auch einen Einblick in deren Bauform zu vermitteln. In diesem Zusammenhang kommt der Depression eine Schlüsselstellung zu.

Erinnern wir uns, wie in den einführenden Überlegungen die zwei Teile der seelischen Störung an Hand des Beispiels von CHRISTA MEVES auseinandergelegt wurden. Die seelische Krankheit besteht auf der einen Seite aus einem Mangel, einem Zuwenig, und auf der anderen Seite aus einer Neubildung, einem Zuviel, einer überflüssigen seelischen Produktion. Das Kind, das allein auf dem Schulhof steht, isoliert von den Kameraden, hat einerseits keinen Kontakt und tut andererseits etwas Überflüssiges: es lutscht am Daumen, kaut Nägel, schlägt um sich und so weiter. Wir hatten festgehalten, man müsse einerseits auf die Symptome achten, dürfe darüberhinaus aber nicht vergessen, nach der zugrunde liegenden Hemmung zu fragen.

Was ist gehemmt bei diesem Kind, das auf dem Schulhof in der Ecke steht? Die Lebensfreude, kann man sagen, der Lebensmut, das Freude-an-sich-selbst-Haben, die Freude an den Mitmenschen, an der Welt. Das gesunde Kind findet sich selbst und sein Leben ungemein interessant und wichtig. »Ich male jetzt ein Bild, und du schaust mir zu«, sagte meine 3jährige Tochter. Sie findet ihr Bild so schön und so wichtig, daß sie als selbstverständlich annimmt, daß es für andere Leute nichts Interessanteres und Wichtigeres gibt, als ihr beim Malen zuzuschauen.

Wenn dieses Sich-selbst-wichtig-Nehmen und das Interessant-Finden dessen, was man tut, gestört ist, liegt eine *depressive Verstimmung* vor – wie bei diesem Kind auf dem Schulhof. Der Kern einer jeden seelischen Krankheit ist die Depression, die Langeweile, die innere Öde und Leere. »Müßiggang ist aller Laster Anfang«, sagt das Sprichwort; und die mittelalterliche Theologie hielt die Acedia, die *Traurigkeit* für eine der sieben Hauptsünden. In beiden Sätzen stecken wichtige Erkenntnisse.

Aus der inneren Leere und Traurigkeit erwächst das Heimweh, die unstillbare Sehnsucht nach einem besseren Zustand, von dem der Betroffene weiß und fühlt, daß es ihn doch geben muß. Manche Erwachsene suchen diesen Zustand in der Vergangenheit. Das ist Nostalgie, Traditionalismus. Andere suchen ihn in der Zukunft. Das sind die Utopisten. Beides ist Escapismus, Wegrennen vor der gegenwärtigen Misere. Die Idealisierung, sei sie nun vergangenheits- oder zukunftsgerichtet, ist Symptom einer depressiven Erkrankung; nicht umsonst hat Janine Chasseguet-Smirgel (1981) von der »Krankheit der Idealität« gesprochen.

Es sollen hier alle seelischen Störungen aus diesem einen Prinzip heraus so verstanden werden, daß sie *allesamt Versuche sind, den Mangel an Lebenkönnen, an Lebensfreude, an Lebenslust irgendwie zu kompensieren, das festgefahrene Lebensschifflein wieder flott zu machen.* Das eine Kind nimmt dazu seinen Daumen, das andere onaniert, das dritte stiehlt. Der Erwachsene später raucht oder trinkt oder nimmt Drogen oder wählt sich einen Partner, den er tyrannisieren kann, oder er wird kriminell – alles, um die innere Leere loszuwerden, um wieder irgendwie zu spüren, daß er lebt, daß er kein lebendiger Leichnam ist. Ich verstehe die Neurosen als »Hilfskonstruktionen«, die das Ich erfindet, um mit dem Stumpfsinn der inneren Leere leben zu können.

Aber warum tun seelisch gestörte Menschen so oft Dinge, mit denen sie sich selbst Schaden zufügen, mit denen sie sich unglücklich machen? Warum werden sie körperlich krank und bekommen zum Beispiel eine schmerzhafte Angina? Eine Patientin von mir bekam eine Angina, die sich wochenlang hinschleppte, nachdem sie sich abrupt von ihrem Freund losgesagt hatte. Sie hatte wohl im Grunde einen tiefen seelischen Schmerz deswegen, der schlimmer war als alle Halsschmerzen. Kein Hals kann einem so weh tun, wie einem die Seele weh tun kann. Also sind Halsschmerzen unter Umständen das kleinere Übel.

Oder, wie ich es einmal mit einer Gruppe von Leuten auf einer Ferienreise mit dem Auto in Finnland erlebte: Wir waren auf dem Tiefpunkt, hatten einfach keine Lust mehr, ließen die Ohren hängen. Da entdeckten wir, daß unser Tank auf Reserve stand und wir noch 100 Kilometer bis zur nächsten Tankstelle hatten. Das war wie eine Erlösung. Wir konnten unser unlösbares Problem, unsere Depression und Lustlosigkeit, gegen ein lösbares eintauschen, konnten uns auf die Frage konzentrieren: Wo kriegen wir Benzin her? So bedeutet für den seelisch Kranken das Symptom eine hilfreiche Ablenkung von seinem wahren, tiefen und unstillbaren Leiden.

Das Grundproblem der seelischen Fehlentwicklungen ist: Wie formuliere ich mein zutiefst unlösbares Lebensproblem, daß ich nämlich abgestumpft, versumpft, innerlich abgestorben, depressiv bin – wie formuliere ich es so, daß es wie ein lösbares aussieht? Alle Symptome sind solche Kunstgriffe und Hilfskonstruktionen, die darauf abzielen, das unlösbare Problem durch ein lösbares zu ersetzen.

Das Gefühl, wertlos zu sein oder Wertloses zu tun, ist sicher entscheidend durch gesellschaftliche Erfahrungen geprägt. Unsere Zivilisation ist ausgesprochen depressionsfördernd, der Stumpfsinn unserer Welt ist unbeschreiblich, das Grundgefühl in allem, was wir tun, ist doch das: *Was soll's?* Unser Hauptproblem ist, daß wir abgestumpft und abgebrüht sind, daß wir uns über nichts richtig freuen und auch nicht richtig traurig sein können. Ein Kollege erzählte mir, daß er mit Studenten ein Seminar machte, in dem er auch Fälle von Problemkindern besprach. Und weil es dabei sehr wichtig war, sein Gefühl, seine Intuition spielen zu lassen, fragte er die Teilnehmer, was sie empfinden würden, wenn von dem Fall gesprochen werde. »Ach«, sagten die, »eigentlich gar nichts.« – Hier begegnen wir wieder dem »Gefühl der Gefühllosigkeit«, von dem oben die Rede war. Es ist die heute weithin bestimmende Grunderfahrung.

Wir sollen Dinge lernen, die uns keine Freude machen. Wir sollen auf Kommando kreativ sein; alles, was schön und abenteuerlich ist am menschlichen Leben, wird verplant, wird durch sinnlose Routine ersetzt. Der wild gewordene Intellekt gefällt sich darin, alles zu zerstören – natürlich immer zum Besten der Menschen. Mir fällt dazu eine Geschichte aus dem »Kleinen Prinzen« von SAINT-EXUPÉRY ein. Der Händler will dem kleinen Prinzen Pillen verkaufen – wenn man die nimmt, hat man keinen Durst mehr. Das ist sehr praktisch, man spart 53 Minuten in der Woche.

»›Und was macht man mit diesen dreiundfünfzig Minuten?‹ fragte der kleine Prinz. ›Man macht damit, was man will...‹, sagte der Händler. ›Wenn ich dreiundfünfzig Minuten übrig hätte‹, sagte der kleine Prinz, ›würde ich ganz gemächlich zu einem Brunnen laufen ...‹« (SAINT-EXUPÉRY 1977, S. 54f.).

Autismus und kindliche Schizophrenie

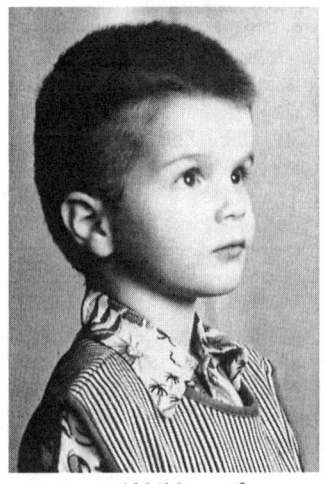 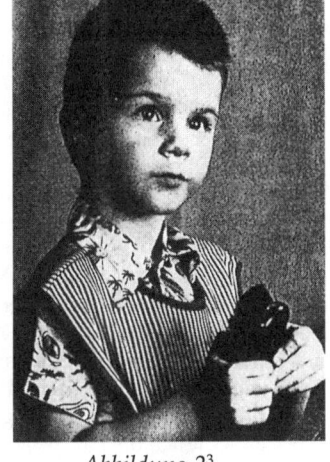

Abbildung 1[3]   *Abbildung 2*[3]

Welchen Eindruck macht dieses Kind? Vom Äußeren her würden wir wahrscheinlich sagen, daß das ein ganz normaler, unauffälliger, vielleicht ein bißchen verträumter Junge ist. Kaum werden wir vermuten, daß der hier abgebildete dreieinhalbjährige Dirk an einer der schwersten Verhaltensauffälligkeiten leidet. Seine Mutter hat einen Bericht über ihre leidvollen Erfahrungen veröffentlicht, der im folgenden etwas ausführlicher zu Wort kommen soll.

»Die Schwangerschaft verlief normal, war aber sehr belastet. Neben einer ständigen Arbeitsüberlastung stand eine schwere seelische Überforderungssituation, die aber nicht mit unserem werdenden Kind zusammenhing. In der ca. 10. Schwangerschaftswoche hatte ich ein Schockerlebnis. Über Stunden vergaß ich, daß ich ein Kind erwartete, und während des ganzen Tages spürte ich die Nachwirkungen der Erschütterung. Ca. 2 Wochen später setzte ein heftiger Stockschnupfen ein, der bis zur Entbindung anhielt. Meine Nase war ständig entzündet und dick geschwollen. Ich bekam kaum Luft, vor allem nachts. Außer einer Angina (ca. 5. Schwangerschaftswoche)

3 aus Thieme 1971, S. 6 bzw. 46

hatte ich keine weiteren Erkrankungen während dieser Monate. Tabletten nahm ich nicht ein. Die Kindsbewegungen waren mäßig. Auf unser Kind freute ich mich.

Die Geburt verlief ohne sichtbare Komplikationen. Sie dauerte vom Einsetzen der Wehen (nachts) bis zur Entbindung am nächsten Abend fast 20 Stunden. Als ich in früher Morgenstunde im Krankenhaus anrief, meinte die Hebamme, das habe Zeit, das erste Kind verliere man nicht. Sie bestellte mich für den späten Vormittag. Inzwischen ließen Stärke und Häufigkeit der Wehen wesentlich nach. Um die Wehentätigkeit wieder in Gang zu bringen, erhielt ich im Krankenhaus dann Spritzen – und immer noch dauerte es mehr als 9 Stunden, bis unser Kinder geboren wurde. Im Kreißsaal – ich lag allein – geschah eine Panne. Man vergaß, nach mir zu sehen. Ob ich eine halbe Stunde oder länger dort allein lag, weiß ich nicht. In solchen Stunden hat man kein Zeitgefühl. Die Fruchtblase platzte und ich klingelte Sturm. Niemand kam und ich hatte Angst, entsetzliche Angst – zum ersten Mal während der Schwangerschaft. Immer wieder drückte ich auf den Klingelknopf, ohne darüber nachzudenken, daß lediglich die Lampe aufleuchtete und niemand mein Klingeln hören konnte. In meiner Not fing ich an zu beten. Es war ein bitteres Erlebnis, in der Entbindungsstunde alleingelassen und hilflos zu sein. Endlich öffnete sich die Tür und eine Stimme fragte: ›Was ist denn?‹ Es war die gleiche Hebamme, die mir jene Telefonauskunft gab und die nun wieder Dienst hatte. Und dann, wenige Minuten später (der Arzt mußte noch schnell dazu geholt werden), war unser Dirk da.

Nach der Entbindung – ich kann nicht sagen, warum – war ich sehr erschöpft. Irgendwie war ich angeschlagen. So konnte es häufig geschehen, daß ich einschlief, wenn ich Dirk auf dem Schoß hielt und daß ich immer wieder hochschreckte, voller Angst, ich könnte ihn fallen lassen. Dieser Erschöpfungszustand dauerte Monate.

Noch eine weitere Folge hatte die Entbindung. Es war dies ein Empfinden, an das ich mich auch heute noch genau erinnere: das spürbare Wissen, nicht mehr allein zu sein, sich geteilt zu haben und die Verantwortung für ein kleines zerbrechliches Wesen zu besitzen. Die Entbindung, das Durchschneiden der Nabelschnur, wurde auch für mich zu einem entscheidenden und verändernden Erlebnis. Ich weiß nicht, ob andere Mütter eine ähnliche Reaktion auf die Geburt ihres ersten Kindes erfahren. Vielleicht ist dies auch eine Frage des Alters. Bei Dirks Geburt hatte ich das 30. Lebensjahr bereits überschritten, da ist man nicht mehr unbekümmert und erlebt bewußt. Wesentliches hatte sich durch die Mutterschaft verändert, in die Aufgabe, Mutter zu sein, mußte ich aber erst hineinwachsen. ...

Die Probleme begannen bereits nach der Geburt. Dirk trank nicht. Wenn er mir im Krankenhaus gebracht wurde, schlief er, während alle anderen Kinder schrien. Nur einmal in jenen Tagen hörte ich sein Stimmchen. Es war auffallend hell. Dies prägte sich mir ein, weil ich gleichzeitig vergleichend die Stimmen der anderen Neugeborenen hörte und ja auch schon tagelang auf seine Laute gewartet hatte.

Als Dirk bei der Entlassung ausgepackt wurde, erschrak ich. Er hatte einen ganz mageren Körper. Das hatte ich vorher nicht sehen können, weil er immer gewickelt war. Auf meinen betroffenen Ausruf antwortete der Arzt beruhigend: ›Der ist nicht mager, das ist ein schlanker Typ.‹

So wurden wir also entlassen, und ich kam mit einem Kind nach Hause, das nicht gelernt hatte zu trinken. Unvorstellbar ist es, wie viele Stunden am Tage ich brauchte, um Dirk Nahrung einzuflößen, damit er überhaupt am Leben blieb. Erst mit fünf Monaten trank er morgens 150 Gramm aus der Flasche, sonst aber nur 50 bis 100 Gramm pro Mahlzeit, für die er länger als eine Stunde brauchte. Oft war die Nahrungsaufnahme mit Brechen gekoppelt. Der Brechreiz hörte erst 2 Monate nach den Masern (im Alter von 3 3/4 Jahren) auf, als er – zunächst kaum sichtbar – anfing, sich zu entwickeln. Mit genau sechs Jahren begann Dirk, sich für bestimmte Speisen zu interessieren. In den ersten Jahren wehrte er sich gegen die Nahrungsaufnahme, und er konnte auch nicht zwei verschiedene Nahrungsmittel hintereinander zu sich nehmen. Die geringsten Schwierigkeiten ergaben sich bei Haferflockenmilch, und auch dies ging nicht reibungslos. Nicht nur durch Zeiteinsatz versuchte ich, das Eßproblem zu lösen. Immer wieder erfand ich neue Möglichkeiten, um Dirks Eßtrieb anzuregen und den Brechreiz zu verhindern. So erinnere ich mich, daß ich ihn gegen Ende des ersten Lebensjahres nicht mehr auf den Schoß nahm, sondern in Rückenlage fütterte. Ich flößte ihm mit einem Löffel Flüssigkeit ein, die er lange Zeit im Mund behielt. Manchmal gurgelte er damit oder ließ alles an den Seiten herauslaufen. Ich kniete vor ihm auf dem Boden und wartete auf den Augenblick des Hinunterschluckens, um sofort nachzuschieben. Entsprechend spät setzte die orale Phase ein. Dirk nahm zwar den Daumen, betastete aber keine Gegenstände mit den Lippen. Die Lallperiode hat er völlig überschlagen. Mit ca. 5 Monaten ›sang‹ er einige Zeit, gurgelte dann wie geschildert mit Flüssigkeiten und bildete später eigentümliche Froschlaute. Sonst blieb er, abgesehen von stimmlichem Lachen und Schreien, lange Zeit stumm. Mit 2 1/4 Jahren, als er seine Zähne entdeckte, begann er, in Dinge hineinzubeißen und Jahre später, an allem zu nagen oder zu lecken. Das hatte sichtbare Folgen, denn die inzwischen kräftigen Zähne hinterließen Spuren an Möbeln und anderen Gegenständen. Trotzdem dauerte es noch lange, bis Dirk auch abbeißen und kauen lernte und damit die Aufgabe der Zähne erfaßte. Auf Anrufen reagierte Dirk nicht. Als er drei Monate alt war, rief ich ihn, während ich das

Zimmer putzte, immer wieder an. Seine Augen suchten mich nicht, er wendete nicht einmal den Kopf. Vergleichende Erfahrungen mit anderen Säuglingen fehlten mir. So dachte ich, es sei noch zu früh. (1958 sprach man noch nicht viel über Erziehung, und Eltern wurden noch nicht durch öffentliche Informationen hinreichend über Entwicklung und Fehlentwicklung von Kindern aufgeklärt.) Wenige Monate später erschrak Dirk bei schrillen Lauten und schrie. Ich erlebte dies z.b., als eine Eisenbahn pfeifend an uns vorüberfuhr. Ein Ertasten, Begreifen und Erkunden der engsten Umwelt blieb aus. Zwei Dinge waren Dirk vertraut, ein Eselchen und eine Rassel. Diese Dinge hielt er in der Hand, nach anderem griff er nicht. In jener Zeit hatte ich den Eindruck, daß er nicht wußte, daß die Dinge erreichbar sind. Im ersten Lebensjahr schlief Dirk auffallend viel (Schlafstörungen setzten erst im zweiten Lebensjahr ein). Er spielte mit den Fingern, strampelte und war meist zufrieden und ruhig. ...

Das Schreien, das ich schon erwähnte, war mir zum ersten Mal bei der Taufe in der Kirche aufgefallen. Dirk war damals knapp 6 Monate alt. Die Kirche, in der er getauft wurde, war ein dunkles, hochgestrecktes Gebäude mit unbekannten Geräuschen. Dirk schrie, ohne aufzuhören. Immer wieder kam eine Diakonissenschwester, nahm ihn mir aus dem Arm und ging hinaus, um ihn nach einiger Zeit zurückzubringen. Unter diesem Eindruck rauschte die Predigt an mir vorbei, aber der Taufspruch prägte sich unauslöschlich ein: ›Der Herr ist mein Hirte, mir wird nichts mangeln.‹ Bis zum Ende des ersten Lebensjahres steigerte sich das Schreien und wurde vom 2. Lebensjahr an zu einem echten Problem. Wir konnten nur mit einem schreienden Kind Häuser verlassen oder betreten. Jede veränderte Situation löste einen neuen Erregungszustand aus. Es genügte z.B., daß die Autotür zuschlug, und das Schreien begann. Ob im Kinderwagen, auf dem Arm oder später laufend, jede Veränderung wurde von Dirk auf diese Weise beantwortet. Das Schreien hörte erst auf, wenn Umgebung oder Situation wieder vertraut waren. In jener Zeit begann bereits mein Ringen um Überwindung der Behinderung.

Ich war völlig unerfahren und hilflos, aber so entsetzlich das Schreien auch war, ich ging mit Dirk die notwendigen Wege, und wo immer es möglich war, versuchte ich schon damals, Abwechslungen einzuschleusen. Die ersten Tränen weinte Dirk nach einem Klinikaufenthalt im Alter von 1 3/4 Jahren. Vorher schrie er ohne sichtbare emotionale Beteiligung.

Bereits mit 7 Monaten fiel mir der Augenausdruck auf. Andere Kinder hatten einen greifenden, wachen Blick, Dirk – er hatte wunderschöne große blaue Augen – schaute verträumt. Da war nichts Greifendes in den Augen. In jener Zeit fing ich an zu ahnen, daß etwas nicht stimmte, aber ich wußte nicht, was es war. Es kam dann eine Zeit, in der ich weinte, wenn ich andere kleine Kinder sah, und vorübergehend konnte ich gesunde Kleinkinder nicht ertragen. Doch überwand ich dies glücklicherweise bald. Daß Dirk sehen konnte, war eindeutig, denn er verfolgte auffallende Bewegungen mit den Augen. So freute er sich an einem tanzenden Mückenschwarm und verfolgte auch bei ärztlichen Untersuchungen den pendelnden Gegenstand (gegen Ende des ersten Lebensjahres).

Ärmchen reichte Dirk nicht entgegen, wenn ich mich über sein Bettchen beugte, aber er lächelte mich an. Schon mit 2 1/2 Monaten hatte er ein stimmliches Lachen, wenn ich vor ihm stand und mit ihm sprach. Die letzte Lächelreaktion auf direktes Ansprechen, an die ich mich deutlich erinnere, war ca. im 10. Lebensmonat. Es war Winter und Dirk hatte sich freigestrampelt. ›Was hast Du gemacht?‹ fragte ich, als ich an sein Bettchen trat, und er strahlte mich lachend an. Wann dies Antworten endete, hat sich mir nicht eingeprägt. Es wird sich auch nie ergründen lassen, wieviel meine eigene Verzweiflung über die Situation unseres Jungen dazu beigetragen hat. Wenige Monate später, Dirk war damals 1 1/4 Jahre alt, spürte ich, als ich ihn ansprach, das Unerreichbare. Es war eine Wand da, unsichtbar, undurchdringlich, unbegreiflich. ...

Als ich erkannte, daß Dirk sich nicht von selbst entwickeln würde, war er ca. 3 Jahre alt. Zu jener Zeit zeigten sich folgende Behinderungsschwerpunkte:

1) das fehlende Wortverständnis (die Unfähigkeit, den anderen zu verstehen),

2) das Unvermögen, sich selbst zu äußern (sich verständlich zu machen),

3) der Wahrnehmungsschaden (Eindrücke vom Inhalt her nicht erfassen zu können)« (THIEME 1971, S. 23ff.).

So weit der Bericht der Mutter. Gerade in der Ausführlichkeit der Erzählung ist zu erkennen, wie sich die Symptomatik von Geburt an stetig entwickelt, ohne daß sich die betroffenen Eltern zunächst einen Reim darauf machen können: das Nicht-Trinken, das fortwährende Schreien, der fehlende Blickkontakt, die seltsamen Laute und befremdlichen Handlungen (wie z.B. das Nagen an den Möbeln). Monate und Jahre dauert es, bis die Mutter versteht, was geschieht. Mit eineinviertel Jahren hat sich das Bild so weit konsolidiert, daß sie jetzt etwas Unwiderrufliches spürt: die Unerreichbarkeit des Kindes.

Was ist das für ein seltsames und beunruhigendes Krankheitsbild? Wir nennen es den *frühkindlichen Autismus*. Der Begriff Autismus wurde von dem Psychiater BLEULER (1911, S. 338)

um die Jahrhundertwende geprägt, um bestimmte Verhaltensweisen beim erwachsenen Schizophrenen zu bezeichnen. Er
benannte damit die Eigentümlichkeit der Schizophrenen, sich
von der Realität abzukapseln und in einer Traumwelt zu leben.
Man erkannte schon bald, daß diese Wesenszüge auch bei
Kindern anzutreffen sind, daß auch Kinder still, scheu und
zurückgezogen nur für sich selbst leben können (vgl. HOMBURGER
1926, S. 801).

Formen des Autismus

Systematisch beschrieben wurde das Bild des kindlichen Autismus allerdings erst wesentlich später. Unabhängig voneinander benannten es der österreichische Kinderarzt ASPERGER
und der amerikanische Psychiater KANNER, was leider zur Folge hatte, daß nahe verwandte, doch nicht identische Störungs-
bilder unter dem gleichen Namen laufen, was zu einer Begriffs-
verwirrung beiträgt. Wir müssen also den *frühkindlichen Autismus* (KANNER 1943) von der *autistischen Psychopathie* (ASPERGER
1944) unterscheiden.

Der frühkindliche Autismus

Der von KANNER beschriebene frühkindliche Autismus manifestiert sich bereits in den ersten Lebensmonaten. Es kann
angenommen werden, daß er bereits von Geburt an besteht.
KANNER nennt als die zwei Hauptsymptome: eine *extreme
Selbstisolierung gegenüber der menschlichen Umwelt* einerseits und
ein *ängstlich-zwanghaftes Bemühen um die Erhaltung des Gewohn-
ten* andererseits.

Ferner beschreibt er eine schwere Störung der Sprachentwicklung sowie ein positives Verhältnis zu leblosen Gegenständen.

Autistische Kinder nehmen die Umwelt anscheinend nur
wie leblose Dinge wahr. Ein Blickkontakt ist nicht möglich; sie
schauen mit ausdruckslosen Augen und nach innen gerichte-
tem Blick. Hinzu kommt meist eine panische Geräuschempf-
findlichkeit.

Die autistische Psychopathie

Die ASPERGERsche autistische Psychopathie kann im Ganzen als eine mildere Form der gleichen Störung angesehen werden. Sie manifestiert sich im Kindergarten- und im frühen Schulalter. Die Kinder zeigen ebenfalls eine gute, geradezu »übergute« Vertrautheit mit bestimmten Ausschnittsbereichen der Dingwelt. Sie sind oft Spezialisten für abseitige Gebiete, auf vielen anderen Gebieten aber interesselos, zum Beispiel an den normalen Schularbeiten, so daß sie bei hoher Intelligenz doch leistungsschwach sind. Haben sie die schulische Einordnung so weit geschafft, werden sie oft erfolgreich in hoch spezialisierten Berufen: Mathematiker, Physiker, Techniker. Auf der anderen Seite wird ihnen ein völliger Mangel im Erfassen sozialer Situationen bescheinigt.

DORIS WEBER nennt als Beispiele:

Ein 17jähriges Mädchen, das am Gerichtsgefängnis klingelt und die Zellen und den Arbeitsplatz der Delinquenten besichtigen will; ein 12jähriger Junge: »»Wenn mich die Kinder ärgern und ich haue drauf, dann erwische ich immer den Falschen, statt nur den Richtigen««< (WEBER 1970, S. 19).

Ein weiteres Beispiel aus eigener Beobachtung:

Ein Junge, 12 Jahre, isoliert, begabter Bastler, hat seinem Lehrer den Kugelschreiber auseinandermontiert. Dieser ist ärgerlich, sperrt ihn ein, bis er ihn wieder zusammengesetzt hat. Der Junge schafft es trotz all seiner technischen Intelligenz nicht, ist wie blockiert. Eine Lehrerin kommt, setzt ihm den Kugelschreiber mit einem Griff zusammen. Er streichelt ihre Brüste und fragt, ob da Milch herauskommt.

Weitaus gründlicher als die autistische Psychopathie ist der KANNERsche Autismus untersucht worden. WEBER (1970) verglich die Bewegungseigentümlichkeiten von blinden und autistischen Kindern und fand bemerkenswerte Parallelen. Nun sind die autistischen Kinder aber keineswegs blind oder sehgestört. Trotzdem weisen sie ganz ähnliche motorische Besonderheiten auf wie die Blinden. WEBER schließt daraus, daß bei ihnen eine zentralnervös bedingte, optische Organisationsstörung vorliegt, daß physiognomisches und Gestaltwahrnehmen unmöglich ist, daß sie vor allem diffuse Hell-Dunkel-Eindrücke wahrnehmen.

Erinnern wir uns an den bemerkenswerten Gedanken HOIMAR VON DITFURTHS, der bei den depressiven Störungen nach einer Wurzel, einem Grundsymptom suchte und das »Gefühl der Gefühllosigkeit« als ein solches namhaft gemacht hat. WEBER tut etwas Ähnliches für den Autismus. Sie fragt: Könnte nicht die Wurzel des ganzen Symptombildes darin liegen, daß die Kinder optisch nicht richtig erkennen können? Auf jeden Fall scheinen sie keine Gesichter als solche zu erkennen und auch sonst eher diffuse Eindrücke aufzunehmen. Wie ja auch zum Beispiel von Blindgeborenen berichtet wird, daß sie nach einer Operation erst einmal nur diffuse Eindrücke wahrnehmen und erst sehen lernen müssen, obwohl ihre Augen nun wieder in Ordnung sind, weil ihr Gehirn noch nicht darauf eingestellt ist, die optischen Eindrücken adäquat zu verarbeiten. So ähnlich können wir uns die Verhältnisse beim autistischen Kind vorstellen. Die sozialen Kontaktstörungen wären dann genauso wie das Anklammern an das Vertraute und die panische Angst vor Veränderungen eine Folge dieser Wahrnehmungsunfähigkeit und Orientierungslosigkeit.

WEBER vermutet den Grund dieser Wahrnehmungsstörung in einem hirnorganischen Defekt, obwohl sie die Frage nicht mit letzter Sicherheit beantworten kann. Man kann die Befunde von WEBER indessen auch so interpretieren, daß sie mit den tiefenpsychologischen Thesen nicht in Widerspruch geraten, die den Autismus aus einer frühen (vielleicht intrauterinen) schweren Störung des Mutter-Kind-Austausches ableiten. »The empty fortress – Die leere Festung« heißt ein Buch über den Autismus, geschrieben vom psychoanalytischen Standpunkt aus (BETTELHEIM 1977). Das Kind hat gewissermaßen darauf verzichtet, seine Augen psychisch in Besitz zu nehmen, sein Ich schweift im Nirgendwo und hat den Körper zurückgelassen wie eine leere Festung. Das autistische Kind wird als ein Wesen angesehen, das es schon ganz früh, in den ersten Lebenstagen und -wochen, aufgegeben hat, ein Ich, eine volle Person zusammen mit anderen zu werden – weil die Aufgabe zu schwer und aussichtslos war.

Die neuere Diskussion um den frühkindlichen Autismus ist etwas unübersichtlich geworden. In der Forschung dominiert die hirnorganische Linie, psychodynamische Erklärungsansätze (wie z.B. der von BETTELHEIM) werden mehr oder weniger vehement verworfen.

WILKER (1989) stellt, der Linie KANNERS folgend, den gestörten Transfer zwischen den Gehirnhälften unter Hinweis beispielsweise auf die Häufigkeit von Linkshändern bei Autisten (35 Prozent, sonst 12 Prozent) in den Vordergrund. Einseitige oder beidseitige traumatische Gehirnschädigungen vor oder kurz nach der Geburt werden als Ursachen angegeben. Die Blickvermeidung wird, wie die anderen Symptome, als Vermeidung einer cerebralen Erregung interpretiert. Die allgemeine Erklärung lautet:»Da sich die Reaktionen des autonomen Nervensystems gegenüber sozialen Stimuli als eher abgeschwächt zeigen, ist eine verminderte Reaktivität gegenüber Umweltstimuli bei autistischen Kindern als wahrscheinlich anzunehmen« (WILKER 1989, S. 118).

WILKER faßt seinen Standpunkt zusammen:

»Die Symptome sind Ausdruck eines – durch künftige Forschungsarbeiten noch näher zu spezifizierenden – zugrundeliegenden neuropathophysiologischen Prozesses, der die allgemeinen Entwicklungsprozesse, die Modulation der Perzeption, die Sprache, motorische, kognitive und intellektuelle Strukturen und das Sozialverhalten beeinträchtigt. ...

Es sind keine psychogenen Faktoren bekannt, die in ätiologisch relevantem Zusammenhang mit dem Syndrom des Frühkindlichen Autismus stehen. ...

Insgesamt haben sich vor allen anderen ›symptomatischen‹ Therapieansätzen die verhaltenstherapeutischen Ansätze besonders bewährt und bieten eine echte Hilfestellung bei der Behandlung autistischer Kinder« (ebd., S. 121f.).

Differenzierter stellen INNERHOFER und KLICPERA (1988) den Autismus dar. Ihre Grundthese, daß der frühkindliche Autismus auf die mangelnde Entwicklung der Informationsverarbeitung zurückzuführen ist, beruht auf drei Annahmen:

1. Autistische Kinder sind in der Fähigkeit, Vorstellungen auszubilden und anzuwenden, eingegrenzt.

2. Viele autistische Kinder haben zusätzlich zur spezifischen autistischen Störung sehr wahrscheinlich eine allgemeine Intelligenzminderung. Zur autistischen tritt dann eine geistige Störung.

3. Autistische Kinder versuchen, ihre Defizite im Bereich der logischen Formen durch Einschränkungen des Lebensraumes, durch ganz spezifische Gedächtnisleistungen und andere Ersatzmöglichkeiten zu kompensieren.

Somit gliedert sich die autistische Störung in vier Untergruppen:
- geistig behinderte Autisten,
- geistig Behinderte mit autistischen Zügen,
- intelligente Autisten,
- ASPERGERsche Autisten.

Letzterer, der ASPERGERsche Autismus, wird als durch hohe Intelligenz kompensierte Störung betrachtet (vgl. INNERHOFER u. KLICPERA 1988, S. 189).

Es gibt somit gut begründete Hinweise, daß der frühkindliche Autismus auf einer zentralen Wahrnehmungsstörung basiert. Ob psychodynamische Faktoren zumindest mitverursachend ins Gewicht fallen, ist unter den Kinder- und Jugendpsychiatern umstritten. REMSCHMIDT, einer der führenden Kinderpsychiater der jüngeren Generation, resumiert in einem für Ärzte geschriebenen Artikel (1987) die Ergebnisse der neueren Autismusforschung. Das DSM III habe eine standardisierte Diagnostik ermöglicht; sodann gebe es gewisse Hinweise auf pathologische Hirnprozesse bei autistischen Kindern. So konnte zum Beispiel festgestellt werden, daß autistische Patienten eine signifikant höhere Glukoseausnutzung in verschiedenen Hirnregionen aufweisen (vgl. REMSCHMIDT 1987, S. B 126).

Es ist indessen absolut unklar, wie dieser Befund zu bewerten ist, und auch REMSCHMIDT gibt keine Interpretationshilfen dazu. Ebenso sind andernorts vorgetragene Spekulationen über Prozesse an den Synapsen der Nervenbahnen nichts weiter als eben Spekulationen. Allerdings sind Hirnbefunde immer verführerisch: Man meint etwas Objektives in der Hand zu haben, auch wenn man überhaupt nicht weiß, was dieses »Objektive« bedeutet und wie es einzuordnen ist.

Vor allem dienen diese Befunde in der Fachdiskussion dem Zweck, psychodynamische Hypothesen zu »erschlagen«. Der Artikel von REMSCHMIDT trägt die Überschrift »Das autistische Kind – Eltern haben keine Schuld«. In diesem Text heißt es dann:

»Untersuchungen der letzten Jahre zeigen jedoch immer deutlicher, daß die Thesen zur Psychogenese des frühkindlichen Autismus, wie sie unter anderem von Bettelheim und Mahler geäußert wurden, nicht haltbar sind. Gegen diese Thesen sprechen folgende Argumente:
1) Wie inzwischen nachgewiesen ist, sind autistische Kinder schon im Säuglingsalter auffällig. Sie zeigen eine ganze Reihe neuro-

biologischer Besonderheiten, die man bei gesunden Kindern nicht findet.

2) Die Eltern autistischer Kinder erweisen sich entgegen früheren Behauptungen ebenfalls nicht als besonders auffällige Persönlichkeiten. Jedenfalls unterscheiden sie sich nicht in ihren Persönlichkeitszügen oder ihrem Verhalten von Eltern gesunder oder geistig behinderter Kinder.

3) Rund 40 bis 60 Prozent der Kinder mit frühkindlichem Autismus zeigen im Schulalter neurologische Befunde, und etwa 30 Prozent entwickeln in der Adoleszenz eine Epilepsie.

4) Nach bestimmten Virusinfekten tritt oft autistisches Verhalten auf. Dies ist besonders eindrucksvoll bei Kindern mit einer Rötelnembryopathie« (ebd., S. B 126).

Es ist offensichtlich, warum solche Befunde gern aufgenommen werden. Sie genügen dem obersten Gebot des modernen Zeitgeistes: »Du sollst nie der Mutter die Verantwortung für irgendeine Fehlentwicklung des Kindes zuschreiben. Mütter haben es ohnehin schwer und tun stets ihr Bestes.« In diesen Trend passen die Ausführungen von REMSCHMIDT genau hinein, und deshalb können sie sich des allgemeinen Beifalls sicher sein.

Anders urteilt EGGERS, ebenfalls ausgewiesener Jugendpsychiater: Autismus könne »als Resultat eines *kognitiven Defizits* aufgrund einer neuralen Integrations-, Perzeptions- und Codierungsstörung sensorischer Reize aufgefaßt werden«. Doch habe die kinderanalytische Forschung – er nennt DIATKINE, KLEIN, MAHLER und TUSTIN – gezeigt, daß »auch psychodynamische bzw. umweltbedingte Beeinträchtigungen der frühkindlichen Individuation zu Defekten der primären Wahrnehmungsfunktionen des kindlichen Ich führen können, wodurch die Konstituierung eines normalen Kind-Welt-Bezuges verhindert wird« (EGGERS in BATTEGAY 1992, S. 80).

Der paradoxe Stand der Dinge beim Autismus zeigt sich auch im Auseinanderdriften von Forschung und Behandlungspraxis: Die Forschung ist hirnorganisch inspiriert und bemüht sich, das psychodynamische Modell zu »erschlagen«; die Therapie-Praxis ist eher psychodynamisch-interaktionell, weigert sich also, die Forschungs-Trends zu Kenntnis zu nehmen und umzusetzen. Da gibt es die berühmten Haltetherapien, angefangen bei ZASLOW (vgl. ZASLOW u. MENTA 1976) bis hin zu PREKOP (1990) und anderen. Diese behaupten, Erfolge zu erzielen mit verschiedenen Formen des Haltens, des Körperkontakts, mit teils recht radikalen Vorgehensweisen wie etwa bei ZASLOW. Nun steht aber bei ZASLOW ausdrücklich ein psychodynamisches Begründungsmodell im Hintergrund, und auch die anderen Haltetherapien passen besser in ein psychodynamisch-interaktionelles Modell als in ein hirnorganisches.

Gerade noch rechtzeitig zur Schlußredaktion des vorliegenden Textes erscheint eine Dokumentation über »Ursachen des Autismus« (DZIKOWSKI 1993), die erstmals Ordnung und Übersicht in das wuchernde Hypothesengestrüpp bringt und deren Bewertungen weithin mit den hier vorgetragenen übereinstimmen. DZIKOWSKI listet nicht weniger als 60 (!) unterschiedliche Verursachungshypothesen auf, die so ziemlich alles Erdenkliche für die Entstehung des Autismus verantwortlich machen: von den Röteln und der Syphilis über die zentrale Wahrnehmungsstörung bis hin zu familiären Einflüssen. DZIKOWSKI folgert, es gebe »keine für alle autistischen Menschen gemeinsame Ursache für das spezielle Störungsbild. Die spezifische Ausprägung der Symptomatik entsteht multifaktoriell« (DZIKOWSKI 1993, S. 211). Er hält es auch für wenig wahrscheinlich, daß in Zukunft ein spezifischer Ursachenfaktor gefunden werden wird (vgl. ebd., S. 213).

Von besonderem Interesse ist im gegenwärtigen Zusammenhang, wie DZIKOWSKI die in jüngster Zeit so vielgeschmähten psychodynamischen Erklärungshypothesen bewertet. Ohne Zweifel, meint er, könnten negative familiensystemische Umstände eine autistische Störung in ihrer Ausprägung verschärfen. Er stimmt jedoch MAHLERS Auffassung zu, daß

»die fehlerhafte ICH-Entwicklung autistischer Kinder und ihre mangelnde Emotions- und Bindungsfähigkeit immer vor dem Hintergrund eines Primärfaktors (angeboren, konstitutionell bedingt, erblich usw.) betrachtet werden muß. Eine problematische Beziehung zwischen Eltern und Kindern kann unmöglich allein zu einer so tiefgreifenden Entwicklungsstörung führen, wie es der Frühkindliche Autismus ist« (ebd., S. 203). Schade nur, daß DZIKOWSKI trotz dieses gerecht abwägenden und vermutlich zutreffenden Standpunktes den emphatischen Ausruf nicht unterdrücken kann: »Eltern habe keine Schuld« (ebd., S. 211).

Wenn doch endlich jemand verstehen wollte, daß es bei den psychodynamischen Erklärungshypothesen ebensowenig um eine Schuldzuweisung geht, wie wenn man irgendwelche Viren oder Hirnstoffwechselstörungen als Ursachen namhaft macht! Nehmen wir zum Beispiel den eingangs ausführlich zitierten Bericht der betroffenen Mutter. Sie sagt, in der zehnten Schwangerschaftswoche habe sie ein Schockerlebnis gehabt: »Über Stunden vergaß ich, daß ich ein Kind erwartete, und während des ganzen Tages spürte ich die Nachwirkungen der Erschütterung.« Darüber hinaus habe während der ganzen Schwangerschaft eine »schwere seelische Überforderungssituation« bestanden (über deren spezifischen Charakter man leider nur Vermutungen anstellen kann). Bei der Geburt hatte sie »Angst, entsetzliche Angst«, und war anschließend in einem Monate andauernden Erschöpfungszustand (vgl. THIEME 1971, S. 23f.). Derartige Andeutungen aufmerksam zur Kenntnis zu nehmen, heißt doch nicht, der Mutter irgendeine Schuld zu unterstellen.

Birger Sellins autistische Poesie

Verwunderlicherweise wird *eine* Erklärungslinie in der Dokumentation von DZIKOWSKI kaum gewürdigt: der kinder- und jugendpsychiatrische Ansatz, der Verbindungen zwischen dem Autismus und der kindlichen Schizophrenie herstellt. Zur Verdeutlichung dieses Zusammenhangs möge ein kürzlich erschienenes Buch dienen, das Texte des 20jährigen autistischen BIRGER SELLIN enthält, die dieser auf der Computerschreibmaschine zu verfassen lernte und die, wie der Klappentext mit Recht sagt, von »bizarrer Schönheit« sind.[4] Zuerst waren es hingeworfene Buchstaben und Wörter, wie das eben geht, wenn einer auf der Schreibmaschine zu üben anfängt:

»autto opa und oma jonas takket paket« (SELLIN 1993, S. 67).

Die Namen der Familienmitglieder spielen anfangs eine große Rolle, später die Bezeichnung von Gegenständen, vor allem aus der dinglichen Umwelt:

---

4 Da neuerdings Zweifel an der Authentizität der SELLINschen Texte aufgetaucht sind (vgl. Spiegel 5/1994 und 7/94), stehen die nachfolgenden Ausführungen zu diesem Buch insoweit unter Vorbehalten.

»paket telefon lampe arm feder« (ebd., S. 69).

Zunehmend erweitern sich die sprachlichen Ausdrucksmöglichkeiten. Die ganze subtile Innenwelt wird sprachlich mitteilbar:

»tatsache ist ich konnte mit fast fünf jahren auch schon schreiben und sogar rechnen aber es hat niemand gemerkt weil ich so chaotisch war aber das war ich einfach aus angst vor den menschen gerade weil ich unfähig war zu reden fiel mir das lesen so leicht darum suchte ich aus den sagen wir wichtigen büchern alles was ich finden konnte die bücher standen alle in diesem sogenannten zimmer im sagen wir arbeitszimmer in kreuzberg aber später waren es auch bücher aus dem arbeitszimmer in reichlich richtigen wohnungen wo wir wohnten heute erarbeite ich mir alles von selbst« (ebd., S. 82).

Eine andere Stelle:

»ich richte ein wirkliches chaos wie ein vulkan reicht eigentlich ein eiserner wirksamer wille aus um ihn zu löschen es eifert ein quellender eilfertiger geist in mir rum und will verhindern die ungereiften früchte einer wie wissender einsamer wirklicher eiserner birger zur reife werden können ich will aufhören die erträge sind zu arm« (ebd., S. 102).

Angst und Chaos sind wichtige Themen der inneren Erfahrung; als besonders eigenwillig fällt die Wendung auf:

»... es eifert ein quellender eilfertiger geist in mir rum ...« (ebd. S. 102).

Das sind zweifellos ansprechende Texte. Zu warnen ist indessen vor den journalistischen Kommentaren von MICHAEL KLONOVSKY und überhaupt vor den Ansätzen einer allzu eilfertigen Vermarktung des »autistischen Wunderkindes«. BIRGER SELLINS Metaphorik ist oft ergreifend in ihrer unkonventionellen Unbeholfenheit, ihrem Ringen um Worte und Bilder, das allerdings in den späteren Texten einer gewissen routinierten Selbstdarstellung weicht.

»... aber ich lerne damit umzugehen ein berühmter irrer zu sein« (ebd., S. 159).

Schlimm ist die pseudo-tiefsinnige Metaphorik, mit der BIRGER SELLINS Texte vom Verlag und vom Kommentator angerichtet werden, indem sie sie mit »botschaften aus einem autistischen kerker« oder »Die Gruft öffnet sich« überschreiben.

BIRGER SELLIN ist gewiß keiner von den schwerst gestörten Autisten. Anders als bei Dirk, von dem eingangs berichtet wurde, wird seine Behinderung erst mit reichlich anderthalb Jahren und schlagartig manifest. Eine traumatische Genese anzuerkennen, liegt nahe; Anhaltspunkte für eine neurale Schädigung werden nicht berichtet. Offenbar handelt es sich um den KANNERschen Autismus und nicht um die ASPERGERsche autistische Psychopathie, aber doch um den KANNERschen Autismus sicherlich nicht in seiner schwersten Form.

BIRGER SELLINS Texte weisen eine gewisse Nähe zu den sprachlichen oder bildnerischen Gestaltungen schizophrener Patienten auf, vor allem durch ihre oftmals fremdartig und eigenwillig anmutende Metaphorik, mit der innere Zustände artikuliert werden. So geben die Texte Anlaß, sich mit der in der neueren Forschung vernachlässigten Frage eventueller Zusammenhänge zwischen Autismus und kindlicher Schizophrenie zu befassen.

Zum Krankheitsbild der Schizophrenie

Der Begriff »Autismus« stammt, wie bereits erwähnt, von BLEULER (1911). Er wurde geprägt, um gewisse Erlebnis- und Verhaltensweisen erwachsener schizophrener Patienten zu charakterisieren. Erst später wurde er auf die Erscheinungen bei »autistischen« Kleinkindern angewandt. Es stellte sich immer wieder die Frage, ob der »kindliche Autismus« nicht in einem sachlichen Zusammenhang mit der Schizophrenie gesehen werden muß. Ehe wir uns diesem Thema zuwenden, sind einige wenige, in keiner Weise erschöpfende Anmerkungen zum Krankheitsbild der Schizophrenie erforderlich.

In der südfranzösischen Stadt Arles geschah es, daß sich ein landfremder, später recht berühmt gewordener Mann sein Ohr abschnitt, es ins Freudenhaus trug, einer überraschten Prostituierten überreichte (zu dieser Episode vgl. JASPERS 1977; LEONHARD 1988) und bemerkte: »Gardez cet objet precisément« (»Passen Sie gut auf diesen Gegenstand auf«), worauf er in die Nacht hinausging.

An diesem Verhalten lassen sich drei Gesichtspunkte hervorheben:

1. Es macht einen läppischen Eindruck – als ob sich ein Halbwüchsiger einen besonders gelungenen Streich ausdenkt, um seine Mitmenschen zu provozieren, in Erstaunen zu versetzen und sprachlos zu machen. Eine Flegelei allerdings, bei der sich der Flegel recht gewaltig – und zwar im wortwörtlichen Sinne genommen – ins eigene Fleisch schneidet, eine kostspielige Flegelei.

2. In dem Verhalten des Mannes liegt eine ungeheure Arroganz – ein Sich-Überheben über die Philister und Spießbürger, die so etwas erschreckt – und zugleich auch ein Sich-Überheben über sich selbst und seine Leiblichkeit, seine Kreatürlichkeit. »Bewahren Sie dies Objekt gut auf!« – mit diesen Worten gibt er sein abgeschnittenes Ohr bei der Dame ab, wie man einen Regenschirm an der Garderobe abgibt. Die Inszenierung könnte besagen: »Ich stehe turmhoch über mir selbst, ich kann willkürlich schalten und walten mit meinem Körper, ich bin absoluter Herr meiner selbst.«

3. Das Tun des Mannes ist jenseits aller vordergründigen Flegelei und Arroganz, wie es scheint, ein angstvoller Hilferuf: »Bewahren Sie dieses Objekt gut auf, dieses wertvolle Stück von mir!« – pars pro toto: »Am liebsten würde ich mich selbst in Verwahrung nehmen lassen; ich weiß nicht, wie mir geschieht.«

Bei dem Mann handelt es sich um den Maler VINCENT VAN GOGH, und dies war der Ausbruch seiner Schizophrenie. Die Dame erhörte den Hilferuf auf ihre Weise. Sie erzählte von ihrem Erlebnis, und wenige Tage später wurde nicht nur das abgeschnittene Ohr, sondern der ganze Mann in Gewahrsam genommen und ins Hospital eingeliefert. Das ist also der Ausbruch einer *Schizophrenie* (allgemein dazu CONRAD 1966).

Der Ausdruck wurde von BLEULER (1911) geprägt, nachdem man dieses Krankheitsbild vorher *dementia praecox*, die »vorzeitige Demenz«, genannt hatte. Bei dieser älteren Bezeichnung war vor allem an die »Restzustände« nach jahrelanger Hospitalisierung gedacht worden. Diese wirken tatsächlich manchmal wie »verblödet«, niemals aber die frisch Erkrankten, die ungeheuer sensibel und irgendwie hellsichtig scheinen.

Warum wurde die Bezeichnung »Schizophrenie« beziehungsweise »Spaltungsirresein« gewählt? Weil bei dieser

Krankheit die elementarsten Störungen in einer Zersplitterung und Aufspaltung des Denkens, Fühlens und Wollens und des subjektiven Gefühls der Persönlichkeit zu liegen schienen. BLEULER sprach nicht von Schizophrenie, sondern von einer »Gruppe der Schizophrenien«: verschiedene Krankheitsbilder, die nur gewisse grundlegende Gemeinsamkeiten der Symptomatik und der Verlaufsform (Schübe, nicht Zyklen) miteinander teilen.

Bei verschiedenen Schizophrenie-Formen stehen verschiedene Symptome im Vordergrund. BLEULER unterschied:

1. *Hebephrenie*, Jugendirresein. Im Vordergrund stehen Affektstörungen, zum Beispiel die »überdimensionale Flegelhaftigkeit«.

2. *Katatonie*. Ein Erregungszustand mit nachfolgender Starre und Unansprechbarkeit. In der Phase der Unansprechbarkeit hat der Betroffene intensive halluzinatorische Erlebnisse. Der Kranke ist ganz allein mit seiner Innenwelt, seiner Wahnwelt.

3. *Paranoia*. Der Kranke verfällt in eine sogenannte Wahnpsychose, die sich vornehmlich als Beziehungs-, Verfolgungs- oder Größenwahn äußert.

4. *Schizophrenia simplex*. Der Kranke erlebt eine zunehmende Gefühlsversandung.

Bei den verschiedenen Schizophrenie-Formen kommen die nachfolgenden Leitsymptome – Wahn, Halluzination und Affektstörung – mit unterschiedlichem Gewicht zum Tragen.

Der Wahn. Was unterscheidet den Wahn vom Irrtum? Daß die Leute früher glaubten, die Erde sei eine Platte, war ein Irrtum; es stimmte einfach nicht. Durch Forschungen ließ man sich belehren. Wahn dagegen ist ein Irrtum, der unbelehrbar ist, weil er nicht in den Bereich des Denkens, sondern in den des Glaubens fällt. Ein Schizophrener kann beispielsweise in der Wahnvorstellung leben: Ich bin auserwählt, ich bin Jesus, ich bin Karl der Große und so weiter. Er glaubt, es wirklich zu sein.

Die Halluzination. Eine Sinnestäuschung. Alle Sinne können betroffen sein. Es gibt optische, akustische, olfaktorische Halluzinationen. Die bekannteste Sinnestäuschung der Schizophrenen ist das Stimmenhören, das heißt also eine akustische Sinnestäuschung.

Die Affektstörung. Gleichgültigkeit, Überempfindlichkeit, mangelnde Modulationsfähigkeit des Gefühls, affektive Steifheit. Diese Störung, die so schwer exakt zu beschreiben ist, aber auf den Betrachter so ungemein charakteristisch wirkt, galt vielen der älteren Psychiater als das wichtigste Diagnostikum: das »Praecoxgefühl«, das den Betrachter beschleicht, wenn er es mit einem Schizophrenen zu tun bekommt. Jeder mag sich selbst ausmalen, was er empfunden hätte, wäre er an der Stelle jener Dame gewesen, der VAN GOGH sein Ohr überreichte. Für diese Affektstörung, dieses völlige Zurückgezogensein, die Uneinfühlbarkeit des schizophrenen Benehmens, hatte BLEULER seinerzeit den Begriff »Autismus« geprägt.

Die Schizophrenie ist seit ihrer Benennung durch BLEULER ein zentrales, vielleicht *das* zentrale Thema der Psychiatrie gewesen und bis heute geblieben – so sehr, daß man beinahe sagen kann, die Geschichte der Psychiatrie falle mit der Geschichte ihrer Schizophrenie-Interpretationen zusammen. Diese wechselvolle Deutungsgeschichte kann hier nicht nachgezeichnet werden. Erwähnt sei lediglich, daß sich die Psychoanalyse schon früh daran versucht hat, den Sinn der schizophrenen Symptome tiefenpsychologisch zu entschlüsseln. Wegweisend waren vor allem JUNGS an BLEULERS Zürcher Klinik Burghölzli entstandenen Arbeiten zur Psychologie der dementia praecox (1907) sowie FREUDS Monographie (1911b) über die autobiographischen »Denkwürdigkeiten eines Nervenkranken« des Senatspräsidenten SCHREBER (1903).

Wohl der bisher letzte bekannte Psychiater, der einen verstehenden Zugang zur Welt des Schizophrenen mit Leidenschaft verfocht, war LAING. Aus seinem Werk »Das geteilte Selbst« (1972) ist folgende Fallgeschichte entnommen:

»Julie war damals, als ich sie kennenlernte, seit ihrem siebzehnten Lebensjahr Patientin eines psychiatrischen Krankenhauses gewesen, d.h. seit neun Jahren. In dieser Zeit war sie eine typische ›unzugängliche und autistische‹ chronisch Schizophrene geworden. Sie halluzinierte und war Manieriertheiten, stereotypen, bizarren, unverständlichen Aktionen unterworfen; meistens blieb sie stumm, und wenn sie sprach, dann war es im extremsten ›zerfallenen‹ chronischen ›Schizophrenesisch‹. ...

Sie sagte, das Problem sei, daß sie keine reale Person sei; sie versuchte, eine Person zu werden. Es gab kein Glück in ihrem Leben, und sie versuchte, Glück zu finden. Sie fühlte sich unwirklich, und es gab eine unsichtbare Barriere zwischen ihr und anderen. Sie war leer und wertlos. Sie war beunruhigt, weil sie fürchtete, zu destruktiv zu sein, und hatte angefangen zu denken, daß es das beste sei, nichts zu berühren, da sie vielleicht Schaden anrichten könnte. Sie hatte eine Menge über ihre Mutter zu sagen. Ihre Mutter unterdrückte sie, sie wollte sie nicht leben lassen, sie hatte sie nie haben wollen. Da ihre Mutter sie drängte, mehr Freunde zu haben, zum Tanzen auszugehen, hübsche Kleider anzuziehen und so fort, schienen diese Anschuldigungen ganz offensichtlich absurd. ...

Julie war niemals ein forderndes Baby. Sie wurde ohne Schwierigkeiten entwöhnt. Ihre Mutter hatte von dem Tag an, an dem sie ihr die Windeln abnahm, als sie fünfzehn Monate alt war, keine Last mit ihr. Sie machte niemals ›Kummer‹. Sie tat immer das, was ihr gesagt wurde.

Dies sind die wesentlichen Verallgemeinerungen der Mutter, um die Ansicht zu begründen, daß Julie immer ein ›liebes‹ Kind war. ...

Von etwa fünfzehn ab änderte sich ihr Verhalten, und aus dem so ›lieben‹ Mädchen wurde ein ›böses‹. Zu dieser Zeit hatte auch die Einstellung ihrer Mutter zu ihr sich zu ändern angefangen. Während sie es früher für richtig und angemessen angesehen hatte, daß Julie so oft wie möglich mit ihr zusammen war, fing sie nun an, Julie zu bedrängen, öfter auszugehen, Freundinnen zu haben, ins Kino zu gehen und sogar zum Tanzen und einen Freund zu haben. Alle diese Dinge weigerte sich die Patientin ›störrisch‹ zu tun. Statt dessen pflegte sie dazusitzen und nichts zu tun oder ziellos in den Straßen herumzulaufen, ohne der Mutter jemals zu sagen, wann sie zurück sein würde. Ihr Zimmer hielt sie in extremer Unordnung. Sie spielte immer noch mit einer Puppe, etwas, aus dem sie nach Ansicht ihrer Mutter nun allmählich ›herausgewachsen‹ sein sollte. ...

Eines Tages war die Puppe nicht mehr da. Es ließ sich nie feststellen, ob Julie sie weggeworfen hatte oder ob es ihre Mutter gewesen war. Julie beschuldigte ihre Mutter. Die Mutter stritt ab, irgend etwas mit der Puppe getan zu haben, und sagte, Julie selbst müsse sie verloren haben. Es war kurz darauf, daß Julie von einer Stimme gesagt wurde, daß ein Kind, das ihre Kleider trug, von ihrer Mutter zu Tode geprügelt worden war, und sie schlug vor, zur Polizei zu gehen und dieses Verbrechen anzuzeigen. ...

Julies letzter Fetzen Gesundheit in diesem Stadium hing ab von der Möglichkeit, etwas Böses in ihrer tatsächlichen Mutter unterbringen zu können. Die Unmöglichkeit, das zu tun, auf gesunde Weise, war einer der Faktoren, der zu einer schizophrenen Psychose beitrug. ...

Julies Selbst-Sein war derart zu Fragmenten reduziert worden, daß sie am besten beschrieben werden konnte als jemand, der *eine Tod-im-Leben-Existenz, die sich chaotischer Nicht-Entität nähert*, lebt« (LAING 1972, S. 219ff.).

LAINGS These geht dahin, daß Schizophrenie entsteht, wenn ein Mensch größere Schwierigkeiten als gewöhnlich hat, eine ganze Person zu sein, das heißt alle Seiten seines Ich im Zusammensein mit anderen Menschen ins Spiel zu bringen. In unserer Gesellschaft, sagt er, herrscht der »eindimensionale Mensch« im Sinne MARCUSES. Wer andere seelische Dimensionen hat, als die verbreitete Common-Sense-Mentalität sie zuläßt, hat im allgemeinen nur die Wahl, als Person vernichtet zu werden oder das, was er weiß, zu verraten.

»Im Kontext unseres gegenwärtigen durchdringenden Wahns, den wir Normalität, Gesundheit, Freiheit nennen, sind alle unsere Bezugsrahmen unklar und fragwürdig.
Ein Mensch, der es vorzieht, lieber tot als rot zu sein, ist normal. Ein Mensch, der sagt, daß er seine Seele verloren habe, ist verrückt. Ein Mensch, der sagt, daß Menschen Maschinen sind, kann ein großer Wissenschaftler sein. Ein Mensch, der sagt, daß er eine Maschine *ist*, ist ›depersonalisiert‹ im psychiatrischen Jargon. Ein Mensch, der sagt, daß Neger eine niedere Rasse sind, kann sehr angesehen sein. Ein Mensch, der sagt, seine weiße Hautfarbe sei eine Form von Krebs, ist wahnsinnig.
In einer psychiatrischen Klinik sagte ein kleines Mädchen von 17 zu mir, sie sei entsetzt, weil die Atombombe in ihr drin sei. Das ist Wahn. Die Staatsmänner der Welt, die sich brüsten und drohen, daß sie Vernichtungswaffen haben, sind weit gefährlicher und weit entfremdeter von der ›Realität‹ als viele, denen man das Etikett ›psychotisch‹ aufdrückt« (ebd., S. 11f.).

LAING meint, daß die Schizophrenen jene Wahrheiten aussprechen, die der bornierten Normalität der anderen nicht zugänglich sind und deshalb nur kryptisch, nur im »Narrengewande« ausgedrückt werden können.
Die Analysen LAINGS, insbesondere seine Kritik des eindimensionalen Menschen und seine Auffassung von der drohenden Unterdrückung und Vernichtung andersartiger und abweichender psychischer Dimensionen durch den Common-Sense, haben meine eigenen Auffassungen nachhaltig ermutigt. Ich vertrete die Meinung, daß das menschliche Ich weitaus facettenreicher, oft auch divergenter ist als das Alltags-Ich, daß wir das Gespaltensein, das heißt das Zu-Wort-kommen-Lassen der divergenten Stimmen des psychischen Untergrundes, geradezu erlernen müssen, um »ganze« Menschen zu werden

(vgl. Bittner 1974, 1977, 1988a). Die dem Menschen erreichbare Ganzheit und Einheitlichkeit liegt paradoxerweise gerade darin, den »anderen in mir« gelten und zu Wort kommen zu lassen. Normalität wäre demnach sozusagen ein kontrolliertes Eintauchen in die Schizophrenie.

Ich möchte Laing nur darin widersprechen, daß er die Welt des Schizophrenen in Bausch und Bogen für die bessere, wahrere und wichtigere hält als die des Common-Sense-Menschen. Das Basis-Ich oder das »andere Ich«, wie ich es auch genannt habe, ist ambivalent. Es ist unser wahres Ich, aber es ist nicht durchweg gut. Es hat alle Möglichkeiten in sich, Liebe und Schöpferisches, aber auch Hybris, Größenwahn und Verachtung der Welt. Darum sollte man nicht einseitig Partei ergreifen für die Schizophrenen und gegen die Common-Sense-Menschen. Was uns vielmehr aufgegeben ist, ist, unsere verschiedenen »Ichs« in Balance zu halten. Das bedeutet, wie ich es einmal genannt habe, das »ständige Auspendeln zwischen Banalität und Verrücktheit« (Bittner 1988a, S. 127).

In jüngster Zeit hat sich in der Erforschung der Schizophrenen, ebenso wie bei den depressiven Psychosen, die biologische und psychophysiologische Perspektive in den Vordergrund geschoben (vgl. Beckmann u. Laux 1988). Indessen ist die verstehende und speziell die psychoanalytische (psychodynamische) Zugangsweise damit nicht erledigt, denn die biologischen Befunde lassen sich sinnvoll auf die Psychodynamik hin interpretieren. Und zwar entweder in dem Sinne, daß tatsächlich primäre Besonderheiten, etwa des Stoffwechsels, beim Schizophrenen vorliegen, die vom Kranken jedoch erst auf Grund seiner lebensgeschichtlich bedingten Ängste zum Anlaß von Wahnbildungen oder hypochondrischen Befürchtungen genommen werden, oder aber dahingehend, daß die festgestellten physiologischen Abweichungen ihrerseits Sekundärphänomene sind, bedingt durch psychische Alterationen (vgl. Mentzos 1991, S. 101f.).

Ich würde noch eine dritte Perspektive für möglich halten: Man könnte die Frage der Biogenese auf sich beruhen lassen und sich darauf konzentrieren, wie weit man mit den Mitteln der psychoanalytischen Interpretation kommt. Die Geschichte von van Goghs abgeschnittenem Ohr läßt sich als symbolische Kommunikation verständlich machen. Und es ist unerheblich für dieses Verständnis, ob vielleicht gleichzeitig irgendwelche abweichenden psychophysiologischen Parameter bei ihm hätten gefunden werden können. Psychoanalytisches Verstehen und psychophysiologische Befunderhebung folgen unterschiedlichen wissenschaftlichen Logiken: Jeder arbeite mit seiner Methode, ohne sich allzuviel um die Konvergenz oder Divergenz mit konkurrierenden Methoden zu kümmern.

Frühkindlicher Autismus und kindliche Schizophrenie

Nach diesem notwendigen Ausblick auf die Schizophrenie beim Erwachsenen kehren wir zu der Frage zurück: Hat der frühkindliche Autismus etwas mit der Schizophrenie zu tun?

Eine Deutung der kindlichen Psychosen, insbesondere eine Zusammenschau von Autismus und Schizophrenie, hat der Tübinger Jugendpsychiater LEMPP (1973; vgl. dazu auch LEMPP 1992) versucht. Er geht vom Krankheitsbild des frühkindlichen Autismus aus, das in jeder jugendpsychiatrischen Klinik als eine angeborene oder jedenfalls sehr früh, noch im Säuglingsalter, beginnende Störung wohlbekannt ist. Diese Störung soll nach der Meinung vieler Beobachter »etwas« mit Schizophrenie zu tun haben – aber was, das weiß man nicht so genau zu sagen.

LEMPP konstatiert an seinem klinischen Fallmaterial etwas Auffälliges: Da gibt es bei Kleinkindern den Autismus, wie beschrieben, dann kommt eine Weile nichts (d.h. etwa vom fünften bis achten Lebensjahr; im Grundschulalter brechen schizophrenieartige Erkrankungen nicht aus). Der Arzt kann höchstens die Verdachtsdiagnose stellen: »Das könnte einmal eine Schizophrenie werden.« Die kindlichen Schizophrenien, die klinisch erkennbar sind, beginnen dann so etwa um das neunte bis elfte Lebensjahr und erreichen in der Vorpubertät einen Höhepunkt.

Nun sind die Symptome der kindlichen Schizophrenien je nach Altersgruppe recht unterschiedlich. Bei den Kleinkindern, also beim Symptombild des frühkindlichen Autismus, dominiert die Kontaktstörung so stark, daß man über die innere Welt des autistischen Kindes nur Vermutungen anstellen kann. Beim Grundschulkind, wenn hier überhaupt ein Schizophrenie-Verdacht entstehen kann, ist das Leitsymptom die Angst, die aber allein eben nicht ausreicht, um die Diagnose zu stellen.

Die klassischen Schizophrenie-Symptome, nämlich Wahn-bildungen und Halluzinationen, werden erst jenseits des zehn-ten Lebensjahres beobachtet und auch dann nur in untypischer und wenig fixierter Weise, zum Beispiel als flexible, mehr spielerisch hingeworfene Wahnideen, nicht als komplexes Wahnsystem.

LEMPP berichtet dazu die hübsche Geschichte eines 14jährigen Jungen, der mit der festen Überzeugung, er sei Jesus und müsse sich dementsprechend verhalten, eingewiesen wurde. Er beteiligte sich an keinem Jungenspiel mehr, zog sich zurück und las nur noch die Bibel. Unehelich geboren in der Witwenzeit der Mutter, ließ er sich alle Hänseleien gefallen, war aber nicht bereit, eine praktische Tätig-keit auszuüben oder die Schule zu besuchen. Die Aufforderung, sich am Fußballspielen zu beteiligen, beantwortete er mit dem Hinweis auf einen Vers aus dem Timotheus-Brief: »Denn leibliche Übung ist wenig nütz, aber die Gottseligkeit ist zu allen Dingen nütz«, wie er überhaupt in seiner Bibelfestigkeit jeden Theologen schlagen konn-te. Er wurde auf der Station wegen seiner realitätsfernen, aggres-sionslosen Haltung von den anderen Kindern bald respektiert und nicht mehr gehänselt. Das Symptombild war diagnostisch unklar, ein schizophrener Grenzzustand, bei dem man nicht wußte, wie man mit der Therapie ansetzen sollte. »Den therapeutischen Erfolg errang in diesem Falle auch nicht der Arzt oder Psychologe, sondern der alte Klinikpfarrer, der ein besonders enges Verhältnis zu ihm hatte und der ihn eines Tages mit dem Argument überzeugte, daß Jesus auch erst im Alter von etwa 30 Jahren angefangen habe zu predigen und bis dahin das Schreinerhandwerk ausgeübt habe. Von Stunde an war er wieder zum Schulbesuch bereit, er ist in den vergangenen 12 Jahren völlig unauffällig, hat das Malerhandwerk gelernt und geht diesem nach. Er ist allerdings«, fährt LEMPP vorsichtig fort, »noch keine 30 Jahre alt« (LEMPP 1973, S. 123f.).

Vielleicht war es keine »richtige« Schizophrenie, wenn sie sich so leicht beheben ließ. Aber immerhin zeigt dieses Beispiel, daß Wahnbildungen bei Jugendlichen noch nicht verfestigt sind und daß es manchmal nur eines guten Gedankens bedarf, um einen solchen in der Entstehung begriffenen Wahn zurechtzu-rücken. LEMPP weist übrigens darauf hin, daß die Wahnbil-dungen bei Kindern überwiegend religiöse Inhalte haben – ohne daß man deswegen glauben sollte, daß die Religion Schuld daran ist, daß die Kinder Wahnbildungen bekommen.

LEMPP erklärt nun den frühkindlichen Autismus und die kindliche Schizophrenie, gemeinsam übrigens noch mit dem Schwachsinn und dem frühkindlich-exogenen Psychosyndrom, aus einer gemeinsamen Wurzel: Es handle sich hierbei um Störungen des Realitätsbezugs, der Reizverarbeitung, um Störungen unterschiedlicher Art und unterschiedlichen Grades.

»1. Bei schwerer und allgemeiner Störung der Reizaufnahme und Reizverarbeitung kommt es zum *Schwachsinn.*

2. Bei einer leichtgradigen und dissoziierten, einzelne Teilleistungen betreffenden Reizaufnahme- und Reizdifferenzierungsstörung kommt es zu dem Bild des *Autismus infantum.* Der Übergang zwischen diesen beiden Gruppen wäre in den Schwachsinnigen zu suchen, die charakeristisch autistische Züge mit Kontaktstörung und Objektfixierung aufweisen.

3. Ist die Störung von noch leichteren Graden und nur auf *ein* Teilleistungsgebiet beschränkt, aber nicht voll kompensiert, so haben wir das Bild des *frühkindlich-exogenen Psychosyndroms* vor uns.

4. Eine ebenfalls leichte, aber hinsichtlich der Leistungsfähigkeit voll kompensierte Störung unterscheidet sich vom gesunden Kind lediglich dadurch, daß der Aufbau des Realitätsbezuges labilisiert ist. Diese Kinder weisen eine schizotrope Anlage auf. Auf Grund späterer Belastungen verschiedenster Art kann es dann zur Dekompensation und zum sekundären Verlust dieses Realitätsbezuges kommen: Es manifestiert sich die schizophrene Erkrankung« (LEMPP 1973, S. 161).

Diese Interpretation von LEMPP hat zwei Vorteile. Erstens bringt sie unter dem Begriff der Realitätsbezugsstörung die so verschiedenartigen Erscheinungsbilder des frühkindlichen Autismus und der Schizophrenie des späten Kindesalters auf eine sinnvolle gemeinsame entwicklungspsychologische Basis, und zweitens vermag LEMPP in seinem Modell Aussagen über den Einfluß von psychischen und sozialen Faktoren einerseits und einer in der Hirnstruktur gegebenen Vorschädigung andererseits zu machen. Allerdings ist er in seinen Aussagen über pädagogische und therapeutische Möglichkeiten sehr abstinent und erweist sich damit eben doch den Anschauungen der älteren deutschen Psychiatrie verhaftet, die sich auf die organischen Grundlagen berief und damit einem therapeutischen Pessimismus huldigte.

Behandlungsmöglichkeiten autistischer
und schizophrener Kinder

Es stellt sich also die Frage: Gibt es pädagogische und therapeutische Möglichkeiten der Behandlung autistischer und schizophrener Kinder? Bei frühkindlich autistischen Kindern ist die Prognose nicht hoffnungsvoll. Psychotherapie ist nicht möglich, weil diese ein gewisses Mindestmaß an persönlichem Kontakt voraussetzt, das bei frühkindlich autistischen Kindern eben gerade nicht gegeben ist. Bleiben also zunächst die Mittel der Heilpädagogik, um das Kind in die Realität zu locken – es müßte in der Tat eine sehr lockende, keineswegs zwingende, dirigierende Heilpädagogik sein. Wir müssen dabei bedenken, daß sich das autistische Kind in einem unvorstellbaren Maße von der Welt zurückgezogen hat, so sehr, daß es nicht einmal mehr mit seinen Sinnen sehen, fühlen, riechen oder schmecken kann und mag. Die pädagogische Aufgabe müßte also als erstes darin bestehen, dem Kind den Zugang zur Sinnenwelt zu eröffnen, das heißt auszuprobieren, was es mag und was lustvoll für es ist.

Leider gibt es bei uns nur wenige pädagogisch-therapeutische Einrichtungen, die ausschließlich für autistische Kinder da sind; sie werden meist zusammen mit den geistig Behinderten betreut. Das ist jedoch nur unter dem Gesichtspunkt der Leistungsfähigkeit richtig. Nur im Leistungsniveau sind autistische Kinder den geistig Behinderten gleichzustellen, nicht in der seelischen Struktur. Es handelt sich bei den Autisten vielfach um hochsensible Kinder, denen gerade ihre Sensibilität zum Verhängnis geworden ist. Die relativ groben Anreize für die Schwachsinnigen verfangen bei ihnen nicht. Die schweren frühkindlichen Autisten sind jedoch eine zahlenmäßig kleine Gruppe. Für sie »lohnt« es noch nicht, etwas Besonderes zu tun, wenn man von einer Statistik der großen Zahlen ausgeht. Die Autisten gehören zu der am schlechtesten versorgten Hilfsbedürftigen-Gruppe in unserer Gesellschaft. Auf gewisse Erfolge mit Halte- und Interaktionstherapien (PREKOP 1990; ZASLOW u. MENTA 1976) wurde bereits hingewiesen. Verhaltensmodifikation andererseits ist nützlich zum Erlernen der grundlegendsten sozialen Fertigkeiten.

Was kann man bei Kindern und Jugendlichen mit schizophrenen Zuständen oder Grenzzuständen tun? Pädagogisch zunächst einmal gar nichts; die Behandlung dieser Fälle gehört ausschließlich in die Hand des Arztes. Der Pädagoge sollte das Krankheitsbild vor allem deswegen kennen, weil er wissen muß, daß ein Jugendlicher, der Wahnideen äußert, der Stimmen hört und so weiter, auf dem schnellsten Wege zu einem Psychiater gebracht werden sollte. Das ist notwendig, weil ein solcher Jugendlicher sich selbst und andere gefährden kann – unter Umständen sogar durch Mord oder Selbstmord. Im allgemeinen wird der Psychiater sich bei akuten Fällen für eine stationäre, medikamentöse Behandlung entscheiden.

Kann man Schizophrenie psychotherapeutisch behandeln? Zwei Episoden dazu:

Als Student hörte ich noch die psychiatrische Vorlesung bei dem berühmten ERNST KRETSCHMER, dem Schöpfer der Konstitutionstypenlehre, der uns erklärte, Schizophrenie sei in der biologischen Konstitution vorgeformt, also sei Psychotherapie zwecklos. Eine Stunde später ging ich in die Vorlesung seines Oberarztes WINKLER in der gleichen Klinik, und der erzählte an Hand von Krankengeschichten ganz genau, wie er es machte, Schizophrene psychotherapeutisch zu behandeln. Das war verwunderlich.

Eine andere Episode: Als Ausbildungskandidat der Psychotherapie sagte ich meinem analytischen Lehrmeister, der selbst Nervenarzt war, daß ich gern einmal einen schizophrenen Patienten behandeln würde, um zu lernen, wie das ist – aber ich sei ja nun einmal kein Arzt, also müßte ich wohl die Finger davon lassen. Er meinte: »Warum nicht? Wenn Sie sieben Jahre Zeit haben, überweise ich Ihnen einen.« Das konnte ich nicht versprechen, also kam der Versuch nicht zustande.

Und schließlich gibt es noch das »entwaffnende« nervenärztliche Argument: »Wenn einer behauptet, eine Schizophrenie psychotherapeutisch geheilt zu haben, dann war's eben keine echte.«

Jüngst ist die Diskussion über die psychotherapeutische Behandelbarkeit psychotischer Erkrankungen – und das heißt vor allem: der Schizophrenie – durch MENTZOS (1991) wieder aufgenommen worden. Er vertritt im Vergleich zu LANG (1981) und LOCH (1972), auf deren vorsichtig begrenzende Stellungnahmen er sich bezieht, einen optimistischeren Standpunkt. Viele Analytiker hätten die Erfahrung gemacht, daß bei Psychotikern psychotherapeutisch doch eine Menge zu erreichen sei. Allerdings sei die psychoanalytische Standardtechnik –

vier Stunden pro Woche, liegend auf der Couch – nicht für die Behandlung von Schizophrenen geeignet. MENTZOS bevorzugt eher lockere Kontakte: von 20-Minuten-Gesprächen im mehrwöchigen Abstand über die Therapie mit einer Wochenstunde über Jahre hinweg bis hin zu einer Therapie mit zwei oder drei Wochenstunden.

»Es gibt einen therapeutischen Weg auch bei den Psychosen. Nur sieht er anders als bei der Neurosen-Therapie aus. Wir beginnen heute etwas optimistischer zu werden und zu glauben, daß wir innerhalb des therapeutischen Prozesses mit Hilfe der Grundbeziehung und des empathischen Umgangs mit dem Patienten, aber auch insbesondere mit Hilfe einer mutigen Benennung des momentanen Verworrenen oder Unerträglichen, dem Patienten zu einer innerseelischen Veränderung verhelfen können, die ihm ermöglicht, das ›Einrasten‹ seiner üblichen, automatisierten Abwehrreaktionen wenigstens gelegentlich zu vermeiden und, im glücklichen Fall, andere, *neue Erfahrungen* zu machen« (MENTZOS 1991, S. 52f.).

Mit der von MENTZOS angegebenen Methode der Therapie – eine Stunde pro Woche über viele Jahre hinweg – habe auch ich bei schwergestörten Patienten positive Erfahrungen machen können. Seiner optimistischen Einschätzung stimme ich bei – vor allem, wenn es sich um Patienten mit frischen, noch nicht verfestigten schizophrenen Psychosen handelt.

Die Frage der psychotherapeutischen Behandelbarkeit von Schizophrenien ist umstritten. Theoretisch, meine ich, müßte eine Heilung möglich sein – aber der Aufwand ist ungeheuer groß.

Bei Kindern liegen die Dinge günstiger. Hier haben wir es ja immer mit »frischen« Fällen zu tun. In der amerikanischen Literatur sind psychotherapeutische Behandlungen kindlicher Psychosen von schizophrenieartigem Charakter des öfteren beschrieben worden. Dabei ist allerdings zweierlei zu beachten: Zum einen gehen die Amerikaner mit dem Etikett »Psychose« viel sorgloser um als die Deutschen; darum sind die amerikanischen sogenannten Psychosen prognostisch günstiger. Und zweitens, um der ganzen Diskussion, ob Psychose oder Neurose, anlage- oder milieubedingt, aus dem Wege zu gehen, prägte man für die Kinder, die gerade noch der Psychotherapie zugänglich sind, einen neuen diagnostischen Begriff: Man nannte sie »borderlines«, zu deutsch »Grenzfallkinder«

(EKSTEIN 1973) – also Grenzfälle zur Psychose, zur Geistes-krankheit hin. Dieser Begriff erwies sich auf Grund seiner Unschärfe als äußerst nützlich und entwickelte sich zeitweise geradezu zu einer Modediagnose, so daß es in der psycho-therapeutischen Literatur heute von »borderlines« nur so wimmelt.

Die heutige kinder- und jugendpsychiatrische Psychothera-pie ist gekennzeichnet durch eine multidimensionale Orientie-rung. Die traditionelle Behandlung (medikamentös und/oder stationär) beansprucht ihr Recht neben Verfahren der körper-orientierten Therapie, der Maltherapie und der psychoana-lytischen Therapie im engeren Sinne (LEMPP 1990). Zur Recht-fertigung einer konsequent analytisch-psychotherapeutischen Zugangsweise zu den schizophrenen Psychosen des Kindes- und Jugendalters mag die Erkenntnis LEMPPs nützlich sein, »daß es gar keine spezifischen, nur bei der Schizophrenie vorkom-menden Symptome gibt, sondern daß sich diese alle auch in früheren Entwicklungsphasen oder unter anderen, aber nicht pathologischen Bewußtseinszuständen ... ebenso nachweisen lassen« (LEMPP 1990, S. 50).

Die bedeutendste Forschungs- und Entwicklungsarbeit in der Psychotherapie schizophrener oder schizophrenie-naher Kinder hat die amerikanische Psychoanalytikerin MAHLER ge-leistet und in ihrem Buch »Symbiose und Individuation« (vgl. MAHLER 1972) beschrieben. Sie verlegt die Anfänge der kindli-chen Schizophrenie, wie fast alle Autoren, die sich mit dieser Sache beschäftigt haben, in das erste Lebensjahr, in die frühe Mutterbeziehung: »... dem psychotischen Kind scheint von Anbeginn seines extrauterinen Daseins die Fähigkeit zu fehlen (oder es vermag sie sich nicht anzueignen), die mütterliche Vermittlerin wahrzunehmen und sie zur Aufrechterhaltung seiner Homöostase zu nutzen; ebensowenig kann es sie später aufgeben« (ebd., S. 38). Das schizophrene Kind wendet sich also von der Mutter ab, kann mit ihr nichts anfangen. Aus diesem primären Ausfall können zwei verschiedene Krank-heitsbilder resultieren: der autistische Zustand, bei dem das Kind zugleich mit der Ablehnung der Mutter jeden Realitäts-kontakt ablehnt, oder die andere Form, bei der sich das Kind eine sozusagen vollkommene, halluzinierte Phantasie-Mutter zulegt, einen Mutter-Fetisch, ein symbolisches Mutter-Objekt (bei dem nachfolgend beschriebenen Therapie-Fall war es das

Klavier), bei dem das Kind in engster symbiotischer Einheit lebt und welcher später den Kern des schizophrenen Wahnsystems bildet.

»Als Violet zum erstenmal zu uns kam, war sie mutistisch; ihr Gesichtsausdruck war völlig leer und leblos, sie schaute nichts und niemanden an. Eine Sprache besaß sie nicht. Grob- und Feinmotorik des Kindes schienen gut koordiniert – sie bewegte sich mit jener wohlbekannten, elfenhaften Anmut, die manche psychotischen kleinen Patientinnen an den Tag legen. Ihr glattes blondes Haar war häufig ungekämmt. Zwar waren ihre Gesichtszüge zart und feenhaft, doch trugen sie einen starren, flachen und geistlosen Ausdruck. Sie zeigte keine Reaktion auf Menschen und verhielt sich, als hörte sie deren Stimmen nicht. Psychologische Testuntersuchungen (mit 23 Monaten) ergaben eine ausgezeichnete Einstufung Violets auf der Leistungsskala; die neurologische Untersuchung brachte keinerlei Befund; das EEG zeigte leichte, diffuse Unregelmäßigkeiten.

Die Mutter klagte hauptsächlich über die Destruktivität und Unerziehbarkeit des Kindes sowie seine Schlaf- und Ernährungsstörungen. Es machte ihr Sorge, daß Violet noch nicht sauber war, häufig Wutausbrüche bekam und nicht sprach.

Von der Zeit an, als sie krabbeln konnte, zerriß Violet, sobald sie allein gelassen wurde, Bücher und zerbiß Schallplatten; die Stücke verstreute sie, bis der Raum einem Schlachtfeld glich. Dies geschah gewöhnlich, während die Eltern übten und es Violet mit großer Geschicklichkeit gelang, der Noten und Platten habhaft zu werden. (Frau V. hielt es für ganz natürlich, Violet so viel allein zu lassen, weil sie selbst immer so viel allein gewesen war.)

Wir machten einige wichtige Beobachtungen in bezug auf Frau V.s Interaktion mit Violet, als sie uns diese zur Diagnose brachte. Frau V. war eine etwas angespannte, schlanke Frau von Anfang zwanzig mit einem sphinxartigen, rätselhaften Lächeln. In ihren Beziehungen zu dem Kind schien sie leicht unsicher zu werden, und allgemein wirkte ihr Kontakt mit ihm recht tentativ. Häufig gab sie dem Kind eine halbfertige Anweisung, doch beim ersten Anzeichen eines Rückzuges von seiten des Kindes (eine typische Reaktion), zog sich die Mutter ebenfalls zurück. Wir beobachteten die Mutter während mancher langen Sitzung, in der sie nicht ein einziges Wort an das Kind richtete.

Während Mutter und Psychiater etwa 55 Minuten im Spielzimmer miteinander sprachen, beschäftigte sich das Kind bei den Aufnahmeuntersuchungen damit, im Zimmer herumzuwandern, kleine Spielzeuge, den Plattenspieler und die Lampe (die sie erreichte, indem sie auf einen Stuhl kletterte) zu untersuchen und damit zu spielen. Bei einer Gelegenheit lief sie weg, um den Korridor zu erforschen; sie mußte vom Psychiater zurückgeholt werden, weil die Mutter keine Anstalten machte, dem Kind zu folgen. Während der Aufnahmeexploration versuchte das Kind nicht, die Aufmerksamkeit der Mutter zu erregen, und es näherte sich nur gelegentlich dem Arzt. Tat sie es aber, dann vermied sie eine Begegnung der Blicke; statt dessen sah sie den Arzt ganz kurz an und wendete dann die Augen ab.

Die einzige Kommunikation zwischen Mutter und Kind, bei der Töne eine Rolle spielten, die einzige Situation, die in Verbindung mit der Mutter ein Lächeln des Kindes hervorrief, hatte mit dem Klavier zu tun. Tatsächlich bewies das Kind eine phänomenale musikalische Begabung, ein ungewöhnliches Gehör sowie eine unglaubliche Fähigkeit, auf dem Klavier nahezu jede Musik wiederzugeben, die es hörte, und sei es im Vorübergehen. Wenn es dem Vater beim Üben nicht gelang, ein Stück genauso zu spielen, wie sie es wiederholt auf Platten von einem großen Meister gehört hatte, bekam sie einen Wutanfall« (MAHLER 1972, S. 156f.).

»Sieben Wochen nach der Geburt Violets wurde Frau V. schwer depressiv; dies fiel mit dem Tod ihres Vaters zusammen. Von dieser Zeit an veränderte sich die Beziehung der Mutter zu ihrem Baby abrupt. Nach ihrer eigenen Aussage beschränkte sich ihre Sorge um Violet darauf, sie zu stillen. Die Intimität dieses Vorgangs empfand sie als einzigen Grund dafür, am Leben zu bleiben. In den Zwischenzeiten wurde die ›lebende Puppe‹ weggefahren; niemand spielte mit ihr, sprach mit ihr oder lächelte ihr zu; keinerlei Interesse wurde ihr zugewendet. Es wechselten also Extreme einander ab: einerseits die sehr enge Beziehung während des Stillens, andererseits der vollständige Rückzug der Mutter zwischen den Fütterungen.

Frau V. war unfähig, Violets umfassende symbiotische Bedürfnisse zu befriedigen, außer in dieser inkongruenten, in der Tat widersprüchlichen Weise. Nicht einmal ein vollkommen strukturiertes Ich – geschweige denn das rudimentäre Ich eines Säuglings – hätte ein derart aufgeteiltes Muster mit seinen scharf kontrastierenden Gefühlstönungen synthetisieren und integrieren können. Ob die konstitutionelle ›Strahlkraft‹ (›sending power‹) des Säuglings normal oder unterentwickelt war, wissen wir nicht, aber bestimmt wurde ihr keine Beachtung zuteil, und im Alter von einem Jahr hatte sie sich verflüchtigt.

In den ersten neun Monaten schrie das Kind sehr viel und brachte so seine Bedürfnisspannung lautstark zum Ausdruck. Frau V. reagierte darauf häufig mit Wut, gelegentlich sogar mit körperlicher Aggression. Wir wissen nicht, inwieweit dieses Baby an seinem eigenen, ungleichmäßig libidinisierten Körper auf autoerotischem Wege, etwa durch Saugen, Streicheln etc., Trost finden konnte. Wir wissen aber, daß Violet im Alter von acht oder neun Monaten versuchte, ihren Kot zu schmieren. Als ihre Mutter das entdeckte, bekam sie einen rasenden Wutanfall und schlug das Kind, was zur Folge hatte, daß Violet angeblich nie wieder schmierte.

Zumindest während der ersten Monate scheint Violet die Mutter während des Fütterns mit den Augen festgehalten und sie angelächelt zu haben; mit etwa acht oder neun Monaten gab sie sprachliche Äußerungen von sich. Alle diese Anzeichen ›sozialer Kontaktsuche‹ hörten im Alter von 15 Monaten auf oder versiegten langsam. Obgleich Ereignisse, die einen Hinweis auf eine massive Regression hätten liefern können, nicht eintraten, scheint im Alter von etwa einem Jahr etwas fehlgelaufen zu sein. Violet reagierte nicht auf Menschen, ›lächelte wenig‹, schien keine Freude zu empfinden etc. Als sie 15 Monate alt war, erklärte der Kinderarzt den Eltern, daß sie ›sonderbar‹ sei.

Die Schilderung von Violets Tagesablauf zur Zeit ihrer Aufnahme im Alter von zwei Jahren und sieben Monaten ließ dieselbe nahezu bizarre Handhabung erkennen, die während des ersten Lebensjahres des Kindes vorgeherrscht hatte. Beide Eltern waren Musiker, und Violet wurde für viele Stunden ›ausgesperrt‹, während die Eltern auf ihren Instrumenten übten, obgleich sie protestierte und gewöhnlich Wutanfälle bekam. Wenn die Mutter Zeit hatte, machte sie sich vielleicht die Mühe, Violet auf verschiedene Weise zu bestechen, aber meist verbannte sie sie in die Diele und überließ sie sich selbst; Violet schlug den Kopf auf den Fußboden und schlug mit Armen und Beinen um sich, während die Mutter sich wieder ihren Übungen zuwandte. Die Mutter glaubte, Violet würde aufhören, wenn sie hörte, daß ihre Mutter zu spielen begann, und ›erkennen, daß sie mit ihren Wutanfällen doch nichts erreichen würde‹« (ebd., S. 154ff.).

Man hat viel Schlimmes über die »schizophrenogene Mutter«, über ihre Gefühlskälte und starre Fassadenhaftigkeit, ihre totale Kontrolle über das Kind gesagt und geschrieben. Die Mutter-Kind-Beziehung scheint beim schizophrenen Kind wirklich bis in den Grund gestört zu sein. Darum ist es verständlich, daß manche Therapeuten (wie z.B. BETTELHEIM) eine stationäre Behandlung des Kindes unter Ausschaltung der Mutter für unumgänglich halten. MAHLER ist anderer Ansicht. Sie sieht das Ziel ihrer Behandlung darin, das Kind und die Mutter, beide also, die Symbiose, das innige Miteinander-verbunden-Sein von Mutter und Kind als eine erfreuliche Realität wieder entdecken zu lassen.

Die psychoanalytische Behandlung schizophrener Kinder zerfällt nach MAHLER in zwei Teile: eine Vorbereitungsphase, in der zunächst überhaupt einmal irgendeine Art von Kontakt zwischen der Therapeutin und dem psychotischen Kind hergestellt wird, und dann eine zweite, die eigentliche Behandlungsphase, in der das Kind die traumatischen Erfahrungen, die seine Entwicklung beeinträchtigt haben, neu besetzt und versteht. Die Therapeutin versucht am Ende der Behandlung, die gefühlsmäßige Wiederbesetzung der Mutter durch das Kind anzubahnen.

Der Bericht schildert zuerst die Phase der Kontaktstiftung:

»Physischer Kontakt, den die Therapeutin einleitete und den das Kind akzeptierte, wurde zunächst mittels Seifenblasen hergestellt. Eine zusätzliche Stimulierung konnte auch durch Spiele mit Wasser erreicht werden. Während eines solchen Spiels hob Violet ihr Hemd hoch und erlaubte der Therapeutin, die Seifenblasen auf ihr nacktes Bäuchlein zu pusten; sie schien an dieser Berührungssensation viel Spaß zu haben.

Die Therapeutin begann dann, die Handlungen des Kindes mit dem Singen einfacher, vertrauter Melodien zu begleiten. Bald wurden Lied und Handlung zueinander in Beziehung gesetzt. Diese Assoziation bereitete Vergnügen und bot die Möglichkeit, Wiederholungen zu erkennen; ebenso ermöglichte sie den Beginn einer Struktur – und zwar einer Sprache –, die langsam immer bedeutungsvoller und vielfältiger wurde. Es gab ein Lied für das Spielen mit der Eisenbahn, ein Lied für das Spielen mit Bauklötzen, ein Lied für das Spielen miteinander« (MAHLER 1972, S. 198f.).

»Als Violets erste Therapeutin sich von ihr verabschiedete – nach einjähriger Behandlung und nachdem das autistische Gleichgewicht verändert und ein gewisses Maß an Objektbeziehungen hergestellt worden war –, gab sie Violet als Abschiedsgeschenk einen Stoffhund, den sie ›happy dog‹ nannte. Violet sagte ebenfalls ›happy dog‹, und für lange Zeit blieb das einer der wenigen Ausdrücke ihres Vokabulars. Die erste Therapeutin hatte gelegentlich auch Violet ›happy girl‹ genannt. Violet benutzte diesen Ausdruck, wenn sie sich glücklich fühlte, aber auch, wenn sie unglücklich war. Wenn sie diese Worte sagte, konnte sie ihren Wunsch, sich glücklich zu fühlen, zum Ausdruck bringen sowie ihren Wunsch nach größerem Wohlbefinden, wenn sie sich schlecht fühlte. ›Happy dog‹ wurde Violets erster geliebter Besitz. Er entsprach entschieden dem Bild des verlorenen Liebesobjekts – der Therapeutin. Ihre Gefühle für ›happy dog‹ waren weniger ambivalent als die Gefühle, die sie dem psychotischen Fetisch – dem Klavier – entgegenbrachte, und sie waren nicht durch nicht-neutralisierte Aggression belastet. ›Happy dog‹ behielt auch im zweiten Behandlungsjahr mit einer neuen Therapeutin seine

Bedeutung für Violet. Einen weiteren geliebten Besitz lieferte Violets Mutter, als sie Violet nach einem sehr schwierigen Tag eine Stoff-katze schenkte, die ›kitty cat‹ genannt wurde – ein weiteres Wort, das in Violets Wortschatz verblieb« (ebd., S. 207).

Im folgenden läßt sich erkennen, wie der Kontakt nun gefestigt genug ist, so daß es kaum noch neuer Symbole der Verbunden-heit zur Therapeutin bedarf. Statt dessen tritt nun das Durchar-beiten traumatischer Erfahrungen mit der leiblichen Mutter in den Vordergrund.

»Nach dem zweiten Behandlungsjahr ging Violets neue Therapeutin in Urlaub. Zur Zeit des Abschieds war Violet sehr traurig. Während der Abwesenheit der Therapeutin und in Ermangelung der Zu-flucht, die die therapeutische Institution für Mutter und Kind dar-stellte, gestaltete sich die Beziehung zwischen Violet und ihrer Mut-ter schwierig und regredierte in vielfältiger Weise auf das frühere Niveau. Kein Wunder, daß Violet während des Sommers ›happy dog‹ und ›kitty cat‹ verlor, ihre beiden geliebten Besitztümer.

Im folgenden Behandlungsjahr wurden frühe traumatische Ereig-nisse zwischen Mutter und Kind wiedererlebt und mit Hilfe des Klaviers erneut gespielt. Einer dieser Vorfälle hing damit zusam-men, daß Violet aus dem Zimmer ausgesperrt wurde, während die Eltern übten. Violet versuchte nun, diese Situation aktiver zu meistern, indem sie die Therapeutin in eine Ecke des Raumes stellte und gebieterisch verlangte, daß sie dort blieb, während Violet nach Art ihrer Eltern auf dem Klavier übte. Ein anderes Ereignis hatte etwas mit frühen traumatischen Vorfällen zu tun, die sich im Zusammen-hang mit Violets Stuhlgang zwischen ihr und ihrer Mutter abspiel-ten. Als sie etwa neun Monate alt war, hatte sie einmal mit Fäzes geschmiert, als sie allein in ihrem Körbchen lag. Als die Mutter das sah, ging sie in großer Wut auf Violet los. Violet schmierte nie wieder, aber sie betrachtete auch nie wieder ihre Fäzes und verwei-gerte den Stuhlgang, wenn sie keine Windeln oder Höschen trug. Während der Behandlung gelang es, Violet die Notwendigkeit der Darmentleerung und des Stuhlgangs bewußtzumachen. Anstatt sich in eine Ecke zu verkriechen, begann sie nun in der Nähe des Klaviers zu defäzieren. Sie fing auch an, auf ein Signal zu reagieren, das die Mutter auf dem Klavier spielte, wenn sie glaubte, daß Violet Stuhl-gang haben müsse. Dieses Signal war eine absteigende Terz in Dur. Violet spielte sie manchmal selbst. Als sie eines Tages einen Walzer von Brahms spielte, bemerkte die Therapeutin nach einer Weile, daß er auf der absteigenden Dur-Terz aufgebaut war. Sie konnte ihn Violet dann als ein Lied deuten, das sie erfunden und entsprechend dem Signal der Mutter spielte, sobald sich der Stuhlgang ankündigte.

Während des dritten Behandlungsjahres gab es neben Fortschritten auch eine große Zahl erneuter Schwierigkeiten in der Beziehung Violets zu ihrer Mutter. Der Druck auf die Mutter wurde zu stark, so daß Violet von verschiedenen ›Babysittern‹ zu den Behandlungsstunden gebracht werden mußte. Die Therapeutin nahm Violets Wut und Enttäuschung auf sich. Sie sagte Violet, daß sie ihren Ärger verstehen könne, da sie, die Therapeutin, sie stets ermutigte, den Menschen zu vertrauen und sie zu lieben, obwohl dieselben Menschen sie dann wieder und wieder enttäuschten. Sie entwickelten ein Spiel, bei dem die Therapeutin den Plattenspieler laufen ließ, während Violet das Spiel dadurch unterbrach, daß sie heftig auf das Klavier schlug. Sobald sie damit aufhörte, begann die Therapeutin wieder zu spielen und erklärte Violet sodann, daß böse Dinge geschehen könnten, daß aber ihre einmal gefestigte Beziehung nicht zu zerstören sei. Violet reagierte auf diese Interpretation, indem sie die Musik vom Plattenspieler begleitete, anstatt sie durch Klopfen zu unterbrechen.

In der Folgezeit faßte Violet den Mut, ihre rachsüchtige Zerstörung des Klaviers noch einmal darzustellen, die sie sehr frühzeitig dadurch zu bewerkstelligen versucht hatte, daß sie ständig entweder auf das Klavier oder die Noten der Eltern losging. Zu diesem Zeitpunkt waren in der Behandlungssituation zwei Klaviere vorhanden: ein altes, mit dem Violet tun durfte, was sie wollte, und ein neueres, auf dem sie zu spielen pflegte. Eines Tages begann sie systematisch, das Innere des alten Klaviers auszuweiden. Das wurde nicht nur als Wiederbelebung alter Konflikte, die mit dem Klavier zu tun hatten, sondern auch als direkter Angriff auf die Mutter gedeutet. Die Therapeutin sprach mit Violet über die wiederholten Enttäuschungen, die ihre Liebesobjekte ihr zufügten. Während sie so mittels der Zerstörung des Klaviers symbolisch die Mutter angriff, zeigte Violet gleichzeitig in steigendem Maße die Fähigkeit, eine Versöhnung zustande zu bringen, wenn die Mutter ärgerlich auf sie war. Sie ging beispielsweise eines Tages zur Vordertür, so als wolle sie das Haus verlassen. Sie öffnete die Tür und ging hinaus, kam aber dann zurück und blieb auf der Schwelle stehen. Die Mutter erklärte daraufhin, Violet habe reifer gehandelt als sie selbst, deren Wutausbrüche gegenüber dem Kind zu dieser Zeit äußerst heftig und destruktiv waren. Als sie das erkannt hatte, war sie auch in der Lage, dem Kind zu verzeihen und wieder ein positivere Beziehung zu ihm aufzunehmen« (ebd., S. 207ff.).

Diese zuletzt mitgeteilten Details zeigen die Wiederanbahnung der Beziehung zur Mutter auf einem neuen Niveau. Überhaupt geht es bei dieser ganzen Behandlung darum, neue Muster des Umgangs mit menschlichen und dinglichen »Objekten« zu entwickeln. Schon die frühe Episode mit dem Stoffhund zeigt eine normalere Erlebnisweise des Kindes Violet. Nicht mehr das Klavier als etwas Dingliches, in der abstrakten Welt der Töne Beheimatetes ist Violets Repräsentanz-Objekt, sondern etwas Kleineres, Symbolischeres, gleichsam Lebendigeres – ein Stofftier. Viele Kinder brauchen zum Einschlafen ihren Teddybären oder auch den Daumen als Sorgenbrecher. Indem Violet ein solches »Übergangsobjekt« (WINNICOTT 1973) bilden lernt, ist die Entwicklung zu einer normaleren Lebensmeisterung hin angebahnt.

Indessen wird im nächsten Kapitel aufzuweisen sein, welche pathologische Rolle solche lust- und sicherheitsspendenden Objekte ihrerseits in der menschlichen Entwicklung spielen können. »Der Mensch muß doch etwas haben, woran er sich halten kann«, sagte der Säufer und griff zur Flasche. Das führt zum Problem der Sucht (vgl. Kap. III, S. 122ff.).

Das Hervorgehen der seelischen Krankheiten aus der »Grundstörung«

Depression, Autismus und Schizophrenie (mit gewissen Einschränkungen auch die psychosomatischen Krankheiten) bezeichnete ich als »Erscheinungsweisen der Grundstörung«. Genauer müßte es heißen: als *unmittelbare* Manifestationen der Grundstörung. Denn auf indirekte Weise sind alle seelischen Fehlentwicklungen aus der Grundstörung ableitbar.

Der Ausdruck »basic fault« stammt von dem englischen Psychoanalytiker BALINT. Dieser ging, wie alle Psychoanalytiker FREUDscher Richtung, von der zentralen Bedeutung des Ödipus-Komplexes für die Entstehung seelischer Störungen, vom psychoanalytischen Grundschema aus: Das (männliche) Kind empfindet Inzest-Liebe zur Mutter, hat Angst vor der Strafe (Kastration) durch den Vater und findet allerlei innere Umwege, um seine Lustquellen gegen den Einspruch der strafenden Instanzen zu erhalten, woraus sich die jeweils manifeste neurotische Symptomatik entwickelt.

BALINT fand nun, wenn er die Analyse dieses ödipalen Mu-
sters lange genug fortsetzte, daß die Patienten nach dessen
Durcharbeitung nicht etwa gesundeten, sondern daß sich ein
neues Konfliktmuster konstellierte. Dieses, schloß BALINT, müsse
das tieferliegende, noch tiefer verdrängte Konfliktmuster sein.

Dieses neue Muster beschreibt BALINT so: Der Analytiker bekommt das Gefühl, daß der Patient ihm unheimlich nahe rückt,
ihn auf rätselhafte, fast telepathische Weise durchschauen kann.
Es kommt zu Gefühlen der Leere, des Abgestorbenseins, der
Sinnlosigkeit. Jede noch so kleine Frustration löst Angst aus
oder das Gefühl, die Mitmenschen hätten feindliche Absichten
gegen den Patienten.

»Es ist auffallend, daß dies einfach als schmerzliche Tatsache hinge-
nommen wird und erstaunlich wenig Ärger oder gar Kampfbe-
reitschaft mobilisiert. Noch auffallender ist, daß sich auch fast niemals
ein Gefühl von Hoffnungslosigkeit entwickelt ... Obgleich die Gefühle
von Leere und Abgestorbensein ... sehr stark sein können, steht
dahinter gewöhnlich eine ernsthafte, stille Entschlossenheit, durch-
zuhalten. Diese merkwürdige Mischung aus tiefem Leiden, Fehlen
jeglicher billigen Streitsucht und unerschütterlicher Entschlossenheit,
weiterzumachen, ist bei diesen Patienten wahrhaft ergreifend – und
ein wichtiges diagnostisches Zeichen, daß die Arbeit die Ebene der
Grundstörung erreicht hat« (BALINT 1970, S. 29f.).

Die Grundstörung ist nach BALINT sozusagen ein Webfehler, ein
Bruch in der psychischen Struktur, wahrscheinlich bei jedem
Menschen. BALINT führt sie auf die frühesten Entwicklungsphasen des Individuums zurück. Jeder Säugling, auch der
bestgepflegte, erlebt eine Diskrepanz zwischen dem, was er
möchte und braucht, und dem, was seine Mutter ihm geben
kann. So kommen die Risse und Sprünge in die menschliche
Natur hinein; es konstelliert sich das Grundgefühl: »Ich bin
nicht heil, bin nicht ganz. Mir fehlt etwas von dem, was ich
notwendig zum Leben brauche.« Dieses Grundgefühl wäre
demnach das letzte und tiefste Motiv der seelischen Fehlentwicklung: Das geschädigte Individuum will es um jeden
Preis loswerden, vergreift sich dabei in den Mitteln und gerät
immer tiefer in die Verstrickung hinein. Wir können also sagen,
daß die seelischen Krankheiten Selbstheilungsversuche des
Individuums darstellen, welches an seiner Grundstörung leidet und keinen schöpferischen Ausweg findet.

Der Ausdruck *Grundstörung* ist eine individuelle Wortprägung BALINTs, die sich selbst unter Psychoanalytikern nicht überall durchgesetzt hat. Bei näherem Hinsehen finden wir, daß andere Autoren in anderen Terminologien durchaus Ähnliches auszudrücken versuchten. Im Kapitel über die Depression erinnerte ich an die mittelalterliche Acedia-Lehre, nach der die Acedia (im Deutschen wiederzugeben als »Traurigkeit«, »Lähmung des Gefühls«, »Stumpfheit« etc.) eine der sieben Todsünden, ja die grundlegendste von ihnen sei (vgl. HÖFER u. RAHNER 1957). In Anlehnung an diesen Sprachgebrauch habe ich die Depression als die Urneurose bezeichnet. Der Ausdruck *Depression*, nicht im klinisch-deskriptiven, sondern im psychoanalytisch-strukturellen Sinn genommen, bezeichnet annähernd den gleichen Sachverhalt, den BALINT »Grundstörung« nennt.

Noch ein weiterer Begriff ist in diesem Zusammenhang anzuführen, der ungefähr den gleichen Sachverhalt bezeichnet und der vielleicht der bekannteste, aber auch der mißverständlichste ist: das von ADLER so genannte *Minderwertigkeitsgefühl*. Oberflächlich wird dieser Begriff meist so verstanden, daß ein Mensch, der an Minderwertigkeitsgefühlen leidet, sich mit anderen vergleicht und dabei findet, daß er weniger klug, schön oder stark sei als der andere. Das Kleinkind erwirbt nach ADLERs Auffassung sein Minderwertigkeitsgefühl, indem es sich mit den »Großen« vergleicht. Mir scheint, daß ADLER durch seine etwas unglückliche Begriffswahl Mißverständnissen Vorschub geleistet, vielleicht sogar das von ihm entdeckte und beschriebene Phänomen selbst mißverstanden hat (zum folgenden vgl. BITTNER 1974, S. 146). In dem Begriff »Minderwertigkeitsgefühl« steckt eine Vergleichsperspektive, und es gibt Grund anzunehmen, daß gerade beim tiefen Leiden an sich selbst und der Welt das Vergleichen mit anderen, die angeblich besser sind, denen es besser geht und so weiter, eine sekundäre Rolle spielt.

Schließlich war ADLERs erste Entdeckung ja die der »Organminderwertigkeit«, das heißt, daß ein Organ (Magen, Stimmapparat, Lunge) nicht so funktionstüchtig ist, wie es sein sollte, und damit zum Einfallstor des Minderwertigkeitsgefühls wird (vgl. ADLER 1907). Ob mein Magen minderwertig ist oder nicht, das sagt mir nicht in erster Linie der Vergleich mit anderen Mägen, sondern mein eigenes Körpergefühl. Das Minderwertigkeitsgefühl ist also nicht aus dem Vergleich mit anderen entstanden, sondern stellt ein Gefühl eigener Schwäche dar. So hat es ADLER auch ursprünglich angesehen. Darum wäre jenes Gefühl, das ADLER meinte, besser als ein *Empfinden eigener Mangelhaftigkeit oder Nichtigkeit, des Beschädigtseins, der Unvollkommenheit, der Ich-Schwäche oder der Ichlosigkeit* zu bezeichnen. Minderwertigkeitsgefühl würde dann bedeuten: Das Kind fühlt sein Ich nicht so unmittelbar lebendig und handlungsfähig, wie es dies bräuchte, um sein Leben führen zu können. Um diesen Grundmangel zu kaschieren, entwickelt das Ich seine Leitlinie und die daran hängenden Fiktionen, das ganze Szenenspiel des Unbewußten. »Das Lebenkönnen eines minderwertigen Geschöpfes heißt ›Psyche‹«, schreibt ADLER in einer ergreifenden Wendung an LOU ANDREAS-SALOMÉ (ANDREAS-SALOMÉ 1965, S.122).

Die Begriffe »Grundstörung«, »Depression« und »Minderwertigkeitsgefühl« meinen den gleichen Sachverhalt: eine Grundeinstellung des Nicht-leben-Könnens, Nicht-leben-Wollens, ein »Nein« zum Leben, das sich bis etwa zum Ende des zweiten Lebensjahres bildet. Danach teilen sich die Wege zu den einzelnen seelischen Krankheiten. Die *Depression* hält an diesem Lebensgefühl in unveränderter Form das ganze Leben hindurch fest. Der *psychosomatisch oder hypochondrisch Kranke* verschiebt das Gefühl des Nicht-leben-Könnens ins Körperliche. Das *autistische Kind* zieht sich aus der Welt zurück und läßt den Körper als »leere Festung« (BETTELHEIM 1977) zurück.

Ich habe früher einmal versucht, die menschlichen Entwicklungsstörungen in zwei Gruppen einzuteilen: in den embryonalen und den infantilen Typus (BITTNER 1979b, S. 10f.). Auch diese Einteilung mag hilfreich sein. Aus der embryonalen und der infantilen Weltauffassung entstehen die zwei Grundtypen seelischer Störungen: Wer der Wahrnehmung des »inneren Risses« entgehen will, indem er Geborgenheit sucht, gleichsam in den Mutterschoß zurückkriecht, der spinnt sich entweder in eine Hülle von Illusionen und Wahnbildungen ein. Daraus kann im Extremfall eine Schizophrenie werden. Oder er greift zu chemischen Mitteln, um sich in eine Scheinwelt zu flüchten. In diesem Falle wird daraus eine Sucht. Er braucht andere Menschen dazu und ist unter Umständen auf bestimmte Arten von sexueller Befriedigung fixiert: Das Ergebnis ist eine Perversion. Im konträren Falle, bei der Übertreibung des infantilen Standpunkts, entstehen dissoziale Verhaltensweisen. Rücksichtslos seine eigenen Wünsche durchsetzen, zum Schaden anderer – das ist die Grundstruktur der Psychopathie.

Wir verabschieden uns mit diesen Überlegungen von einer in der Psychoanalyse lange Zeit gepflegten Spezifizitäts- und Kausalitäts-Illusion, die sich auf FREUD selbst und bei den psychosomatischen Manifestationen gern auf ALEXANDER beruft – als sei es ausgemacht, daß der Zwangsneurose »anale« und der Hysterie »ödipale« Konfliktmuster ursächlich zugrundeliegen, der Rheumatismus aus gehemmten motorisch-aggressiven Impulsen, das Asthma aus einer »Überempfindlichkeit gegen das ›Trennungstrauma‹« (ALEXANDER 1951, S. 104) herzuleiten sei.

Nein, solcher Spezifizitätswahn, der nur aus dem Ehrgeiz geboren sein kann, es den Medizinern gleichzutun, führt in der Psychologie der Verhaltensstörungen und seelischen Fehlentwicklungen gewiß in die Irre. Darum argumentieren wir bewußt mit recht allgemeinen, unspezifischen Krankheitsgründen wie der »Grundstörung«, dem »Minderwertigkeitsgefühl« oder der »narzißtischen Wunde«. Die Liste der möglichen Bezeichnungen ist damit keineswegs erschöpft. Auch EYSENCKS »Neurotizismus« (mit Eigenschaften wie »emotionale Labilität, Sensibilität, mangelhafte Integration, geringe Belastbarkeit«; vgl. PONGRATZ 1973, S. 186) zielt deskriptiv in eine ähnliche Richtung, wenn sich der Psychoanalytiker auch an der erbgenetischen Herleitung und an der Ausblendung der interaktionellen Primärerfahrungen stören muß.

Psychoanalytisch ließe sich die basisneurotische oder basispsychotische Disposition in heutiger Sprache vielleicht am treffendsten als die mangelnde Differenzierung von Selbst- und Objektrepräsentanzen, als eine Tendenz zum Verbleiben in symbiotischen Beziehungsformen oder als die Unfähigkeit, Abschied nehmen beziehungsweise etwas beenden zu können (vgl. BITTNER 1984), charakterisieren. Wobei diese Unfähigkeit weder für irgendeine bestimmte noch auch nur für irgendeine beliebige Pathologie spezifisch ist. Was einer aus dieser Stigmatisierung macht, ob eine Schizophrenie oder eine Colitis ulcerosa oder ein Gedicht, das bleibt mehr oder weniger dem jeweiligen Lebensschicksal und vielleicht sogar der eigenen Erfindungsgabe überlassen.

III. Leben mit Hilfskonstruktionen

Sucht

Was ist Sucht? Als erstes fallen uns dazu verschiedene Stoffe ein, nach denen man süchtig werden kann: Opium, Heroin, Kokain – die klassischen Suchtdrogen. Dann die modernen Drogen: Haschisch, LSD, Tabletten aller Art: Schlafmittel, Beruhigungsmittel, schmerzstillende Mittel und endlich die allgemein verbreiteten Suchtmittel, die »Volksseuchen« auf diesem Gebiet sozusagen: Alkohol und Nikotin.

Zunächst mag es scheinen, als sei Sucht an einen Stoff gebunden. Doch müssen wir feststellen, daß die Alltagssprache auch anderes als »Sucht« bezeichnet, was nichts mit chemischen Substanzen zu tun hat. Wir sprechen von Vergnügungssucht, Kritiksucht, Selbst- und Eifersucht. In diesem weiteren, psychologischen Sinne können wir Sucht zunächst einmal definieren als das unstillbare Verlangen zu tun, was zu rauschhafter Lust führt, ohne daß der Süchtige eigentlich jemals einen anhaltenden Zustand der Befriedigung erreicht, ohne daß er einen Moment innehalten und sagen könnte: »Jetzt habe ich's erreicht, jetzt bin ich erst mal zufrieden, und nachher sehen wir weiter.« Des Wesensmerkmal der Sucht ist also die *Unstillbarkeit*, das Nicht-aufhören-Können – wie man zum Beispiel im Volksmund von einem notorischen Trinker sagt: »Er kann den trockenen Fleck nicht finden«, das heißt er gießt und gießt immer mehr nach und bleibt doch immer noch innerlich trocken. Die Unstillbarkeit, das Nicht-zur-Ruhe-, Nicht-zum-inneren-Frieden-Kommen durch den sexuellen Genuß ist, wie ich vorgreifend bemerken möchte, zugleich auch das Wesensmerkmal der sexuellen Perversion.

Psychologisch definieren wir Sucht als das unstillbare Suchen nach einer Befriedigung – im engeren Sinne: mit Hilfe eines chemischen Stoffes –, wobei die Befriedigung letztlich nicht erreicht, der Konsum aber trotzdem zwanghaft fortgesetzt wird. Sucht bestimmt sich psychologisch also nicht nach der Menge des konsumierten Stoffes, sondern nach dem Grad der inneren Gebundenheit. Man kann nicht sagen: Wer täglich 4 Flaschen Bier trinkt oder 20 Zigaretten raucht, ist süchtig, bei 3 Flaschen Bier oder 15 Zigaretten hingegen noch nicht. Maßgeblich ist allein der Grad der inneren Gebundenheit, des Nicht-anders-Könnens.

Viele Suchtmittel sind so beschaffen, daß sie recht nachhaltig in die biochemischen Prozesse des Organismus eingreifen. Darum ist die Sucht nicht bloß ein Problem für die Psychologie und Psychopathologie, sondern auch für die somatische Medizin, vor allem für die Pharmakologie und Toxikologie. Die Mediziner (Pharmakologen) arbeiten mit einem engeren Suchtbegriff: *Sucht* liegt nach dieser Definition vor, *wenn der Organismus sich auf ein Mittel so sehr eingestellt hat, daß die Absetzung dieses Mittels körperlich faßbare Entzugserscheinungen verursacht.*

Das Verständnis von Sucht hat in den letzten zehn Jahren eine Wandlung erfahren. In der neueren Diskussion erscheint sie weniger scharf auf den Mißbrauch materieller psychotroper Substanzen begrenzt. Heute bezeichnet der Begriff allgemeiner »das unwiderstehliche und unersättliche Bedürfnis, die leidenschaftliche Gier nach Medikamenten, nach Alkohol, nach Einverleibung und/oder Bemächtigung von Objekten nach (eventuell devianter) Triebbefriedigung und nach bestimmten Tätigkeiten (›Monomanien‹)« (BATTEGAY in BATTEGAY et al. 1992, S. 588). Zu den Süchten werden heute neben den klassischen Abhängigkeiten von psychotropen Substanzen (Alkohol, Nikotin, Drogen) vielfach die Tätigkeitssüchte gerechnet, wie zum Beispiel die Eßsucht und die Bulimie, bei denen in Gestalt des Essens immerhin noch eine Art materielles Substrat gegeben ist, dann aber auch die Magersucht als eine süchtige Form des Nicht-Essens, die Spiel- und Stehlsucht, die Feuersucht (Pyromanie) und andere mehr (vgl. ebd., S. 588).

Suchterscheinungen im Jugendalter,
gebunden an chemische Substanzen

Die Drogen beziehungsweise psychoaktiven Substanzen werden nach Wirkungstypen und organischen Folgen in Gruppen eingeteilt. Man unterscheidet zum Beispiel den *Morphintyp,* dessen psychische Folge vor allem die Euphorisierung ist, den

Alkohol- und Barbiturattyp, bei dem die Beruhigungs- und Entspannungswirkung im Vordergrund steht, die *Psychostimulantien* wie das Kokain und die *Halluzinogene* wie LSD und Meskalin (vgl. LADEWIG in BATTEGAY et al. 1992, S. 128ff.).

Gewiß gibt es Unterschiede zwischen den Konsumenten der verschiedenen Drogentypen. Auf diese soll hier jedoch nicht näher eingegangen werden. Es kommt uns darauf an, die gemeinsame psychische Basis der verschiedenen Drogenabhängigkeiten – und darüberhinaus des süchtigen Verhaltens überhaupt – herauszuarbeiten. Bei Jugendlichen kommen praktisch alle Formen der Sucht vor, die oben aufgeführt wurden, am wenigsten die klassischen, schweren Suchtmittel wie etwa Morphium, weil diese letztendlich doch derart strengen staatlichen Kontrollen unterliegen, daß im allgemeinen nur Ärzte und medizinisches Personal Zugang zu ihnen haben. Im öffentlichen Interesse stehen derzeit immer noch die halluzinogenen Rauschdrogen hoch im Kurs.

HANNELORE VON CANITZ hat ein ganzes Buch über den Werdegang und die Therapie eines 18jährigen Mädchens mit Drogen-Symptomatik aus dem Unterschichts-Milieu geschrieben. Diese Arbeit ist ausführlich, dramatisch und spannend zu lesen. Alle Leute, die mit dem Mädchen zu tun hatten, kommen zu Wort und stellen ihre Sichtweise dar.

Der Vater des Mädchens ist Spätheimkehrer, hat seine Frau durch eine Zeitungsannonce kennengelernt; ganz die Richtige für ihn war sie nicht; er ging immer mehr in seinem Verein auf. Die Mutter ist davon geplagt, daß sie mit 10 Jahren schuldig am Unfalltod ihres 4jährigen Bruders wurde. Es ist also von vornherein ein sehr freudloses, resignatives Milieu. Und dann wird gezeigt, wie diese Familie unter dem Druck des Drogengeschehens immer mehr dekompensiert und zu den absonderlichsten Rettungsversuchen greift – wie die Mutter die Geschichte ihrer Tochter in eine Boulevardzeitung bringt und schließlich einen Brief an die damalige Gesundheitsministerin schreibt, in dem sie den ganzen Werdegang der Tochter schildert. Aus diesem Briefe einige Auszüge:

»Werte Frau Strobel.

Vielleicht interessiert es Sie doch, was eine Mutter in wenigen Monaten erleben kann. Unsere Tochter besuchte die Handelsschule, hatte aber Schwierigkeiten mit der Lehrerin, Frau Kroll. Als Eltern haben wir viele Male versucht, eine Basis zu finden, fanden aber weder als Vater noch Mutter Verständnis. Ich selber bin einige Male weinend aus dem Schulgebäude gegangen, wegen der Härte dieser Frau. Die Klassenlehrerin konnte uns auch nicht helfen, weil sie sich auch schon Schwierigkeiten damit eingehandelt hatte. Bis Ostern machte Heidi dann noch mit.

Wir hatten einen Skiurlaub im Zillertal gemacht, wo sie bei jungen Leuten eine Liebesenttäuschung durchmachte. Ein Lehrer unserer Gruppe nahm sich ihrer an und bot Heidi oft Zigaretten an, was ich mit Unbehagen zusah. Ich hoffte, dann im Elternhaus, sie wieder in den ›Griff‹ zu bekommen, aber sie entglitt mir immer mehr. ...

Die Zigarettenration stieg bald auf 30 Stück am Tag. Wir entzogen ihr das 10,– DM wöchentliche Taschengeld, worauf sie sich dann überall welche erbettelte, Geld lieh, mir Ein- und Zwei-Mark-Stücke aus der Geldbörse nahm. Wir waren über unser Kind entsetzt, das sich so veränderte. ...

Inzwischen ging ich zur Fürsorge, um Rat zu holen. Mehrere Male beruhigte man mich und verwies uns dann zur Sozialpädagogischen Beratungsstelle, Köln-Weidenpesch. Hier wurden Heidi und wir als Eltern gehört und der Vorschlag gemacht, Heidi dürfe sich kleiden, wie sie wolle und rauchen, bis ihr der Rauch aus den Ohren käme, dafür solle sie aber pünktlich nach Hause kommen ... Heidi kam aber weiter nach Hause, wann sie wollte. Sie machte Männerbekanntschaften, die uns nicht gefielen. ...

Es wurde mit Heidi aber immer schlimmer, sie verkehrte in Lokalen ..., die als Studentenlokale übelster Sorte bekannt sind. ...

Die Rektorin der Handelsschule gab mir Ratschläge, die undurchführbar waren, ich schloß die Wohnung ab, begleitete sie auf ihren Wegen, aber immer wieder gelang es ihr, mir zu entwischen ... Meine Nerven wurden immer labiler und mein Mann verdrosch sie dann. ...

Dann kam es zu einem schrecklichen Auftritt. Mein Mann schlug auf Heidi so ein, daß ein Besenstiel zerbrach. Heidi flüchtete auf den Balkon und schrie meinem Mann ins Gesicht, ›Du Scheißkerl‹ (sie hatte sich eine liederliche Ausdrucksweise angewöhnt) und bombardierte ihn mit Blumentöpfen. ...

Dann machte Heidi die Prüfung, die sie nicht bestand, trotzdem ich mit mehreren Lehrerinnen immer in Verbindung stand. Nach der Abschiedsfahrt von der Handelsschule hat sie mich dann angerufen, sie wären noch etwas zusammen, aber sie kam erst um 3 Uhr nachts, total durchnäßt. Sie war in einen Wagen gestiegen zu zwei jungen Männern und dann weggelaufen ... Heidi hatte schon im Februar eine Stelle als Sachbearbeiterin bei der Barmer Ersatzkasse, so daß es nicht schlimm war wegen der verpatzten Prüfung. Sie suchte sich einen Job für einen Monat in einer Parfüm-Fabrik.

Auch in dieser Zeit blieb sie eine Nacht aus und ging einen Tag nicht zur Arbeit. ...

Dann holte sich mein Mann eine Sommergrippe, die so heftig wurde, daß der Kreislauf durcheinander kam. Er brach Galle und mußte dann mit dem Krankenwagen ins gegenüberliegende Krankenhaus gebracht werden. Die Ärztin sprach nochmals eindringlich mit Heidi, und sie war sichtlich zerknirscht. Heidi, die sonst im Wohnzimmer schläft, zog ins elterliche Schlafzimmer, wo ich sie besser unter Kontrolle hatte. Ich hoffte sehr, wenn ich mich ihr ganz widme, wird sie wieder das Mädchen, aber das waren nur Tage. Ich suchte sie in den Lokalen, wo sie verkehrte, rief in den Nächten alle Freundinnen und Mütter an, aber sie ging und kam, wann sie wollte. ... Wir ahnten jetzt schon langsam, daß da nur Hasch oder so etwas im Spiel sein könne, aber ich wollte es nicht glauben. ...

Mittlerweile hatte mir die Sozialpädagogische Beratungsstelle gesagt, Heidi ginge wohl am besten in ein Mädchenwohnheim, da könnte sie wohl am besten so leben, wie sie es wünschte. Da wollte sie dann auch gerne hin. Doch vorher wollte ich ihr noch einen Urlaub gönnen. Erst hatte ich ihr versprochen, im Zelt mit ihr nach Holland zu fahren. Da aber mein Mann im Krankenhaus lag, ging das nicht. ...

Doch dann lernte sie ein Mädchen kennen, die gammelte und nur Märchen auftischte. Ich gab keine Antwort und dachte mir meinen Teil, es waren ja große Ferien und ein Teil junger Leute trieb sich in der Stadt rum. ...

Dann kam nach zwei Tagen ein Anruf aus Augsburg. Heidi war aufgefallen bei einer Razzia mit einer Gruppe verwahrloster Jugendlicher. Erst sagte ich zu, mein Kind zu holen. Aber dann kamen die Bedenken, riß sie mir nicht wieder aus. Jetzt war Schluß, wenn sie in ein Mädchenheim wollte, so konnte sie es haben. Ich wollte nicht mehr wissen, was gewesen war. Mir ekelte vor allem, was ich gesehen hatte. ...

Am ersten September begann sie ihre Stelle auf der Krankenkasse, doch bald hörte ich, daß sie im Heim ausblieb und morgens nicht pünktlich wäre ... Wo war Heidi nun, wenn nicht auf der Arbeit, wir waren in Sorge und alarmierten alle möglichen Stellen. Zum Glück ging sie selber ins offene Heim zurück, wo man sie gleich nebenan in das geschlossene Heim brachte. ...

Für Heidi begann eine schlimme Zeit, aber das hatte man mir gesagt. Sie befand sich mit allen möglichen Mädchen zusammen. Samstags und Sonntags von 14–18 Uhr konnte ich sie besuchen. Es war eine harte Zeit, jedesmal traten neue Probleme auf. Aber man hatte mir immer gesagt, ich müsse immer so bleiben, wie ich immer gewesen wäre. ...

Weiß man denn, daß bei einer Entziehung unter der Haut schwarze Schatten entstehen, nicht so dunkel wie beim Bluterguß, sondern so wie bei Kälte die Haut rot und weiß wird? Rote Augen hat Heidi nie gehabt. Man nimmt an, daß Heidi Hasch mit Opium bekommen hat. Einmal gibt sie zu, LSD genommen zu haben, danach habe sie stundenlang gelacht. Aber sie hatte wohl keinen Begriff mehr von Zeit. Wir Eltern haben als Jugendliche ein Erbe übernommen, haben gearbeitet doppelt und dreifach, um aus Schutt und Asche wieder Leben entstehen zu lassen und nun diese Sucht« (v. Canitz 1973, S. 89ff.).

Es gelingt schließlich mit Hilfe einer längeren begleitenden Therapie, das Mädchen aus der Drogenszene herauszubekommen; sie besteht die Prüfung zum Kindergärtnerinnenseminar und mündet damit in den Beruf ein, den sie sich immer gewünscht hatte.

Hannelore von Canitz macht den »Leistungsdruck« der Handelsschule entscheidend mit verantwortlich für die Fehlentwicklung. Mir scheint das weniger die Leistungsanforderung als solche zu sein, als vielmehr die verständnislose Härte einer bestimmten Lehrerin, und noch wichtiger, die resignative, öde Atmosphäre des Elternhauses sowie die dort ausgeübte permanente Kontrolle. Der Bericht ist – unter anderem – ein bewegendes Dokument erzieherischer Hilflosigkeit, vor allem hinsichtlich der vielfältigen und immer wieder scheiternden Versuche der Mutter, das Mädchen »in den Griff zu bekommen«, wobei die Ratschläge, die sie von verschiedenen Seiten bekommt – von der Schulleitung, der Sozialpädagogischen Beratungsstelle und den Erzieherinnen im Mädchenwohnheim –, ebenso von Hilflosigkeit zeugen und die Hilflosigkeit der Mutter nur noch vergrößern.

Insbesondere gehören Sucht und Kontrolle zusammen als ein echter Teufelskreis. Der Jugendliche wird so sehr kontrolliert, daß er keine Chance hat, er selbst zu werden, eigene Wege zu gehen; dann flieht er in den Rausch und wird noch mehr kontrolliert, weil die Leute ihm sein Rauschmittel wegnehmen wollen. So dreht sich der Kreis immer weiter. So entsteht aus Anfängen, die zunächst noch gar nichts mit dem Drogenkonsum zu tun haben, eine Drogen-»Karriere«.

Ein anderes Beispiel aus eigener (indirekter) Beobachtung. Es geht um den Freund eines alkoholabhängigen Mädchens, der als Zivildienstleistender in einem Jugendhaus arbeitete und zu dieser Zeit bei mir in Analyse war. Aus den Behandlungsaufzeichnungen die nachfolgenden Stichworte:

Hat ein Mädchen getroffen. Brigitte, die zeitweise drogenabhängig war, Gymnasiastin. Dann hat sie es wieder aufgegeben, trinkt aber nun viel und ist in dem kleinen Städtchen in dem sie wohnt, als Säuferin bei allen Verwandten und Bekannten verschrien.

Sie wohnt bei ihren Eltern, muß jeden Abend um 11 Uhr zu Hause sein. Mein Patient lernte sie im Jugendhaus der Kreisstadt kennen, wo er als ZDL arbeitet. Er hatte schon mehrmals gesagt: Brigitte, es ist halb elf, Du mußt jetzt nach Hause, sonst kriegst Du Schwierigkeiten mit Deinen Eltern. An diesem Abend so angeregte Diskussion, dachte er: ich bin doch nicht ihr Aufpasser, lassen wir's laufen, sie ist alt genug, muß selbst wissen, was sie tut. Diskussion bis 4 Uhr früh. Beschloß auf das Bergkloster zu wandern, wo ein Vetter des Mädchens Mönch ist, kam um 8 Uhr dort an, frühstückte im Kloster und anschließend wurde das Mädchen nach Hause gebracht.

Patient kam ins Zimmer, Mutter saß da, war komisch. Er bekam die Vorwürfe, Jugendhaus sei eine Lasterhöhle, und was sie in der Nacht gemacht hätten, sicher miteinander geschlafen. Wollten die Adresse seiner Eltern haben. Geschrei, Szene. Wenn Brigitte sich einmischen wollte: »Du hältst den Mund.«

Mutter hat Ahnungen, sagte dem Patient gleich auf den Kopf zu, wie er mit Vornamen heiße. Hat ein Album, wo sie Briefe an ihre älteste Tochter hineinschreibt, die 3 Tage (!) nach der Geburt gestorben ist.

Jetzt ist es so: Patient verwaltet die Flasche und trinkt mit Brigitte und paßt auf, daß sie nicht zu viel bekommt. Fragt, wie man Süchtigen helfen könne. Haben im Jugendhaus jetzt eine ganze Menge davon. In der Nachbarstadt ist eine Diskothek aufgelöst worden, die Drogen-Hauptumschlagsplatz war, und jetzt ziehen die Leute ins Jugendhaus und wollen offenbar dort weitermachen. Die Helfer im Jugendhaus wissen nicht recht, was sie da tun sollen.

Ich frage den Patienten, warum er denn nicht süchtig sei? Die Süchtigen, die er kennt, sagt er, sind alle solche Kontaktnudeln. Er hat wenig Kontakt, er berauscht sich mehr an seinen eigenen Ideen. Er ist also schizoid, aber nicht suchtgefährdet. Die Süchtigen brauchen dazu äußere Hilfsmittel, um sich hochzubringen, sie haben also weniger Phantasie, können sich nichts ausdenken.

Dieses Beispiel zeigt – ebenso wie das vorhergehende – die ambivalente Bindung an das Elternhaus. Mit Hilfe der Droge und der Partizipation in der »Szene« (hier dem Jugendhaus) werden Versuche der Ablösung vom Elternhaus unternommen, die aber nur immer tiefer in den Teufelskreis der Kontrolle hineinführen.

Sucht-Vorläufer

Wir haben also keine Schwierigkeiten, im Jugendalter Suchterscheinungen nachzuweisen. Die Beziehung des Süchtigen zu seinem Suchtobjekt aber ist kompliziert. Sie enthält die Suche nach Glück, von dem man jedoch weiß, daß man es auf diesem Wege nicht finden kann, daß es sich um ein Glück handelt, das sich immer wieder entzieht, und in das zugleich immer auch die Lust der Selbstzerstörung hineinspielt. Das Kettenrauchen wird erst so richtig prickelnd durch das Ausmalen des Lungenkrebses, den man sich dabei holen kann. Deswegen hilft auch alle gesundheitliche Volksbelehrung so wenig, denn der Süchtige will sich ruinieren, er will seinen Untergang.

Im Jugendalter kommen Süchte häufig vor, nicht aber im Kindesalter. Was in der Kindheit als »Süchtigkeit« auftritt, bezieht sich fast ausschließlich auf Süßigkeiten. Manche Kinder benehmen sich den Süßigkeiten gegenüber nicht anders als erwachsene Süchtige in ihrer Beziehung zum Alkohol oder zu den Rauschgiften. Sie fühlen dasselbe unwiderstehliche Bedürfnis und benützen seine Befriedigung in derselben Weise wie die Erwachsenen, um Gefühle von Angst, Leere, Enttäuschung oder Depression niederzuhalten. Nicht anders als die Erwachsenen sind auch sie zu allem bereit, um ihre Sucht zu befriedigen, das heißt sie lügen, stehlen und so weiter, um sich die notwendigen Süßigkeiten anzueignen.

Andererseits zeigen sich die Ähnlichkeiten zwischen der kindlichen und der erwachsenen Sucht nur an der Oberfläche, im manifesten Benehmen, nicht im psychologischen Hintergrund. Die Sucht des Kindes nach Süßigkeiten will einfach etwas Schönes, gut Schmeckendes; sowohl das Ideologische als auch das Selbstzerstörerische fehlen völlig. Ins Erwachsenenleben hinein setzt sich diese kindliche Naschhaftigkeit und Leckermäulerei mehr als Feinschmeckertum, Genußsucht und so weiter fort, nicht dagegen als echte Sucht im vorhin beschriebenen klinischen Sinne (nach A. Freud 1968, S. 181).

Ein anderer Vorläufer der Sucht im Kindes- und Jugendalter ist die Masturbation, die sexuelle Selbstbefriedigung. Sie scheint zwar, äußerlich betrachtet, weiter von der Sucht entfernt zu sein als die Naschhaftigkeit oder Schleckermäulerei, weil hier nicht inhaliert oder in den Mund gesteckt wird, tatsächlich jedoch ist sie verwandter mit ihr, denn bei der exzessiv geübten Selbstbefriedigung finden wir das gleiche Versinken in Traumwelten, das auch bei Süchten zu beobachten ist – nie dagegen bei der Sucht nach Süßigkeiten. Auch die Angst vor Strafe oder davor, sich zugrunde zu richten, ist bei der Selbstbefriedigung ähnlich wie bei der Sucht. Manche Kinder benützen die Selbstbefriedigung als Einschlafritual (A. FREUD), Schlafmittel oder Sorgenbrecher, ganz ähnlich wie der Erwachsene zu Schlaftabletten oder Valium greift. Von daher ist es verständlich, daß FREUD einmal in einem frühen Brief schrieb, daß die Masturbation, die Selbstbefriedigung überhaupt, die Ursucht sei, von der alle späteren Süchte abgeleitet seien (vgl. FREUD 1986, S. 312f.).

Wenn die Onanie als Spiel an den Genitalien mit erkennbarer Lust auch schon vom zweiten Lebensjahr an zu beobachten ist, so gibt es doch eine Gruppe von Sucht-Vorläufern, die noch früher in der kindlichen Entwicklung beginnen: die wichtigste und bekannteste davon ist das Daumenlutschen. Schon der reifere Fötus im Mutterleib steckt den Daumen in den Mund (vgl. NILSSON 1990, S. 134).

Nun steht das Daumenlutschen, das im zweiten Lebensjahr eine besondere Hochblüte erlebt, nicht isoliert da. Es tritt zeitlich verbunden mit einer ganzen Reihe weiterer Erscheinungen auf, die der englische Kinderarzt und Psychoanalytiker WINNICOTT unter der treffenden Bezeichnung »Übergangsobjekte und Übergangsphänomene« beschrieben hat und die in der psychoanalytischen Diskussion heute starke Beachtung finden:

»Manche Säuglinge stecken den Daumen in den Mund und streicheln dabei mit den Fingern durch Innen- und Außendrehung des Unterarms ihr Gesicht. Der Mund ist dann nur im Hinblick auf den Daumen, nicht aber in bezug auf die übrigen Finger beteiligt. Die Finger, die die Oberlippe oder einen anderen Teil des Gesichts streicheln, können dabei wichtiger sein oder werden als der Daumen im Mund. Darüber hinaus kann dieses Streicheln auch auftreten, ohne daß der Daumen in den Mund genommen wird.

Häufig tritt eine der folgenden Verhaltensweisen komplizierend zu autoerotischen Betätigungen wie dem Daumenlutschen hinzu:

1. Das Kleinkind greift mit der anderen Hand nach einem äußeren Objekt, etwa einem Zipfel von Leinentuch oder Decke, und steckt dieses zusammen mit den eigenen Fingern in den Mund;

2. oder ein Stück Stoff wird festgehalten und daran gesaugt, oder nicht einmal wirklich gesaugt; dazu werden häufig Windeln und (später) Taschentücher verwendet, je nachdem, was sich bequem und wiederholt dazu anbietet;

3. oder das Kleinkind beginnt schon im Alter von wenigen Monaten, Fäden aus seiner Decke zu zupfen, die es sammelt und dann für das Streicheln benutzt; seltener wird die Wolle auch verschluckt, was sogar zu körperlichen Beschwerden führen kann;

4. oder die Mundbewegungen werden von ›Mum-mum‹-Lauten begleitet, von Lallen, analen Geräuschen, ersten musikalischen Tönen usw.

Es ist anzunehmen, daß Denken oder Phantasieren mit diesen funktionellen Erlebnissen in Beziehung gesetzt wird.

All dies bezeichne ich als *Übergangsphänomene*. Und es läßt sich auch (durch die Beobachtung jedes beliebigen Kleinkindes) feststellen, daß daraus Dinge oder Phänomene hervorgehen können, die für das Kind in der Zeit des Schlafengehens lebenswichtige Bedeutung erlangen und als Abwehr gegen Ängste, vor allem gegen depressive Ängste – verwendet werden, mag es sich dabei nun um eine Handvoll Wolle, den Zipfel der Decke oder des Kissens, um ein Wort, eine Melodie oder eine stereotype Geste handeln. Häufig gerät das Kind dabei an irgendeinen weichen oder andersartigen Gegenstand, den es dann benutzt; dieser wird dann ein sogenanntes *Übergangsobjekt* und bleibt für das Kind von Bedeutung. Die Eltern entdecken, wie wertvoll es für das Kind geworden ist, und nehmen es auf Reisen mit. Die Mutter läßt zu, daß es schmutzig wird und sogar zu stinken beginnt, denn sie weiß, daß sie mit einer Reinigung die Kontinuität der Erfahrung des Kindes unterbrechen und damit die Bedeutung und den Wert des Objektes für das Kind zerstören würde.

Ich schlage vor, die Zeit für das erste Auftreten von Übergangsphänomenen zwischen dem vierten und dem zwölften Lebensmonat anzusetzen, wobei ich den individuellen Verschiedenheiten absichtlich einen breiten Spielraum lasse.

Ein im Säuglingsalter entwickeltes Verhaltensmuster kann in der Kindheit hartnäckig festgehalten werden, so daß der ursprüngliche, weiche Gegenstand zur Schlafenszeit oder wenn das Kind allein ist oder traurig zu werden droht, absolut notwendig bleibt. Bei gesunden Kindern weitet sich das Interesse allerdings allmählich aus, und allmählich wird dieser erweiterte Bereich beibehalten, selbst wenn depressive Ängste auftauchen. Das Bedürfnis nach einem speziellen Gegenstand oder einem bestimmten Verhaltensmuster, das aus einer sehr frühen Entwicklungsphase stammt, kann in einem späteren

Alter wieder auftauchen, wenn sich das Kind vom Verlust eines Liebesobjektes bedroht fühlt« (WINNICOTT 1973, S. 12ff.).

Alles, was WINNICOTT über die Übergangsphänomene (lustvoll die das Körper-Ich repräsentierenden Hantierungen am eigenen Körper) und die Übergangsobjekte (den frühen Nicht-Ich-Besitz) ausführt, gehört in den Bereich der normalen kindlichen Entwicklung, ist also nichts Pathologisches. Mit der Vergegenständlichung des Ich, deren Ausgliederung aus der Mutter-Welt oder der Auseinandersetzung mit dem Mutter-Symbol (Übergangsobjekt) hat auch Sucht (und Perversion) zu tun. Insofern es hier um die Vergegenständlichung des Lust-Ich geht, erscheint die Sucht reifer, weltnaher als die Schizophrenie mit ihrer Auseinandersetzung mit bloß inneren Objekten. Aber der Süchtige und der Perverse sind im Materiellen steckengeblieben; sie haben den Symbolcharakter des Übergangsobjektes nicht begriffen.

Erst wenn wir so weit zurückgehen – zum daumen- oder deckenzipfellutschenden Kind –, bekommen wir Gelegenheit, die gesunde Wurzel der Suchterscheinungen zu verstehen: Das Kind, das den Daumen oder den Bettzipfel in den Mund nimmt, schafft sich selbst ein lustspendendes Objekt, das es immer zur Hand hat. Dieses »Immer-zur-Hand-Haben« spielt auch bei abhängigen Erwachsenen eine große Rolle: Die Zigarettenschachtel muß, in der Rock- oder Handtasche, jederzeit griffbereit oder, wie ich es bei angstneurotischen Patienten öfters erlebt habe, das Schächtelchen mit Valium muß ständig verfügbar sein. Es werden genaue Berechnungen angestellt: Wie lange braucht ein Valium, um zu wirken?

Der Daumen, der Bettzipfel helfen prompt und sofort, um die Schmerzen zu stillen. Sie machen das Kind bis zu einem gewissen Grade unabhängig von der Mutter. Mit dem Daumen im Mund kann das Baby eine Weile warten, bis das Fläschchen fertig ist, ohne in Verzweiflung zu geraten.

Das Übergangsobjekt hat nach WINNICOTTS Darstellung zwei Gesichter. Einerseits ist es eine echte materielle Befriedigung: Ich habe etwas im Mund, wenn ich an meinem Daumen lutsche. Aber es ist zugleich auch ein Symbol, etwas Stellvertretendes: der Bettzipfel stellvertretend für die Mutter, der Daumen stellvertretend für das eigene Ich. Das Kind lernt am Übergangsobjekt, die materielle Befriedigung durch eine symbolische, das heißt durch eine geistig-seelische Befriedigung zu ersetzen.

Wenden wir das auf die Suchtmittel der Großen an. Auch sie haben zunächst rein materiellen Charakter, sind ein materielles, dingliches Mittel, um sich gut zu fühlen, innere Spannungen und Erregungen abzubauen. Die Krankheit des Süchtigen besteht darin, daß er sein wirkliches Ich, sein schöpferisches Zentrum nicht fühlen kann ohne Zuhilfenahme materieller, biochemischer Manipulationen. Seine Krankheit besteht also nicht darin, daß er sich glücklich, rauschhaft, eins mit sich selbst und dem Kosmos fühlen will – das ist vielmehr das Gesunde, das wollen alle Menschen. Der Irrtum des Süchtigen besteht darin, daß man sich dieses Hochgefühl erschleichen, sozusagen auf kurzgeschlossenem biochemischem Wege ermöglichen könne. Weil dieses »wirkliche Ich«, nach dem alle Menschen suchen, eine geistig-seelische Größe ist, schlüpft es dem Süchtigen immer wieder durch die Maschen seiner listig aufgestellten chemischen Netze. Die Sucht ist in ihrem gesunden Kern eine *Suche*, die auf der Stufe des Übergangsobjekts steckengeblieben ist, die es nicht gelernt hat, Selbst-Symbole zu bilden.

Eine andere Motivations-Variante der Drogensucht ist schlichter; sie spielt besonders bei den alltäglichen Suchtmitteln Alkohol und Nikotin eine Rolle: sich betäuben, sich unempfindlich machen gegen seine Schmerzen.

In MARTIN WALSERS Novelle »Ein fliehendes Pferd« heißt es: »Helmut trank fünf Viertel ... Er spürte, wie er in einer schönen, düsteren Schwere versank« (WALSER 1977, S. 31).

Der Teufelskreis des »Trinkens, um zu vergessen«, ist besonders schön in SAINT-EXUPÉRYS »Kleinem Prinzen« beschrieben:

»›Was machst du da?‹ fragte er den Säufer, den er stumm vor einer Reihe leerer und einer Reihe voller Flaschen sitzend antraf.
›Ich trinke‹, antwortete der Säufer mit düsterer Miene.
›Warum trinkst du?‹ fragte ihn der kleine Prinz. ...
›Um zu vergessen, daß ich mich schäme‹, gestand der Säufer und senkte den Kopf.
›Weshalb schämst du dich?‹ fragte der kleine Prinz, der den Wunsch hatte, ihm zu helfen.
›Weil ich saufe!‹ endete der Säufer und verschloß sich endgültig in sein Schweigen« (SAINT-EXUPÉRY 1977, S. 33).

Suchtformen,
die nicht an chemische Substanzen gebunden sind

Im folgenden sollen zwei Spielarten süchtiger Verhaltensweisen vorgestellt werden, die sich nicht durch das Gebundensein an eine chemische Substanz auszeichnen.

Spielsucht

Die Frage, ob es eine Spielsucht gibt, ist in den letzten Jahren äußerst kontrovers diskutiert worden. LEMPP vertritt in diesem Kontext die Ansicht, daß es süchtiges Verhalten auch dann geben kann, wenn es nicht an einen bestimmten Stoff gebunden ist. Vor diesem Hintergrund zeigt er, durch welche individuellen und gesellschaftlichen Prozesse Spielsucht entsteht und verfestigt wird.

Im DSM III-R ist die Spielsucht inzwischen als psychiatrisch klassifizierbare Krankheit aufgenommen worden. Für das »pathologische Spielen« nennt das DSM III-R folgende Charakteristika:

»– Die chronische und fortschreitende Unfähigkeit, dem Impuls zum Glücksspiel zu widerstehen,
– ein Glücksspielverhalten, das die Erfüllung familiärer, persönlicher und beruflicher Aufgaben und Pflichten beeinträchtigt, schädigt oder zerstört,
– die Beschäftigung mit dem Glücksspiel und das dranghafte Streben danach verstärken sich in Streßphasen,
– Probleme, die aus dem Glücksspiel resultieren, führen zu einer Intensivierung des Spielverhaltens,
– hohe Verschuldung,
– Einstellung der Bezahlung von Schulden und anderer finanzieller Verpflichtungen,
– zerrüttete familiäre Beziehungen,
– Fehlzeiten am Arbeitsplatz,
– illegale Handlungen, die der Geldbeschaffung für das Glücksspiel dienen, als typische Folgeerscheinungen.
Im ICD-10 wird hervorgehoben, daß das Glücksspiel die Lebensführung der betroffenen Personen beherrscht und sie einen intensiven, kaum kontrollierbaren Spieldrang beschreiben« (MEYER u. BACHMANN 1993, S. 18f.).

LEMPP hat an einem Fallbeispiel aus seiner jugendpsychiatrischen Praxis gezeigt, unter welchen individuellen und gesellschaftlichen Bedingungen »Spielsucht« bei Jugendlichen zustande kommt.

»Vor einigen Monaten wurde mir ein knapp 18jähriger Junge vorgestellt, mit der Bitte um Beratung, weil der Junge Jan ständig Geldschwierigkeiten habe, andere Leute anpumpe oder auch Geld stehle. Der Junge hatte nach unauffälliger körperlicher Entwicklung von zu Hause aus die Grundschule besucht und dann mit einem jüngeren Bruder zusammen ein Internat. Jan wollte ins Hotelfach, scheiterte zunächst aus nicht ganz klaren Gründen in einer Hotelfachschule und begann dann eine Kochlehre in einem renommierten Speiselokal im Schwarzwald. Fachlich war der Lehrmeister mit ihm durchaus zufrieden und hielt auch noch zu ihm, als es zu Diebstählen und Unterschlagungen im Hause kam. Es stellte sich sehr schnell heraus, daß hinter den Geldschwierigkeiten und Diebstählen eine Spielleidenschaft stand. Jede freie Minute begab sich Jan in eine Spielhalle und stand stundenlang an den Flipperautomaten. Im übrigen gab es auch sonst Schwierigkeiten, weil Jan oft unpünktlich war, zu spät zum Dienst kam, sich selbst und jedem seiner Wünsche nachgab und sich trotz zweifellos guten Willens nicht an seine eigenen Versprechungen halten konnte. Die Problematik war dadurch verstärkt, daß er als Kochlehrling ungewöhnliche Freizeiten hatte, in denen er sich nicht an andere anschließen konnte, sondern auf sich selbst angewiesen war. Eine eigene Antriebslosigkeit und auch die Unfähigkeit, sich konstruktiver zu beschäftigen, ließen ihn immer wieder in die Spielhalle gehen. Es waren ihm verschiedene Angebote zu andersartiger Freizeitaktivität gemacht worden, er hatte jedoch nie durchgehalten. Jan war ein eher etwas retardierter aber freundlicher Junge, der gegenüber seinen eigenen Fehlern ziemlich resigniert wirkte und von seiner Spielleidenschaft so sprach, als sei dies etwas, was gar nicht von ihm komme, sondern das mit ihm geschehe. Zur Familiensituation ist noch nachzutragen, daß die Eltern sich drei Jahre vorher getrennt hatten, der Vater nun mit einer Lebensgefährtin zusammenlebte. Der Junge war beim Vater geblieben. Die Familiensituation war auch die Ursache für den Aufenthalt im Internat. Schon im Internat habe Jan das Rauchen angefangen und schon damals habe das Taschengeld nicht gereicht. Noch bevor in weiteren Terminen weitere Maßnahmen erörtert und getroffen werden konnten, teilte der Vater telefonisch mit, daß Jan nun doch aus der Lehrstelle geflogen sei, weil er erneut gestohlen habe.

Wir haben es hier mit einem nicht ganz altersentsprechend entwickelten Jungen aus gestörter Familie zu tun. Nach außen wurde zwar von dem energischen und als Werbekaufmann sehr aktiven Vater alles positiv dargestellt und auch in gewisser Weise in Ordnung gehalten. Im emotionalen Bereich war der Junge jedoch isoliert, von der leiblichen Mutter enttäuscht und noch ohne Bindung an die neue Lebensgefährtin des Vaters, der er zwar für das Instandhalten seiner Wäsche und die äußere Versorgung pflichtgemäß dankbar war, mit der ihn aber keine mütterliche Beziehung verband, die er als retardierter Jugendlicher, wohl auf Grund früherer Mangelerfahrungen, noch gebraucht habe.

Jan war weich, nicht nur gegen andere, sondern auch gegen sich selbst, voll guten Willens, aber der war schwach. Das ihm zur Verfügung stehende Geld reichte für seine Bedürfnisse nicht aus, zuerst für das Rauchen, später für das Flippern, was ihn schließlich dazu brachte, daß er im Hotel, in dem er arbeitete, Geld entwendete« (LEMPP 1987, S. 289).

LEMPP stellt den Jungen so dar, als ob er vor allem triebhaft ungehemmt seine Wünsche zu befriedigen und auf diese Weise seine emotionalen Defizite auszugleichen sucht. Er übersieht dabei, wie mir scheint, den sozusagen fetischistischen Charakter des Glücksspiels. In der Phantasie des Jungen wird das Spiel zu einem Wunder- und Zaubermittel, das ihn aus allen seinen Schwierigkeiten helfen soll. Das Dilemma ist nur, daß der Fetisch immer wieder versagt und der Punkt nie erreicht wird, an dem der Junge zur Ruhe kommen und sagen kann: »Jetzt hab' ich's.«

Eß- und Magersucht, Bulimie

Interessant sind unter den nicht auf Drogen bezogenen Süchten insbesondere die suchtartigen Störungen des Eßverhaltens: Eßsucht mit der Folge der Fettleibigkeit, Anorexie (Magersucht), Bulimie (Eß- und Brechsucht).

Die *Eßsucht* ist vielleicht die einzige wirkliche Sucht, die schon bei Kindern vor der Pubertät anzutreffen ist (ob es eine Fernseh-Sucht gibt, wäre noch zu erörtern). Die Mediziner machen gern die Morphologie des Fettgewebes sowie endokrinologische Faktoren für die übermäßige Gewichtszunahme bei Kindern verantwortlich. Psychische Faktoren werden vorwiegend lernpsychologisch interpretiert: Fettsucht entstehe »als Folge von Störungen des erlernten beziehungsweise anerzogenen Appetitverhaltens« (MAASER 1976, S. 2567). Die Therapie läuft dementsprechend auf Maßnahmen zur Gewichtsreduktion und Einübung einer Selbstkontrolle des Eßverhaltens hinaus.

Nun zeigt aber der umgekehrte Fall, die *Magersucht*, die erst von der beginnenden Pubertät an und ganz überwiegend bei Mädchen vorkommt, die Unzulänglichkeit dieser Gesichtspunkte. Hier ist mit dem Hinweis auf das sogenannte »erlernte Appetitverhalten« für das Verständnis nichts gewonnen. Denn diese Mädchen müssen sich oft gegen ein Überangebot an Nahrungsmitteln von seiten der Mütter wehren und verweigern gerade deshalb das Essen total bis zur lebensbedrohlichen Abmagerung. Darum verstärken auch die beliebten »Mastkuren« für anorektische Mädchen den Teufelskreis: Gewiß ist die Gewichtszunahme lebensnotwendig und muß gegebenenfalls mit drastischen Mitteln erzwungen werden – aber zugleich setzt sich die »Vergewaltigung durch Fütterung« fort, die das Mädchen aus seiner Familie nur allzu gut kennt.

Die bekannte Anorexie-Therapeutin HILDE BRUCH ist daher andere Wege gegangen. Sie sieht in der Anorexie nicht nur eine Störung des »Eßverhaltens«, sondern eine grundlegende Störung des Selbstwertgefühls, die es vor allem zu behandeln gilt.

»Durch meine Arbeit mit vielen Patientinnen ist mir nachdrücklich klar geworden, daß das ganze Leben einer Anorektikerin auf bestimmten falschen Vorstellungen beruht, die in der Therapie zutage gefördert und korrigiert werden müssen. Tief im Innern ist jede Anorektikerin davon überzeugt, daß sie im Grunde unzulänglich, schwach, mittelmäßig, minderwertig und für andere verächtlich ist. Sie lebt in einer Phantasiewelt und in der eingebildeten Realität, die sie glauben läßt, daß die Menschen um sie herum – ihre Familie, ihre Freunde und die Welt ganz allgemein – mit mißbilligenden Blicken auf sie herabschauen und jederzeit bereit sind, sie mit niederschmetternder Kritik einzudecken« (BRUCH 1992, S. 21).

Therapie soll die Patientinnen dabei unterstützen, »aus einem geschlossenen Kreis destruktiven Denkens, Erlebens und Verhaltens auszubrechen«, soll ihnen bei der Suche nach »Autonomie und selbstbestimmender Identität« helfen (ebd., S. 23), soll die »Person in der Patientin entdecken« (ebd., S. 28). BRUCH wendet sich gegen jede Therapie, die »aus einem Programm rigider Verhaltensmodifizierung zum Zwecke der Gewichtszunahme besteht« (ebd., S. 29).

Die Krankheit der Mädchen besteht nach ihrer Auffassung in der Übergefügigkeit. Sie bauen eine Fassade von Wohlverhalten auf, um ihren Eltern keinen Kummer machen zu müssen:

»Bei Annette war diese Haltung besonders ausgeprägt, und praktisch jede Erinnerung, die ihr in den Sinn kam, enthielt dieses Element. Auch heute noch sind ihre Gedanken und Pläne zutiefst von der Frage beeinflußt: ›Wie wird es sie berühren?‹ Bei anderen Aktivitäten, die ihre Eltern nicht betrafen, war sie im Innern von der Frage aufgestört, ob ihr Interesse daran wirklich echt sei oder nur eine Imitierung dessen, was andere taten.

Um ein Beispiel zu geben: Sie schloß sich einer Wandergruppe an und begann sich für das Beobachten von Vögeln zu interessieren. Sie schien großes Vergnügen daraus zu beziehen, doch zur gleichen Zeit empfand sie Zweifel daran, ob sie dies wirklich tun wollte und ob ihr Vergnügen tatsächlich echt sei. Sie war unsicher, ob sie es selbst als erfreuliche Tätigkeit ansah oder ob sie sich nur daran beteiligte, weil andere es taten. Mehrere Jahre später sprach sie von ihrer echten Freude am Vogelbeobachten; unabhängig vom Ursprung dieser Freude verspürte sie tiefes Interesse« (ebd., S. 35).

So erinnert BRUCH eine Patientin nach einiger Zeit der Behandlung an den ersten Eindruck, den sie von ihr gewann:

»›Sie waren nett und kooperativ, lächelten fortwährend und versprachen, Sie würden nichts unversucht lassen, um zuzunehmen, doch von den darunter liegenden Gefühlen der Verzweiflung kam nicht das Geringste zum Vorschein.‹ Sie erklärte, sie hätte unmöglich darüber sprechen können, weil es ihren Eltern Kummer bereitet hätte: ›Das war schon ein Elend, in dieser Weise gefangen zu sein und es nicht zu verstehen, nicht zu wissen, warum und wie. Ich sah keinen Weg, auf dem ich mich daraus hätte befreien können‹« (ebd., S. 34).

Eine Kinder- und Jugendlichentherapeutin berichtet von dem Wunschtraum magersüchtiger Mädchen, »leicht zu sein«, »fliegen zu können«. Eine ihrer Patientinnen formulierte das extrem: »Ich darf keinen Raum einnehmen. Ich muß abnehmen. Ich möchte mich in Luft auflösen« (ODERMATT 1989, S. 46).

Bulimie-Kranke stehen gewissermaßen zwischen den Fett- und den Magersüchtigen. Sie verspüren eine große Eßlust wie die Fettsüchtigen. Im Gegensatz zu vielen Eßsüchtigen im

Anfangsstadium der Krankheit leiden sie jedoch sehr unter der Gewichtszunahme und unter ihrem unförmig und unästhetisch werdenden Körper.

Ähnlich den Magersüchtigen haben Bulimie-Kranke oftmals das Ideal eines überaus schlanken Körpers und finden nur diesen schön – auch wenn er extrem schlank beziehungsweise abgemagert ist. Um diese Schlankheit zu erhalten, erbrechen sie regelmäßig nach der Befriedigung ihres Eßtriebes. Zuerst wird mit dem Finger nachgeholfen, später kommt der Reflex von selbst.

Viele der jungen Mädchen werden dadurch nicht extrem oder auffallend schlank. Sie haben lediglich eine gute Figur. Sie erbrechen heimlich und können ihre Krankheit daher sehr lange, oftmals länger als die Fett- und Magersüchtigen, vor den Mitmenschen verbergen. Mit der Zeit wird aber doch der Stoffwechsel erheblich in Mitleidenschaft gezogen: Es kommt beispielsweise zum Erbrechen von Gallenflüssigkeit. Diese greift die Zähne und den ganzen Mundraum an. Im extremen Fall können die Zähne ausfallen.

Ob die Bulimie eine Sucht sei, ist vor allem von HABERMAS und seinen Mitautoren (1987) erörtert worden. Sie beziehen sich auf das FENICHELsche Konzept der »Impulsneurosen«, zu denen dieser neben der Bulimie auch die Pyromanie und Kleptomanie sowie die Spielleidenschaft und die Süchte rechnet. HABERMAS und seine Mitautoren meinen, daß die Bulimie einerseits Parallelen, andererseits Unterschiede zu klassischen Suchtsyndromen wie dem chronischen Alkoholismus aufweise. FENICHEL und mit ihm die Arbeitsgruppe um HABERMAS greifen auf ein noch älteres, vor-psychoanalytisches Konzept von JANET zurück, welcher die Impulsneurose auf eine Weise charakterisiert, die gut auf die Bulimie zu passen scheint:

»1. Es besteht ein unwiderstehlicher Handlungsdrang (›Freßdruck‹),
2. die Handlung dient der Befindlichkeitsmanipulation, insbesondere der Selbststimulation in Zuständen innerer Leere und Hilflosigkeit (oder, wie für die Bulimie zu ergänzen wäre, der Abfuhr undifferenzierter Spannungszustände),
3. der Handlung folgen schwere Selbstvorwürfe und Reue,
4. die immer wieder den Vorsatz gebären, dem Impuls künftig zu widerstehen« (HABERMAS et al. 1987, S. 138).

Die Kennzeichnung der Bulimie als »Impulsneurose« ist von

REICH aufgenommen worden, der überdies darauf hinweist, daß in den Familien von Bulimiepatientinnen vielfach die Neigung zu Impulshandlungen in allen möglichen Varianten anzutreffen sei: »zu körperlicher Gewalt, zu Durchbrüchen von Jähzorn und zu Formen der Sucht, insbesondere Alkohol- und Tablettenabusus« (REICH 1992, S. 123). Problematisch ist allerdings bei HABERMAS und seinen Mitautoren, daß sie dem »Suchtpol« der Bulimie den »anorektischen Pol« mit einer ausgeprägten Autonomie-Thematik gegenüberstellen. Insofern erweisen sie sich als befangen in einem Suchtkonzept, das die Abhängigkeit von Bedürfnisbefriedigungen in den Vordergrund stellt, und übersehen die Funktion des Suchtmittelgebrauchs als einer Hilfskonstruktion, sozusagen einer »Autonomie-Krücke«.

Die Beschäftigung mit diesen nicht an einen Stoff gebundenen Süchten kann uns vor allem drei Erkenntnisse bringen:

1. Sie lehrt uns die Unzulänglichkeit einer rein verhaltensbezogenen Perspektive. Anorexie beruhe auf einer »erlernten« Störung des Eßverhaltens – das ist ein nahezu tautologischer und damit inhaltsleerer Satz. Einen Zugang zur Patientin gewinnt man erst, wenn man die Störung des Eßverhaltens einerseits im psychosozialen Kontext und andererseits im Zusammenhang der inneren Befindlichkeiten, Wünsche, Ängste und Phantasievorstellungen betrachtet. Darum ist die Anorexie ein besonders gutes Beispiel für die Unzulänglichkeit einer rein lernpsychologischen Perspektive und für die Notwendigkeit eines psychoanalytisch verstehenden Standpunktes.

2. Magersucht und Bulimie (Eß-Brech-Sucht) werden normalerweise nicht bei den Süchten behandelt, obwohl der deutsche Ausdruck dies nahelegt. Ich behandle sie in diesem Kontext, weil sie einen Aspekt suchtartiger Befriedigungssuche besonders klar erkennen lassen: deren sozusagen »fetischistischen« Charakter. Bei den klassischen Süchten (Drogen, Alkohol, Rauchen) kann einem dieser Punkt leicht entgehen, auch noch bei der zuvor behandelten Spielsucht. Die bei diesen Suchtarten mitgegebene Triebbefriedigungskomponente überdeckt das »fetischistische« Element. Sie läßt uns leicht übersehen, daß die Droge nicht in erster Linie ein Mittel zur »Triebbefriedigung«, sondern vielmehr ein »Zaubermittel zur Lebensbemeisterung« darstellt, mit dem der oder die Süchtige illusionärerweise hofft, seine beziehungsweise ihre Probleme aus der Welt zu schaffen.

Bei der Bulimie ist diese Triebbefriedigungskomponente durch eine gleichstarke, gegenläufig gerichtete Abwehr kompensiert, bei der Magersucht gibt es sie überhaupt nicht, nur das illusionär-destruktive Ziel: »Wenn ich leicht und immer leichter werde, dann werde ich schließlich den ›Glückszustand‹, den idealen Zustand erreichen« – und wenn dieser Zustand auch mit dem physischen Überleben unvereinbar ist.

3. »Das Leben, wie es uns auferlegt ist«, schreibt FREUD in seiner berühmten Abhandlung über das »Unbehagen in der Kultur«, »ist zu schwer für uns, es bringt uns zu viel Schmerzen, Enttäuschungen, unlösbare Aufgaben. Um es zu ertragen, können wir Linderungsmittel nicht entbehren (Es geht nicht ohne Hilfskonstruktionen, hat uns THEODOR FONTANE gesagt).« FREUD nennt drei solcher Hilfskonstruktionen: »mächtige Ablenkungen«, »Ersatzbefriedigungen« und »Rauschstoffe« (FREUD 1930, S. 432).

In diesem, von FREUD gemeinten Sinne habe ich das Suchtmittel (die psychoaktive Substanz ebenso wie die idealen Zielvorstellungen der nicht-materiellen Süchte, ebenso auch den »süchtigen« Gebrauch des Mitmenschen in der sexuellen Perversion) als Hilfskonstruktion dargestellt: als Fetisch, als »magische Prothese«, mit der wir uns die Illusion von Wohlbefinden und Unversehrtheit zu schaffen und die gefürchteten Vorstellungen von Tod und Vernichtung fernzuhalten suchen. Was in der Sucht »ge-sucht« wird, ist das jederzeit verfügbare Gefühl, lebendig, wertvoll, unversehrt, unbedroht, und in vielen Fällen auch das Gefühl, schöpferisch und Herr seiner selbst zu sein. Besonders letzteres ist der Grund dafür, daß gerade schöpferische Menschen – Künstler und Wissenschaftler – oftmals dem Gebrauch stimulierender Drogen verfallen sind. Viele schöpferische Menschen, Wissenschaftler und vor allem Künstler, sind in diesem Sinne ›süchtig‹, daß sie ihres wahren, ihres schöpferischen Ich nicht unter allen Umständen Herr sind, sondern nur mit Hilfe eines physischen oder mentalen Zaubermittels. Das scheint demnach die versteckte Wahrheit der Suchtmittel und Fetische zu sein, daß sie Vorgriffe auf das wahre Ich sind, Vorgriffe mit illegitimen Mitteln auf ein legitimes Ziel: das Ich in seine Herrenrechte einzusetzen (vgl. BITTNER 1977, S. 59f.).

Die hier entwickelten Betrachtungsperspektiven hat neuerdings MÖHL (1993) zum Ausgangspunkt einer tiefenpsychologisch-anthropologischen Interpretation des Phänomens der Sucht genommen: Er beschreibt einen Typus von Trunksüchtigen, den ein »hohes Maß an vegetativer Labilität, Erregbarkeit und Rastlosigkeit (möglicherweise praealkoholisch konstitutionell) auszeichnet, der von unbewußten oder bewußten Ängsten und Befürchtungen geplagt und von panikhafter Desintegration bedroht wird, der depressive Verstimmungen zeigt, sich selbst heftig ablehnt, sich ständig auf der Suche nach Objektsubstituten befindet und insgeheim als von seinen omnipotenten Größenideen besessen erscheint. In seinem Verhalten ist durchgehend ein unverkennbarer Zug zur Selbstbestrafung und Selbstzerstörung feststellbar« (MÖHL 1993, S. 62f.).

Dieser Typus Mensch, der von der Abwehr gegen frühe Todes- und Katastrophenerfahrungen geprägt ist, findet unter Umständen im Alkohol ein Mittel der Selbststabilisierung, das ihm hilft, seine narzißtische Wunde zu bedecken, sich als autonomes »gottähnliches« Subjekt zu fühlen. Diesem Gefühl, die Bewandtnisse seines Lebens mit Hilfe des Trinkens »beherrschen« zu können, verleiht ein von MÖHL zitierter Alkoholiker mit folgenden Worten Ausdruck:

»›Ich hatte schon lange vergessen, welch stiller Triumph sich mit der Wirkung der ersten Gläser einstellte, die ich als junger Mann vorsichtig getrunken hatte. Die Ängste und Hemmungen, die mich in allen möglichen Lebenssituationen unangenehm eingeschränkt hatten, mußte ich nun nicht mehr als schicksalhaft hinnehmen. Mit Hilfe des dosierten Rausches konnte ich mich so sicher fühlen, wie es auf Grund der Anforderungen notwendig erschien‹« (ebd., S. 182).

Zugleich klingt in den Analysen MÖHLs die gleiche Infragestellung allzu spezifischer Kausalzuschreibungen in bezug auf die Genese süchtigen Verhaltens an, die auch unsere Überlegungen leitet. Die von MÖHL herausgearbeitete »psychische Vulnerabilität« kann nicht der spezifische Grund für die Entstehung einer manifesten Sucht sein; sie kann – und soll! – nicht als »ätio-pathogenetisches spezifisches Diakritikum im Vergleich mit anderen Krankheitsentwicklungen fungieren« (ebd., S. 184), denn jede allzu spezifische Kausalzuschreibung verstellt notwendigerweise den Blick auf die letzten Endes unvorhersagbare Schicksals- und Krankheitswahl.

Perversion

Auf dem Gebiet des Sexuellen sind die Maßstäbe für gesund und krank, ebenso wie für gut und böse, heute ganz besonders unsicher. Wir haben lange Zeit erlebt, daß abweichendes sexuelles Verhalten unterdrückt und sogar gerichtlich bestraft wurde (z.B. die männliche Homosexualität, der Ehebruch, heute noch der Exhibitionismus). Wir sind also gebrannte Kinder und möchten die Frage von Normen, von normal oder abweichend, im sexuellen Bereich am liebsten ganz beiseite schieben, um nicht wieder in die alte Repressionsmoral zurückzufallen. Trotzdem bleibt die Frage: Gibt es Fehlentwicklungen, krankhafte Entwicklungen, Verhaltensstörungen auch im sexuellen Bereich?

In der Literatur werden drei Arten von Fehlentwicklungen unterschieden: die *sexuelle Hemmung,* die *Enthemmung* und die *Perversion.* Die *sexuelle Hemmung* ist in ihrem Krankheitswert am wenigsten problematisch. Wenn ein Mann mit einer Frau schlafen will und die Frau es auch möchte und die Umstände gegeben sind, sich aber trotzdem keine Erektion einstellt, oder es zu einem vorzeitigen Samenerguß kommt, und das ganze außerdem nicht nur einmal so abläuft, sondern immer wieder, so daß der Verkehr nicht stattfinden kann – wenn die Dinge so liegen, wird wohl jeder sagen, daß eine sexuelle Störung vorliegt: *Impotenz* oder, im zweiten Falle, *ejaculatio praecox.*

Ähnlich bei der Frau. Wenn sie sich eigentlich wünscht, mit einem Mann zusammen zu sein, sich aber dann, wenn es geschieht, beschmutzt fühlt, innerlich unbeteiligt ist und das Gefühl hat, daß sie gleich hingehen und sich waschen muß – wenn das so ist, werden wir wohl auch bei der Frau von einer sexuellen Hemmung, einer Störung in der Hingabefähigkeit, von *Frigidität* sprechen.

Alles das gilt, wie gesagt, nur dann, wenn die Beteiligten wirklich wollen und wenn die Umstände günstig sind. Es ist zum Beispiel nicht verwunderlich, daß, wenn ein junger Mann mit seiner Freundin schlafen will und nebenan das Schlafzimmer der Eltern des Mädchens ist, ihm da womöglich die Erektion ausbleibt. Das ist noch lange keine Impotenz. Ist die Fähigkeit zu befriedigendem sexuellen Verkehr jedoch dauerhaft gestört, werden wir wohl von einer Fehlentwicklung im Sinne einer Hemmung sprechen.

Wenig Probleme grundsätzlicher Art wirft auch die sexuelle Enthemmung auf. Schwierig wird die Abgrenzung, ob eine Fehlentwicklung vorliegt oder nicht, anderswo: Da ist einer, der will überhaupt nicht mit einer Frau schlafen, der will lieber mit einem anderen Mann Zärtlichkeiten austauschen und sexuelle Lust erleben: durch Streicheln, Küssen, wechselseitiges Reizen am Glied bis zum Samenerguß oder beim Analverkehr. Ist das »normal« oder ist es abartig, krankhaft? Oder einer, der nur zum Orgasmus kommt, wenn er geschlagen wird und sich dabei mit der Hand selbst befriedigt, ein *Masochist* also. Wenn er das will, wenn ihm das Lust bringt – warum soll er es nicht tun, warum soll das eine sexuelle Störung sein?

Mit dieser zweiten Gruppe von Störungen im sexuellen Bereich, den *Perversionen*, sollen sich die folgenden Überlegungen beschäftigen. In diesem Zusammenhang wird auch aufzuweisen sein, wo sich die Perversion an die Sucht anschließt und warum sie systematisch an diese Stelle gehört.

Als normal gilt die sexuelle Anziehung zwischen Personen verschiedenen Geschlechts, die über Vorlust-Reize wie Streicheln, Küssen, Betasten bis zur sexuellen Vereinigung, der Einführung des männlichen Gliedes in die Scheide der Frau, mit Samenentleerung und Orgasmus führen. Von diesem normalen Schema gibt es Abweichungen verschiedenster Art, die FREUD in seinen »Drei Abhandlungen zur Sexualtheorie« (1905) erstmals übersichtlich dargestellt und gegliedert hat. Er unterscheidet:

Abweichungen in bezug auf das *Sexualobjekt*:

   a) männliche und weibliche Homosexualität,

   b) Kinder und Tiere als Sexualobjekt (heute könnten wir noch hinzufügen: leblose Bilder als Sexualobjekte: Porno-Bilder, aufblasbare Puppen – oder der neueste Hit: Computer-Sex!).

Abweichungen in bezug auf das *Sexualziel*:

   a) Mundverkehr (dieses Beispiel zeigt, wie sehr die Anschauungen über normale beziehungsweise abweichende sexuelle Verhaltensweisen zeit- und kulturabhängig sind. Heute würde man kaum noch auf den Gedanken kommen, den Mundverkehr zu den Perversionen zu rechnen),

   b) Fetischismus,

   c) Voyeurtum – Exhibitionismus,

   d) Sadismus, Masochismus.

FREUD verfolgte mit seiner Aufzählung und Gruppierung einen

ganz bestimmten Zweck. Er wollte zeigen, daß diese Perversionen gar nicht so pervers sind, daß es sich bei ihnen um nichts anderes als um einseitige Akzentuierungen von Elementen handelt, die auch in der normalen Sexualität enthalten sind. Er wollte beweisen, daß der Sexualtrieb nichts Einheitliches darstellt, sondern aus vielen Teiltrieben zusammengesetzt ist: einem Trieb, sich eines Objektes zu bemächtigen, Schmerz zuzufügen, einem Trieb zu beschauen, einem Freß- und Saugtrieb, einem narzißtischen Trieb, der im Partner sein eigenes Spiegelbild erkennen möchte. Wenn sich aber einer dieser Teiltriebe verselbständigt und dominant wird, dann entsteht Perversion.

Das war ein genialer Wurf. Ob FREUDS Ansicht aber zutrifft, hängt von der Gültigkeit der Hypothese von den Teiltrieben ab. Ich glaube im Gegensatz zu FREUD, daß diese »Teiltriebe« keine psychischen »Letztheiten«, sondern Gestaltungen des Grund-Ich und seiner verborgenen Intentionalität sind (BITTNER 1988a). Die Frage lautet dann: Was bringt die Psyche dazu, ihr Lustverlangen gerade in dieser Weise zu organisieren?

Zunächst einmal natürlich die äußere Not. Wenn kein geeigneter Sexualpartner da ist, nimmt man sich einen ungeeigneten oder greift zu einer ungeeigneten Form der Befriedigung. *Verkehr mit Tieren beispielsweise gibt es nur als sexuelle Nothilfe.* Auch sexueller Mißbrauch von Kindern, Homosexualität (Gefängnisse!), Exhibitionismus und Voyeurtum sind vielfach durch sexuelle Entbehrung bedingt.

Von einer Perversion sprechen wir nur dann, wenn das abweichende sexuelle Verhalten überwiegend von innen her motiviert ist, das heißt bestehen bleibt, obwohl die äußeren Beschränkungen weggefallen sind, und wenn es regelmäßig auftritt, also mehr ist als nur eine Episode.

Perversion, pervers – das bedeutet wörtlich übersetzt »Verkehrung« oder »Verirrung«. Es liegt also ein starkes normatives Moment in diesem Ausdruck. Dieser Umstand hat zu vielfältigen Überlegungen, teils von seiten der betroffenen Personengruppen, teils auch von seiten der Psychiatrie geführt, den belasteten Begriff ganz zu eliminieren. Doch tritt das normative Element noch deutlicher in den Versuchen hervor, den Begriff der Perversion durch Umschreibungen wie »sexuelle Abweichung« oder »Deviation« zu ersetzen. SCHORSCH hält den Perversionsbegriff deshalb in der Psychiatrie letzten Endes doch für unentbehrlich, da mit ihm die Ebene der intrapsychischen

Syndrombildung gekennzeichnet wird und er sich nicht nur in einer bloßen Verhaltensbeschreibung erschöpft (vgl. SCHORSCH in BATTEGAY et al. 1992, S. 560).

Sexuelle Abweichungen im Jugendalter

Sexuelle Abweichungen, die bereits im Jugendalter eine praktisch bedeutsame Rolle spielen, sind der *Exhibitionismus* und *Voyeurismus* sowie die *Homosexualität*. Schließlich will ich ausführlicher auf einen Fall von *Fetischismus* bei einem Jugendlichen eingehen, der mir in der psychotherapeutischen Arbeit begegnete.

Exhibitionismus und Voyeurismus

Der *Exhibitionismus* ist eine psychopathologisch in verschiedener Hinsicht wichtige Störung oder Abweichung bei Männern verschiedenen Alters, vor allem bei Jugendlichen und älteren Männern. Als Exhibitionismus bezeichnet man das Zeigen des entblößten Gliedes in der Öffentlichkeit vor fremden Frauen, oft verbunden mit Selbstbefriedigung.

Von ähnlicher Art ist der *Voyeurismus*. Jemand schleicht sich an fremde Fenster und schaut in Zimmer, um etwas zu erspähen, oder treibt sich in Parkanlagen herum in der Hoffnung, etwas vom sexuellen Leben anderer beobachten zu können.

Der Exhibitionist kommt regelmäßig mit dem Strafgesetz in Konflikt (Exhibitionistische Handlungen § 183 StGB, Erregung öffentlichen Ärgernisses § 183a StGB), der Voyeur *kann* unter Umständen mit dem Strafgesetz in Konflikt geraten. Das ist das erste Problem. Exhibitionismus ist eine der wenigen Perversionen, die noch uneingeschränkt unter Strafe stehen, obwohl an dem krankhaften Charakter dieser Erscheinung kein Zweifel bestehen kann. Auf der anderen Seite kann die Strafandrohung nur schwer aufgehoben werden, weil ein Schutzbedürfnis für die belästigten Frauen besteht. Denn das ist der weitere psychopathologische Gesichtspunkt – wie die Frauen die Begegnung mit einem Exhibitionisten erleben. Besonders für sehr junge Mädchen von zehn bis zwölf Jahren sind solche Begegnungen doch ein schwerer Schock. In vielen psychotherapeutischen Behandlungen habe ich von Frauen die Begegnung mit Exhibitionisten als recht traumatische Erlebnisse schildern hören. Es ist erstaunlich, wie viele Frauen von solchen Begegnungen zu berichten wissen.

Meistens ist die Angst vor dem Exhibitionisten grundlos. Er ist gerade *kein* potentieller Sittlichkeitsverbrecher, wie dies nach dramatisierenden Zeitungsberichten scheinen könnte. Der Exhibitionist wird fast nie etwas anderes tun, als sich zu zeigen. Wenn eine Frau wider Erwarten auf ihn eingringe, würde er im allgemeinen weglaufen. Exhibitionisten sind ausgesprochen furchtsame und ängstliche Menschen, sehr schwer gehemmt, nicht selten *Schwachsinnige* (NISSEN 1976b, S. 204). Trotzdem ist es eben doch nicht ganz ausgeschlossen, daß der Exhibitionist in seltenen Fällen einmal gewalttätig wird. Außerdem ist der Schaden, der bei Mädchen in der Vorpubertät angerichtet wird, doch nicht ganz gering zu veranschlagen. Es ist also ein echtes Dilemma, wie sich die öffentliche Ordnung, das heißt die Polizei, jugendlichen Exhibitionisten gegenüber verhalten soll: Auf der einen Seite sind die Exhibitionisten ganz gewiß keine Sexualverbrecher und werden auch später keine, sind aber leider oft als solche angesehen; auf der andern Seite steht das berechtigte Schutzbedürfnis der Frauen in der Öffentlichkeit.

Oft macht der Richter bei jugendlichen Exhibitionisten von der im JGG vorgesehenen Möglichkeit Gebrauch, dem Jugendlichen aufzuerlegen, sich einer psychotherapeutischen Behandlung zu unterziehen. Das scheint auf den ersten Blick die beste Lösung, hat aber auch seine Schwierigkeiten. Der Jugendliche kommt nicht freiwillig zur Behandlung, sondern auf gerichtlichem Beschluß. Er rettet sich auf diese Weise vor einer Bestrafung, ist aber innerlich oft wenig motiviert mitzuarbeiten. Wenn der Jugendliche die Behandlung vorzeitig abbricht, also der Weisung des Gerichts nicht nachkommt, ist der Therapeut unter Umständen gehalten, dem Gericht Mitteilung zu machen; er wird also sozusagen zum Hilfsbeamten des Gerichts und kann damit kaum das Vertrauen des Jugendlichen gewinnen. Die Exhibitionisten sind also ein rechtes Kreuz, wie man es auch dreht und wendet.

RAUCHFLEISCH sieht die gerichtlichen Auflagen nicht so negativ. Er ist der Ansicht, daß diese Jugendlichen von außen her für eine Therapie motiviert werden müssen:

»Solche Patienten, wollten wir von ihnen im klassisch-psychoana-
lytischen Sinne echten Leidensdruck und eigene Motivation erwarten, wären dadurch bei weitem überfordert. Hier müssen wir das
therapeutische Vorgehen der Persönlichkeit unserer Patienten an-
passen und zum Teil für sie Entscheidungen treffen. Erst im Verlauf
einer Psychotherapie bzw. in einer ›prätherapeutischen‹ Phase …
kann es dann gelingen, die Ich-Anteile, die zu einem therapeutischen ›Bündnis‹ fähig sind, so weit zu stärken, daß sich der Patient
selbst für seine Behandlung entscheiden kann« (RAUCHFLEISCH 1981,
S. 118).

Homosexualität

Für die amerikanische Jugend hatte KINSEY seinerzeit erhoben,
daß mindestens 25 Prozent der Knaben bis zum 15. Lebensjahr
und 33 Prozent der Jugendlichen bis zum 20. Lebensjahr *homosexuelle* Erfahrungen aufzuweisen haben. Jugendliche mit
höherer Schulbildung haben mehr homosexuelle Erfahrungen.
Nur ein geringer Teil der Männer mit homosexuellen Erfahrungen bleibt dauernd und ausschließlich dem gleichgeschlechtlichen Triebziel verhaftet, nach KINSEY ungefähr 4 Prozent.
Neuere Untersuchungen bestätigen in etwa diese Zahlenwerte
(vgl. REINISCH 1990, S. 140).

Mit NISSEN (1976b, S. 198) unterscheiden wir homosexuelle
Entwicklungen und homosexuelle *Episoden*. Die Mehrzahl der
homosexuellen Vorfälle im Jugendalter bleiben Episoden. NISSEN
nennt drei Wege, wie Jugendliche in solche Aktivitäten hinein-
geraten:

a) als *Duldung* von homosexuellen Aktivitäten anderer, meist
stärkerer Kameraden in gleichgeschlechtlichen Gruppen (In-
ternate, Heime, Jugendgefängnisse);

b) als *Ersatzbefriedigung*, wenn aus äußeren oder inneren
Gründen kein Kontakt mit dem anderen Geschlecht möglich ist
– äußere Gründe liegen wiederum in der Kasernierung in
gleichgeschlechtlichen Gruppen, innere Gründe in Angst oder
Minderwertigkeitsgefühlen;

c) als *homosexuelle Partnerwahl* – zeitlich begrenzt als jugendliche Durchgangsphase aus inneren Gründen.

Gegenüber den homosexuellen Episoden treten die homosexuellen Entwicklungen zahlenmäßig weit zurück. Auch bei
diesen kann man zwischen gemischten (homosexuell und

heterosexuell) und ausschließlich homosexuellen Entwicklungen unterscheiden.

Zu den *homosexuellen Episoden* kann man etwa die sexuellen Erfahrungen von Jugendlichen in Haftanstalten zählen. In den 60er Jahren wurde in einer süddeutschen Strafanstalt eine Untersuchung durchgeführt, die sich die Lebenseinstellungen, die inneren Entwicklungen und das Hafterlebnis junger Gefangener zum Gegenstand nahm. Was dort zutage trat, war in jeder Hinsicht so schlimm und erschütternd, daß das Team, das die Untersuchung anstellte, zu dem Ergebnis kam, daß der Erziehungszweck des Jugendstrafvollzugs zumindest in dieser Anstalt reine Illusion sei. Bei der Erstellung des sexuellen Befundes sträubte sich dem Bearbeiter buchstäblich die Feder, das heißt die sexuellen Zustände, die vorgefunden wurden, sind in der Veröffentlichung von HOFMANN und seinen Mitarbeitern (1975) nur eingeschränkt und zensiert wiedergegeben.

Die Jugendlichen befinden sich zum Teil in Einzelzellen, ihnen ist nur Selbstbefriedigung möglich. Der größere Teil jedoch ist in Gemeinschaftszellen mit 10 oder 20 Jugendlichen untergebracht. Abends um 5 Uhr nach der Arbeit werden die Jugendlichen dort eingeschlossen. Was dann bis morgens um 6 Uhr los ist, weiß niemand in der Anstalt: ein System von sexuellem Terror, verbunden mit Tauschhandel und Erpressungen aller Art. Zwar hat sich auf Grund der Veröffentlichung von HOFMANN und dessen Arbeitsgruppe in der Zwischenzeit manches gebessert, doch das sexuelle Verhalten und die sexuelle Not der Jugendlichen stellt immer noch eins der gewichtigsten Probleme im Strafvollzug dar.

Einige Erfahrungsberichte junger Gefangener nach HOFMANN und seinen Mitautoren:

»Einer ›kam auf die Idee, jetzt machen wir ... Der Jüngste und Schwächste mußte es machen. Sie verhauten ihn, als er sich wehrte. Dann haben sie ihm einen runtergeholt. Da geilten sie sich auf oder machten es gegenseitig.‹

›Die Betten werden zusammengerückt, sie erzählen sich, sie schlagen Decken übereinander und langen sich gegenseitig ans Geschlechtsteil.‹ ...

›Einer kommt hinein auf den Saal, der so etwas wohl nie gehört hat. Alles steht um ihn herum, und sie fragen: ›Wäre der etwas für das Geschäft?‹ Man fragt: ›Was ist los?‹ Dann grinsen alle, dann wird es wieder übersprochen. Abends liegt man ins Bett. Wenn das Licht aus ist, dann hört man einen sagen: ›Du, schläft er schon?‹ Sie schauen nach, ob er schläft. Wenn man das noch hört, dann stellt man sich schlafend und wartet, was losgeht. Man atmet tief. ›Er schläft‹, heißt es dann. Dann hört man Bettengequietsch, Lachen; man denkt sich nicht viel, man denkt, die erzählen sich etwas. Einer sagt: ›Da habe ich nichts davon, du mußt schon raufkommen.‹ Dann überlegt man sich, was meint er damit. Man denkt, das ist unmöglich. Man hört, wie der Mann sich in das Bett schwingt. Man weiß noch nicht, was läuft. Immer wieder das Lachen, Tuscheln. Nach einer Weile hört man großes Schnaufen. Wenn man noch nie so etwas erlebt hat, dann ist es ein Schock. Ja, es ist tatsächlich, daß Kerle, mit denen man täglich verkehrt, miteinander im Bett liegen ...‹« (HOFMANN et al. 1975, S. 142f.).

Ein anderes Beispiel einer homosexuellen Episode ohne diesen Bezug auf eine äußere sexuelle Notlage:

Ich hatte vor einigen Jahren einen Patienten mit einer schweren Herzneurose in Behandlung, einen Gymnasiallehrer mit Musik im Hauptfach. Er konnte nirgends mehr hingehen, aus Angst vor einem Kollaps, bei dem er sterben könnte. Als Schüler hatte er sich in der Gymnasialoberstufe besonders eng an seinen Musiklehrer angeschlossen und war von diesem homosexuell verführt worden. Es kam nun zu einer Freundschaft zwischen den beiden, die mehrere Jahre andauerte, auch noch, als der Patient sein Studium aufnahm. Es war also nicht so, daß der Lehrer den Schüler nur mißbraucht hätte, es bestand eine beiderseitige Zuneigung. Allerdings lernte der Patient im Laufe seines Studiums ein Mädchen kennen, was zu Zerwürfnissen zwischen den Freunden und schließlich zur Trennung führte. Der Patient heiratete, zeugte drei Kinder, bekam aber nun eine ausgeprägte herzneurotische Störung, die ihn beinahe arbeitsunfähig machte. Der ältere Freund begann nach der Trennung zu trinken und konnte erst Jahre später durch eine Entziehungskur aufgefangen werden.

Es handelt sich bei beiden Männern, dem Schüler und dem Lehrer, um *homosexuelle Episoden*, nicht um kontinuierliche Entwicklungen. Der jüngere stellte es nachträglich so dar, als habe er die homosexuelle Annäherung nur geduldet. Aber das stimmt wohl nicht ganz; er war auch innerlich deutlich an den Freund gebunden.

Was sind die Gründe dafür, daß homosexuelle Episoden im Jugendalter relativ häufig sind, ohne daß eine dauernde homosexuelle Entwicklung daraus entsteht? Noch häufiger als ho-

mosexuelle sind übrigens *homoerotische Episoden*, also schwär-
merische Freundschaften oder Verehrungen für Personen des
gleichen Geschlechts – so häufig, daß man dies als eine normale
jugendliche Durchgangsstufe ansehen kann. Besonders oft sind
solche homoerotischen Bindungen bei Mädchen zu beobachten,
besonders im Verhältnis zu sympathischen jungen Lehrerinnen:
Die Mädchen interessieren sich für alles, was die Lehrerin tut,
wie sie sich kleidet, was für ein Parfüm sie verwendet, wie sie
sich kämmt und so weiter. Sie wollen am liebsten alles genau so
machen.

Eine derartige homosexuelle oder homoerotische Jugend-
liebe hat oft mit der Ich-Suche zu tun. Man liebt das, was so ist
wie man selbst oder was so ist, wie man gerne auch sein
möchte. Solche Elemente enthält auch die homosexuelle Episode meines vorhin erwähnten früheren Patienten. Er hat sich
nicht umsonst an seinen Musiklehrer angeschlossen, sondern
weil er doch selbst ein recht begabter Musiker war und ebenfalls Musiklehrer werden wollte.

Schließlich zeigt der Fall noch den inneren Zusammenhang
zwischen den verschiedenen Krankheitsbildern im Bereich der
»Grundstörung«. Der Lehrer fängt an zu trinken, er vertauscht
die homosexuelle Beziehung mit einer Sucht. Der Schüler wählt
sich eine normale, gesellschaftlich gebilligte Objektbeziehung,
aber seine Lebensangst bricht wieder auf und schafft eine
psychosomatische Störung, eine Herzneurose.

Fetischismus

Ein etwa 20jähriger Student bringt zur ersten Konsultation
seine Krankengeschichte bereits getippt mit, offenbar um der
Peinlichkeit des Erzählens enthoben zu sein. Seine Selbstdarstellung folgt im Wortlaut:

»*Lebenslauf* (1–13 Jahre): Da ein Leben zu großen Teilen von der
Kindheit und insbesondere vom Elternhaus geprägt wird, möchte
ich dieses Thema hier zuerst behandeln.

Ich stamme aus einer bürgerlichen Familie und habe immer in
›gesicherten‹ Verhältnissen gelebt. Mein Vater verstarb, als ich drei
Jahre alt war. Ich habe fast keine Erinnerungen an ihn. Geschwister
habe ich nicht. Außer meiner Mutter, die mich erzog, lebten im

Hause noch meine Großmutter und mein Großvater (mütterlicherseits). Auf deren Charaktere will ich nicht näher eingehen. Erwähnen möchte ich aber doch, daß ich vor meinem Großvater immer Angst, zumindest aber großen ›Respekt‹ hatte. Er neigte nämlich sehr zu Wutausbrüchen, und ich hatte das Gefühl, daß er meine Großmutter, eine stille, freundliche ›Oma‹, unterdrückte.

Meine Mutter war immer bemüht, mich gut und ohne Gewalt zu erziehen. Manchmal neigte jedoch auch sie zu Wutausbrüchen, und sie versetzte mir dann Ohrfeigen, die ich immer als sehr ungerechtfertigt empfand. Aber das kam – wie gesagt – nie häufig vor. Eine Änderung meines Verhältnisses zu meiner Mutter (das eigentlich immer recht gut war) stellte sich erst ein, als ich sie nicht mehr als asexuelles Wesen betrachtete.

Mit meinem 10/12 Lebensjahr hatte ich nämlich angefangen, mich im verschlossenen Raum allein zu waschen. Dieser Schritt war zunächst unbewußt. Später war es mir dann unmöglich, mich nackend vor meiner Mutter zu zeigen.

Ich glaubte nämlich von da an in einer Art Verfolgungswahn, daß meine Mutter an meinen Geschlechtsteilen Interesse finden könnte. Woher kommt diese seltsame Vorstellung?

Mit dem Anfang meiner Pubertät (12?) wurden wir in der Schule aufgeklärt. Meine Mutter versuchte diese Aufklärung mit eigenem Wissen zu Hause aufzuarbeiten. Sie wollte damit wirklich nur das Beste. Sie erreichte durch ihre Beschreibungen genau das Gegenteil. Ich höre sie gerade, wie sie mir den Samenerguß im Schlaf zu erklären versucht: ›Und dann kann es Dir mal passieren, daß Du einen ganz schrecklichen Traum hast und aus Deinem Glied – so wird Dein Pipi nämlich genannt – eine weiße Flüssigkeit kommt. Das ist aber kein Eiter und das macht auch nichts: Ich wasche das dann einfach aus‹ (Ende der Erklärung).

Worin liegt die Ursache für diese Beschreibung? Einfach darin, daß meine Mutter nie aufgeklärt worden ist. Daraus resultiert wahrscheinlich auch ihr verklemmtes Verhältnis zur Sexualität. Ich 12jähriger bemerkte jedenfalls erstaunt-befremdet, daß sie nach außen hin Sex-Magazine (Neue Revue usw.) ablehnte, im geheimen die nackten Gestalten aber sehr eingehend betrachte(te).

Bis auf den heutigen Tag habe ich übrigens meine Mutter noch nie völlig nackt gesehen.

Aus allen diesen Tatsachen läßt sich meine Taktik der ›Geheimhaltung‹ wohl verstehen.

Freunde: Die Schulzeit begann für mich sehr böse: Ich wurde nämlich gehänselt. Nicht nur durch Spott über meine abstehenden Ohren (verstehe ich heute gar nicht mehr!), sondern auch durch eine willkürliche Abänderung meines Familiennamens. Ich setzte mich aber nie zur Wehr. Einerseits waren wohl die Spötter auch stärker als ich, andererseits brachte ich es einfach nicht fertig, jemandem in ›blutigem Ernst‹ ins Gesicht zu schlagen oder dergleichen. Ich schloß mich in diesen Jahren an einen Schulkameraden an, der genauso schwach war wie ich und dem man immer ›Hosenscheißer‹ nachrief. Aber im Grunde blieb ich ein Einzelgänger.

Meine Liebe zur Tierwelt: Ein wichtiges Erlebnis in diesem Zusammenhang fand noch in meinem 9.(?) Lebensjahr statt. In jenem Jahr lud ein befreundetes Ehepaar mit gleichaltrigem Sohn meine Mutter und mich zu einer Fahrrad-Tour ein. Sie hatten von einem Geschäftsfreund eine ganz bestimmte Erlaubnis erhalten: Wir fuhren nämlich zu einem ca. 8 km entfernten Wald. In diesem Wald gab es eine Lichtung, auf der viele große und kleine Ponys herumlagen. Und jetzt durften wir beiden Söhnchen herumlaufen und auf allen Ponys reiten, die wir gerade sahen.

Der Beginn (13–18 Jahre): Im 14. Lebensjahr kam ich in ein Alter, in dem ich schon größere Freiheiten hatte. Ich hatte eine große Entdecker-Freude und machte große Fahrrad-Touren in die Umgebung unserer Stadt.

Eines Tages kam mir die Idee, jene Lichtung in dem Wald aufzusuchen, von der ich oben schon sprach, um mal wieder zu reiten. Als ich sie letztlich fand, sah ich alles verwahrlost. Von Ponys keine Spur. Auf dem Rückweg führte die Straße an einer durch Büsche umsäumten Wiese vorbei. Die nächsten Häuser hunderte von Metern entfernt. Hier sah ich im Vorbeifahren zwei Ponys stehen. Ich hielt an, und in einer unwahrscheinlichen Spannung und Aufregung beschloss ich, über den Zaun zu klettern und zu versuchen, auf den Ponys zu reiten. Das Pony ließ es auch zu, daß ich aufsaß. Dann jedoch trabte es an und lief in Richtung auf den durch Büsche nicht verborgenen Teil der Wiese zu. Ich klammerte mich oben fest, und dann plötzlich (aufgrund der Verbindung Freude – Spannung – Angst vorm Entdecktwerden?) fühlte ich meinen ersten Samenerguß.

Der Verlauf: In den nächsten Jahren bis zum heutigen Tag ritt ich dann auf allen Tieren, die eine ausreichende Größe hatten. Zu einem Orgasmus kam ich dabei wahrscheinlich aufgrund folgender ›Zutaten‹:

1) Es mußte eine spannende Atmosphäre sein. Die Gefahr, entdeckt zu werden, mußte in Reichweite sein.

2) Die Ponys sollten sich wehren oder unberitten sein und dann von mir bezwungen werden.

3) Überhaupt der Faktor ›Macht‹. Ich genoß es, ›meine‹ Ponys antreiben, stoppen oder wenden zu können. Ich wollte vollkommen über sie herrschen.

(Darauf deutet wohl auch das Reiten überhaupt hin?)

Drei Dinge waren bei meinen Unternehmen ausgeschlossen:

1) Ich habe niemals irgendwo eingebrochen, indem ich Schlösser aufbrach etc. (Sachbeschädigung).

2) Ich habe niemals ein Tier verletzt. Stets habe ich vor mir den Gedanken verdrängt, im Pony unter mir ein Lebewesen zu sehen. Es war für mich mehr eine Sex-Maschine. Von dem Moment an, an dem ich so etwas wie Zuneigung zu einem bestimmten Pony empfand, verging auch meine Lust. Aber ein Tier für meine Lust zu verletzen – das ist für mich unmöglich; ganz abgesehen davon, daß ich auch nie den Drang zu einer solchen Tat verspürte.

3) Mich fesselt am Tier auch nur der Rücken. Den Gedanken an einen Koitus (z.B. mit Affen, wie im Altertum) finde ich einfach widerlich.

Meine Mutter hat von meinen Unternehmungen natürlich etwas gemerkt. Sie fand nämlich Pferdehaare an meinen Hosen. Als sie mich dann zur Rede stellte und hörte, daß ich auf fremden Ponys ritt (vom Sexuellen sagte ich natürlich nichts), sagte sie: ›Das kannst Du doch nicht machen!‹ ... und nach zwei Tagen: ›Ich bezahle Dir jetzt ein paar Reitstunden.‹ Diese Zusage freute mich natürlich sehr, und ich übe dieses Hobby bis zum heutigen Tag mit großem Spaß aus. Ich empfinde beim Reiten im Sattel jedoch nichts Sexuelles, denn dazu brauche ich die direkte Verbindung zum Pferd. Ich muß auf dem bloßen Pferderücken sitzen und seine Wärme, seine Bewegungen spüren.

In den letzten Jahren entwickelte ich dann bemerkenswerte Fähigkeiten, Pferdehaare und dergleichen vor den Augen meiner Mutter zu verstecken.

Von den Besitzern der Ponys wurde ich bis jetzt nie überrascht.

Traum: (in diesem Kapitel werden Sie wieder einmal bemerken, wie peinlich mir das Thema insgesamt ist. Ich kann meine Empfindungen auch nur in ziemlich veralteten, umschreibenden Sätzen wiedergeben).

Ich möchte hier nämlich noch auf folgendes eingehen: Jeder ›normale‹ Mensch hat ja an sich die Möglichkeit zur Selbstbefriedigung. Außerdem erlebt jeder ›normale‹ Mensch ab und zu auch im Traum einen Orgasmus, indem er intensiv an eine Beischlaf-Situation denkt. Von mir jedoch muß ich sagen, daß ich durch ›mechanische‹ Bewegungen nicht zu einem Orgasmus kommen kann. Ich glaube bei den entsprechenden Handlungen muß man auch sehr fest an ein Zusammensein mit einem Mädchen denken.

Beziehungen zu Mädchen: Es ist eine Tatsache, daß ich bis zum heutigen Lebensjahr in meinen Beziehungen zu Mädchen immer hinter der ›Allgemeinheit‹ herhinke.«

Die sexuelle Abweichung dieses jungen Mannes könnte auf den ersten flüchtigen Blick als sexuelle Liebe zu einem Tier (also als Sodomie) erscheinen. Bei genauerer Betrachtung handelt es sich aber um eine Art *fetischistische* Konstellation: Das Pony ist nicht eigentlich Sexualobjekt, sondern wird analog zur weiblichen Wäsche beim Fetischisten verwendet: als Hilfsmittel, um durch Onanie zum Orgasmus zu kommen.

Sucht und Perversion

Im vorangegangenen Kapitel wurde definiert: Sucht ist das unstillbare Suchen nach Befriedigung, nach »innerem Frieden« – mit Hilfe eines chemischen Stoffes, wobei die Befriedigung letztlich nicht erreicht, der Konsum aber trotzdem und immer mehr gesteigert fortgesetzt wird, in der Hoffnung, das Glück doch noch einmal zu packen. Wird anstelle des »chemischen Stoffes« der »isolierte sexuelle Reiz« gesetzt, ergibt sich die Definition von Perversion. Diese ist das *unstillbare Suchen nach Befriedigung, nach »innerem Frieden« mit Hilfe eines isolierten und idealisierten sexuellen Reizes, wobei die Befriedigung letztlich nicht erreicht, der Konsum aber trotzdem zwanghaft fortgesetzt wird.* Anders ausgedrückt: Perversion ist eine Art von Sucht – nicht nach chemischen Stoffen, sondern nach sexuellen Reizkonstellationen, die zwanghaft aufgesucht werden. In der Perversion wird der Körper des anderen zum Suchtmittel.

Diese Definition, die sich in gewisse neuere Bestrebungen einfügt, Sucht nicht allein auf psychoaktive Substanzen zu beziehen (vgl. die Spielsucht), setzt ihren Akzent an anderer Stelle als die traditionellen psychiatrischen Definitionen (die neuere psychiatrische Nosologie hat den Begriff der Perversion überhaupt eliminiert, vgl. WITTCHEN et al. 1989, was aber auch nicht unbedenklich ist). Die älteren Auffassungen jedenfalls gehen von der sexuellen Vereinigung, dem Beischlaf zwischen zwei Personen verschiedenen Geschlechts, als der einzig normalen Form sexueller Befriedigung aus; andere Formen sexueller Befriedigung sind nur als Verlust, als Einleitung zum sexuellen Spiel normal. Wenn sie zum Selbstzweck werden, gehören sie in den Bereich der Perversion. Gegen eine solche Auffassung ist mit Recht eingewandt worden, daß hier ein rigider, ein sehr starrer Begriff von Normalität zugrunde gelegt wird, ja vielleicht sogar noch das alte moralische Prinzip zur Anwendung kommt, sexuelle Betätigung habe allein um der Zeugung von Kindern willen zu geschehen und alles, was diesem Zwecke nicht diene, sei pervers.

Nach der hier angegebenen Definition kann auch der Beischlaf pervers sein, wenn er nämlich suchtartig und als isolierte Reizkonstellation zwanghaft gesucht wird. Ich unterscheide also zwischen »normalem« und »perversem« Sexualverhalten nicht auf Grund des äußeren Verhaltens – also: Beischlaf mit einer Frau ist normal, wechselseitige Selbstbefriedigung mit einem anderen Mann zum Beispiel pervers –, sondern nach den Motiven, die dahinterstehen. Das scheint auf den ersten Blick liberaler als die alte psychiatrische Auffassung; ich fürchte aber, daß meine Abgrenzung faktisch fast auf das gleiche hinausläuft.

Von verschiedenen Seiten ist auf das Phänomen der Beziehungs-Sucht hingewiesen worden, so zum Beispiel von PEELE und BRODSKY in ihrem Buch »Love and Addiction« (1974). Ich folge einer Rezension, die seinerzeit im »Spiegel« erschien:

»Den Suchtbegriff, bislang nur konkret an Alkohol, Nikotin und Drogen orientiert, weiten Peele und Brodsky darin auf alle Phänomene aus, die auf irgendeine Art und Weise Sicherheit einflößen und scheinbar leicht zu überschauen sind. Erfolg im Beruf etwa kann demnach ›potentiell suchtfördernd‹ sein, aber auch eine andere sozial und institutionell genau definierte Rolle, wie zum Beispiel Mitgliedschaft bei den ›Jesus People‹ oder – vor allem – die Durchschnitts-Ehe.

Was nun die Rauschgiftsüchtigen angehe, urteilen Brodsky und Peele, so stellten die biochemisch ausgelösten Sicherheits-Gefühle, Halluzinationen und Traumversunkenheit, ›nur die halbe Story‹ dar. Der US-Forscher Louis Lasagna etwa wies nach, daß Heroin-Effekte auch durch harmlose Scheinmedikamente (Placebos) hervorgerufen werden können.

Den Ursprung von Sucht sehen die beiden Autoren in den gescheiterten Versuchen der Betroffenen, mit sich und der Außenwelt ins reine zu kommen. Um den dabei entstehenden Frustrationen zu entgehen, greifen die Süchtigen – die Ursachen ihrer Malaise verdrängend – zu immer stärkeren Drogen. Die Sucht ist da.

Bei Liebenden, die einen anderen als Droge Mensch gebrauchen, ist es nach Auffassung der Buchautoren ähnlich. Wie Heroin-Abhängige trachteten Liebes-Süchtige danach, einer problemvertrackten Umwelt zu entfliehen. Peele und Brodsky über die Sucht-Denkweise verunsicherter Männer: ›Der Rest der Welt mag kalt und furchtbar sein – ich aber habe meine Frau.‹

Für besonders wärmebedürftig und somit auch suchtanfällig halten die Partnerschaftsberater jene Paare, bei denen Passivität an die Stelle des Selbstwertgefühls getreten ist – ein Vorgang, der vor allem auf die Bewohner trister Schlafstädte zutreffe. Dort, wo zur äußeren auch die innere Leere kommt und wo der Gebrauch von Drogen nicht zum sozialen Habitus gehört, siedeln Peele und Brodsky jene Art von suchtmachender Liebe an, die auf der ›Selbstbestätigung durch emotionale Bindung‹ aufbaut.

›Kaum fähig, sich mit sich selbst und anderen ernsthaft zu beschäftigen‹, so malen Peele und Brodsky die nun folgende ›Flugbahn der Selbstzerstörung‹ aus, gerät den Liebes-Süchtigen die Beziehung selbst zum Größten. Interessen und Aktivitäten werden eingeschränkt. Der geliebte Partner wird zur eifersüchtig aufbewahrten Droge.

Zugleich, so folgern die beiden Sozialforscher, verstehe es der Liebes-Süchtige – analog zum Drogenabhängigen – nicht mehr, die Ursachen zu sehen, die den Gebrauch des anderen als Drogen-Substitut verursacht haben. ›Traumatisch wie der Heroin-Entzug‹ verlaufe denn auch das Ende einer Suchtbeziehung: ›Der Liebes-Süchtige macht alles, um doch noch einen Schuß vom Partner zu bekommen.‹

Von Sucht-Syndromen frei halten Peele und Brodsky allenfalls jene, die der ›reifen Liebe‹ (mature love) fähig sind – eine Art von Idealzustand, ›bei der die Liebe wechselseitig in das Leben beider Partner integriert wird‹« (Spiegel (38) 1974, S. 144f.).

Unter diesen, von Peele und Brodsky beschriebenen, gar nicht so seltenen Bedingungen also wird normale, heterosexuelle, genitale Beziehung pervers. Seelisch kränker als das, was hier geschildert wird, kann auch eine sadomasochistische oder homosexuelle Beziehung nicht sein – und das obwohl diese Süchtigen sicher ein ganz normales Sexualleben führen.

Also könnte man einwenden, es sei doch letzten Endes gleichgültig, ob einer heterosexuell oder homosexuell, fetischistisch, exhibitionistisch oder sonstwie zu seiner Befriedigung kommt. Ich möchte das verneinen und mich dabei auf Erich Fromm berufen, der folgendes dargelegt hat: Es sei zwar richtig, daß der normale sexuelle Umgang von Männern und Frauen, wie er vieltausendfach gelebt werde, dem sogenannten perversen nicht viel voraus habe – auch hier herrschten die Herabwürdigung des anderen Menschen zu einer »Ware« und die gleichen Ausnutzungsverhältnisse vor. Im Unterschied zu perversen sexuellen Beziehungen berge die genitale Liebe zwischen Männern und Frauen jedoch wenigstens die Möglichkeit in sich, anders zu sein und den Besitz- und Sucht-Charakter zu überwinden, während den sogenannten perversen Formen der Sexualbetätigung der Weg zur reifen Liebe schon im Ansatz versperrt sei (vgl. FROMM 1956). Für die meisten Perversionen leuchtet das unmittelbar ein. Niemand kann sich einen Exhibitionisten, der im Gebüsch sitzt und sich selbst befriedigt, während eine Frau vorbeigeht, oder einen Fetischisten, der Büstenhalter sammelt, oder einen Masochisten, der geprügelt werden will, als einen liebenden Menschen vorstellen. Das bedeutet keineswegs, daß man Menschen, die so etwas tun, verachten oder gar – wie beim Exhibitionisten – gerichtlich bestrafen sollte. Nur sollte man nicht aus falsch verstandener Liberalität sagen, diese Art sexueller Befriedigung sei genauso »gut« wie die normale.

Etwas anders verhält es sich mit der Homosexualität. Es gibt homosexuelle Freundespaare – in beiden Geschlechtern –, die vieles miteinander teilen: miteinander wohnen, miteinander reden, gleiche Interessen verfolgen und unter anderem auch noch sexuell und zärtlich miteinander umgehen. Sollten da nicht doch andere Gesichtspunkte zur Beurteilung maßgeblich sein?

Gewiß gibt es homosexuelle Freundschaften, die ein sehr hohes Niveau an persönlicher Differenziertheit erreichen. Obligatorisch ist an dieser Stelle der Hinweis auf die Knabenliebe der alten Griechen; auch die homosexuellen Neigungen vieler großer Künstler müssen erwähnt werden. Trotzdem gilt der Satz FROMMs auch für die Homosexualität: Sie kommt aus dem Zirkel des Süchtigseins, sie kommt über die besitzergreifende, den anderen zur Ware machende Pseudo-Liebe nicht hinaus. Eine homosexuelle *Liebe* im vollen Sinne des Wortes, die nicht nur das Eigene sucht, sondern auch den anderen gelten läßt, ist auf homosexueller Basis nicht möglich beziehungsweise schwer vorstellbar.

Liebe zeigt sich darin, wie sie mit Trennung und Leid, mit Schuld und Krankheit fertig wird – ob die beiden angeblich Liebenden bereit sind, auch Krisen miteinander durchzustehen. Man hört gelegentlich von heterosexuellen Paaren, die miteinander Verbrechen begangen haben, die zu langjährigen

Gefängnisstrafen verurteilt wurden und deren Liebe dennoch die ganze Zeit überdauert hat. Von homosexuellen Paaren habe ich so etwas noch nicht gehört. Man muß homosexuelle Freundschaften wohl eher als »Schönwetter-Freundschaften« ansehen, die ernstlichen Belastungen kaum standhalten, weil letztlich doch immer nur die eigene Lust gesucht wird; und wenn der Partner nicht mehr lustspendend ist, verliert man schnell das Interesse an ihm.

Es gibt neuerdings eine Erfahrung, die gegen meine Auffassung spricht: die menschliche Solidarität von Homosexuellen angesichts der Aids-Krankheit, die oft dahin führt, daß eben auch an Aids erkrankte Freunde und Partner nicht fallengelassen, sondern mitgetragen und versorgt und bis zum Tode gepflegt werden. Das hatte ich so nicht erwartet, und so muß ich gestehen, daß ich in der Beurteilung der Homosexualität unsicher geworden bin. Für mich selbst lehne ich sie als Beziehungsform ab. Sie indessen allgemein unter die defizienten sexuellen Beziehungsformen zu rechnen, das wage ich nicht mehr zu behaupten. Ich muß es offen lassen.

Sucht und Perversion sind für die Psychologie der Neurosen und seelischen Fehlentwicklungen von großem theoretischen Interesse. Der Süchtige wie der Perverse sind in der Lage, ein »Übergangsobjekt« (WINNICOTT 1973) zu bilden und zur notdürftigen Kompensation der »Grundstörung« zu benützen. Der Fixierungspunkt für Sucht und Perversion wäre, der Analyse WINNICOTTS folgend, etwa in der zweiten Hälfte des ersten Lebensjahres anzusetzen.

Eine naheliegende Folgerung, die WINNICOTT meines Wissens nicht ausdrücklich gezogen hat, könnte darin liegen, die verschiedenen Formen pathologischen Fetisch-Gebrauchs (BITTNER 1977) mit dem Konzept des »Übergangsobjekts« in Verbindung zu bringen. In einer früheren Erörterung habe ich den offenkundig »fetischistischen« Charakter von Sucht und Perversion als das grundlegende gemeinsame Strukturprinzip herausgearbeitet, das zwar an und für sich jeder psychischen Erkrankung inhärent ist und dem wir später bei der Erörterung der Phobie ausdrücklich wieder begegnen werden, das aber bei Sucht und Perversion sozusagen in »reiner«, noch nicht durch andere Strukturelemente überlagerter Form in Erscheinung tritt.

Der Ausdruck Fetisch hat zunächst nichts mit Requisiten der

sexuellen Praxis zu tun, sondern bezeichnet einen magischen Gegenstand im Sinne primitiver religiöser Kulte, »Tiere oder unbeseelte Wesen, ... die vergöttlicht werden, ... Orakel, Amulette, schützende Talismane« (PONTALIS 1972, S. 189). Diese Fetische scheinen nun, wie HEGEL sagt, im Sinne einer Selbständigkeit des Nicht-Ich »gegen die Willkür des Individuums aufzutreten«. Doch ist »diese Gegenständlichkeit nichts anderes ... als die zur Selbstanschauung sich bringende individuelle Willkür, so bleibt diese auch Meister ihres Bildes« (HEGEL 1840, S. 123). In entsprechendem Sinne wird später für MARX die Ware zum Fetisch: Die Menschen haben gleichsam vergessen, daß sie selbst es waren, die die Waren als Arbeitsprodukte hergestellt haben, die ihnen nun quasi objektiv »die gesellschaftlichen Charaktere ihrer eigenen Arbeit ... als gesellschaftliche Natureigenschaften dieser Dinge« zurückspiegeln (vgl. MARX 1929, S. 50f.).

Erst viel später wurde der Ausdruck »Fetischismus« als Bezeichnung einer sexuellen Perversion geprägt, und die ursprüngliche Bedeutung des Wortes Fetisch (= Zauberding) geriet in der Psychopathologie nahezu in Vergessenheit.

Was leistet der Fetisch in der sexuellen Pathologie? »Er bleibt das Zeichen des Triumphes über die Kastrationsdrohung und der Schutz gegen sie, er erspart es dem Fetischisten auch, ein Homosexueller zu werden, indem er dem Weib jenen Charakter verleiht, durch den es als Sexualobjekt erträglich wird« (FREUD 1927, S. 313f.). Das heißt mit anderen Worten: Der Fetisch ist eine Hilfskonstruktion, ein magisches Mittel, mit dem Angst und Erregung in Grenzen gehalten, beherrscht oder manipuliert werden können. Der Fetisch kann als eine Art »magische Prothese« bezeichnet werden, die dem Liebesobjekt appliziert wird, eine Penis-Prothese sozusagen, welche dem Fetischisten die Auseinandersetzung mit seinen Kastrationsängsten erspart und damit – dies wird bei FREUD nicht eigens hervorgehoben – seine Fiktion des Heil- und Unverwundbarseins, sein narzißtisches Ideal der Gottgleichheit bestärkt.

Der unmittelbarste »magische« Zugriff auf den »inneren Menschen« erfolgt in der Sucht, die man deshalb auch als die Urneurose bezeichnen könnte:

»Es ist mir die Einsicht aufgegangen«, schreibt FREUD schon früh (22. 12. 1897) in einem Brief an FLIESS, »daß die Masturbation die einzige große Gewohnheit, die ›Ursucht‹ ist, als deren Ersatz und Ablösung erst die anderen Süchte nach Alkohol, Morphin, Tabak etc. ins Leben treten« (FREUD 1986, S. 312f.).

Nun gibt es zwei Wege, wie das Bewußtsein diese Macht über den inneren Kosmos ausüben und sich »Wohlbefinden zaubern« kann: Der eine Zugriff erfolgt unmittelbar auf das Körperliche und manipuliert von daher das Befinden. Dies ist der Weg, der in den verschiedenen Formen der Sucht beschritten wird. Der andere Zugriff auf den inneren Kosmos, die »Körperseele«, bedient sich »mentaler«, symbolischer Mittel. Dies ist die fetischistische Lösung des Problems der inneren Allmacht. Suchtmittel und Fetisch sind daher psychisch äquivalent, die Grenzen zwischen beiden fließend: Da man selbst nach Placebos süchtig werden kann, steckt auch im Wirkungsmechanismus der Sucht eine mentale Komponente (vgl. BITTNER 1977, S. 55ff.).

Sucht und Perversion zeigen den reinen Fall einer »fetischistischen« Neurose. Das Suchtobjekt, sei es ein chemischer Stoff oder ein idealisiertes Verhaltensmuster, wird zum »Zauberding«, mit dessen Hilfe der Betroffene das Ausgeliefertsein an das Trauma überwinden, sich Wohlbefinden und die Illusion von Autonomie »herbeizaubern« kann.

Daher kann die »normale« Sexualbetätigung ebenso wie die Religion, wie der Warenkonsum und wie überhaupt alles im Leben »fetischistisch« verwendet werden. Daher ist die Fetischbildung zuallerletzt erst ein Kapitel der sexuellen Pathologie. In erster Linie gehört sie in die Pathologie des menschlichen Ich (vgl. ebd., S. 57).

Diese Interpretation setzt allerdings voraus, daß die triebpsychologische Ableitung der Perversion (wie auch die der Sucht) aus den von FREUD postulierten sexuellen »Partialtrieben« aufgegeben wird. Die Sucht ohnehin, aber auch die Homosexualität ist nur zum geringsten Teil eine Angelegenheit von Biologie und Triebpsychologie. Sucht und Perversion wären, wie die Sexualität überhaupt (vgl. BITTNER 1982b; SCHMIDT 1982), unter der hier entwickelten Perspektive vor allem als Ich-Leistungen, als Versuche der Lebensbewältigung zu begreifen. Viele der moderneren psychoanalytischen Interpretationen folgen dieser Linie, wie etwa die von KOHUT (1979, S. 116f.) und vor allem von MORGENTHALER (1974), der ganz im Sinne unserer Sichtweise die Perversion mit der Bildung einer »Plombe« zum ich-schützenden Verschluß eines »Loches« in der psychischen Struktur vergleicht.

Auch wenn das Konzept »Perversion« unentbehrlich ist und ungeachtet aller Liberalisierung der sexuellen Anschauungen nicht aufgegeben werden sollte, zeigt sich doch, daß normale und perverse Sexualität nur um Haaresbreite voneinander getrennt sind, daß die Fetischisierung bestimmter Aspekte des Sexuellen, die wir als Wesensmerkmal der Perversion bestimmten, für sexuelles Erleben überhaupt charakteristisch ist. Um damit noch einmal auf FREUDS Gedanken zurückzukommen, die eigentliche Ursucht sei die Onanie: Das ursprüngliche und ureigentliche Suchtobjekt ist der Phallus. Dieser ist ein eifersüchtiger Gott und mag keine fremden Götter neben sich dulden. Womit wir, von einer anderen als der traditionell moralischen oder triebpsychologischen Ebene aus, wieder am Punkt FREUDS angelangt wären: Alles, was den Primat des Genitalen, das heißt den Primat von Phallus und Vagina, in Frage stellt und außer Kraft setzen will, gilt als »pervers«. Phallus und Vagina bleiben die einzig legitimen sexuellen »Fetische«.

IV. Pathologische Selbstbehauptung

Gewalt, Psychopathie und Delinquenz

Zur Einführung in die Thematik soll ein Zeitungsbericht aus der Würzburger Tageszeitung »Main-Post« über die Verhandlung eines Falles von Brandstiftung vor dem Jugendschöffengericht vorangestellt werden.

»Das Jugendschöffengericht gab sich redlich Mühe, hinter die Motive einer Brandstiftung zu kommen, die ein auf der Anklagebank sitzender Heranwachsender (18) aus dem Landkreis im Gehöft der eigenen Mutter gelegt hatte. Das einzige, was einigermaßen bedeutsam zu sein schien, waren die Worte des Angeklagten: ›Ich wollte nur mal sehen, was geschieht!‹

Er hatte gleich am Anfang des Jahres versucht, mit mehr oder minder tauglichen Mitteln wie durch Abstellen einer brennenden Weihnachtskerze auf dem Boden eines Schuppens des mütterlichen Anwesens den Brand zu entfachen. Und das nicht weniger als dreimal. Beim vierten Male, am 2. Januar, hatte er durch geschickteres Anbringen der Kerze Erfolg: Der Schuppen brannte nieder, der Gesamtschaden wurde mit 7000 DM angegeben.

Der Angeklagte, selbst Mitglied der Feuerwehr, wurde vom medizinischen Sachverständigen als kontaktarme, verschlossene Persönlichkeit von normaler Intelligenz beurteilt. Ein verständliches Motiv für die Tat habe ihm der Angeklagte auch nicht nennen können. Es sei aber durchaus möglich, meinte der Sachverständige weiter, daß die Motivation in einem seelischen Tief oder in dem Bedürfnis liegen könne, auf sich aufmerksam zu machen. Von Geisteskrankheit oder erheblich verminderter Zurechnungsfähigkeit im Sinne des Paragraphen 21 Strafgesetzbuch könne nicht die Rede sein.

Das Gericht traf folgende Entscheidung: Ob eine Jugendstrafe verhängt wird oder nicht, hängt von einer zweijährigen Bewährungszeit ab. Der Heranwachsende wird einem Bewährungshelfer unterstellt und muß sich einer nervenärztlichen Behandlung unterziehen. Außerdem hat er 300 DM Geldbuße in monatlichen Raten zu zahlen.«

An dieser Geschichte ist eigentlich nur das Urteil erfreulich: Schuldspruch ohne Strafausspruch, Unterstellung unter einen Bewährungshelfer, eine kleine Geldbuße, nervenärztliche Behandlung. Das ist in der Tendenz erfreulich, denn es zeigt, daß das Gericht letzten Endes doch zu der Einsicht gekommen ist, es hier nicht mit einem Kriminellen, sondern mit einem seelisch kranken Jugendlichen zu tun zu haben.

Dieser Bericht soll dazu dienen, an eine gerade für Sozial- und Sonderpädagogen wichtige Frage heranzuführen: Kann die psychische Hintergrundsdynamik von delinquentem Verhalten Jugendlicher nach den gleichen Prinzipien erfaßt werden wie die der bisher behandelten seelischen Fehlentwicklungen?

Sehen wir uns die Geschichte im einzelnen an. Der Junge hat einen Brand in der Scheune seiner Mutter gelegt, nach Weihnachten, mit einer Kerze vom Christbaum. Und er hat es nicht nur einmal versucht, sondern *drei- oder viermal.* – Ich frage mich: Wie war das denn im einzelnen? Ob die ersten drei Versuche entdeckt worden sind? Ob sich niemand bemüßigt fühlte, etwas zu unternehmen? Und vor allen Dingen: Was mag das für eine Familienatmosphäre sein, in der sich derartiges entwickelt? Womit mag die Mutter den Jungen so sehr gekränkt haben, daß er eine solch spektakuläre Rache nehmen will und der Mutter beinahe das Haus über dem Kopf anzündet? Ob es in dieser Familie wohl auch einen Vater gibt?

Ich unterstelle, daß es sich bei der Tat des Jungen um einen Akt der Rache an der Mutter handelt. Auch wenn der Junge selbst sagt: »Ich wollte nur mal sehen, was geschieht.« Wir müssen ein solches Rachemotiv annehmen einfach auf Grund der Überlegung, daß jede Tat, wird sie nicht gerade von einem Schwachsinnigen verübt, ein *zureichendes* Motiv, einen zureichenden Grund haben muß. Ich stelle mir vor, der Junge kommt aus einem katholischen Dorf, er hat von Kind auf gelernt, daß es schwerste Sünde ist, seine Eltern zu hassen, ihnen gar den Tod zu wünschen. Wie sollte sich dieser Junge zu einem Racheakt gegen die eigene Mutter bekennen – vor sich selbst und vor der Öffentlichkeit? Ist es dann nicht leichter zu sagen: »Ich wollte nur mal sehen, was geschieht«?

Natürlich ist auch diese Aussage noch interessant genug. Ich erinnere mich an zwei junge Männer, die vor einiger Zeit Steinbrocken von einer Autobahnbrücke auf die Dächer unten vorbeifahrender Autos warfen und dies später damit begründeten, daß ihnen so langweilig gewesen sei. Sie hätten einfach gewollt, daß irgend etwas passiert (vgl. dazu auch REMSCHMIDT 1993, S. A. 2544). Dieser »moralische Schwachsinn«, der kein Gefühl dafür hat, was er anrichtet, scheint auch bei dem Jungen in unserer Zeitungsmeldung mit im Spiel zu sein.

Noch ein weiterer Punkt ist von psychologischem Interesse: Der Junge ist bei der Feuerwehr. Immer wieder einmal lesen wir von Bränden, die Feuerwehrleute gelegt haben, oder von Polizisten, die sich als Einbrecher betätigten – von Menschen also, die gerade das Übel herbeiführen, das sie eigentlich verhindern und bekämpfen sollen. Es besteht eine Art geheimer Kongenialität zwischen Brandstifter und Brandbekämpfer – wer etwas bekämpft, besitzt eine heimliche Affinität zu dem, was er bekämpft. Am plausibelsten ist dies vielleicht beim Kriminalisten, der sich ja sehr genau in die Mentalität der Kriminellen hineinversetzen muß, um wirksam gegen sie vorgehen zu können.

Das Rachemotiv, der »moralische Schwachsinn« im Sinne der mangelnden Fähigkeit, die Folgen der eigenen Tat abzuschätzen, und vielleicht eine kindliche Freude am Zündeln, die ihn auch zur Feuerwehr geführt haben mag – diese drei Gründe scheinen als Motiv für die Tat nicht allzu weit hergeholt. Der Junge ist mit diesen Motivationen geradezu ein Musterbeispiel der im folgenden zu charakterisierenden »psychopathischen« Persönlichkeit.

Um so mehr erstaunt es mich, daß der ärztliche Gutachter von alledem nichts zu sagen weiß. Normale Intelligenz, kontaktarme Persönlichkeit – sehr viel mehr vermag er zur Persönlichkeit des Täters und dessen Tat nicht festzustellen. Obwohl ein Psychiater aber doch genau dafür eigentlich da sein sollte, daß er seinen Mitmenschen unverständliche Handlungen anderer erklärt. Er kann nicht erwarten, daß der Proband selbst die Erklärungen liefert, er, der Psychiater, muß dessen Verhalten und verbale Äußerungen interpretieren und bewerten. Mir scheint, daß der Sachverständige seiner Aufgabe, dem Gericht etwas zu erläutern, was der psychologische Laie nicht von sich aus versteht, nicht gerecht geworden ist. Es ist manchmal notwendig, zur Erklärung schwieriger Fälle tiefenpsychologische Interpretationen heranzuziehen, weil unsere Erklärungen im Banalen steckenbleiben, wenn wir uns lediglich an die offen zutage liegenden Fakten und verbalen Äußerungen halten.

Ich-Reife und seelische Störung

Rekapitulieren wir noch einmal den Grundgedanken, den »roten Faden«, dem diese Darstellung der seelischen Fehlentwicklungen folgt. Der Wurzelgrund jeder seelischen Störung, sagte ich, sei die Depression, die »narzißtische Wunde«, das Minderwertigkeitsgefühl, das Gefühl, nicht geliebt, mit seinem wirklichen Ich nicht angenommen worden zu sein. Weil das Kind auch in dieser Situation überleben will, »tarnt« es sich auf verschiedene Weise (vgl. BITTNER 1977). Es legt sich zum Beispiel ein falsches Ich zu, oder es legt ein Trostpflaster auf die narzißtische Wunde. Dieses Trostpflaster ist die manifeste seelische Störung. Das aber ist sehr wichtig, und deshalb wiederhole ich es immer wieder: Die manifeste seelische Störung ist bereits ein Heilungsversuch.

Nun ist es für die weitere Entwicklung von großer Bedeutung, in welchem Alter und in welcher inneren Verfassung das Kind war, als ihm die narzißtische Wunde beigebracht wurde. Denn je nach dem, wie stark seine Abwehrkräfte zum Zeitpunkt der Verwundung schon gewesen sind, wird auch der Selbstheilungsversuch, das Trostpflaster, so oder so aussehen. Wenn das Kind depressiv ist, hat es gar nicht viel unternommen, um die Wunde zu bedecken, es hat sozusagen nur eine dünne Mullbinde darübergelegt; man kann die Wunde immer noch durchscheinen sehen.

Das autistische oder schizophrene Kind hat sich ganz und gar aus dem Reich der Lebenden zurückgezogen, hat sich zum Trost eine Wahnwelt aufgebaut, lebt im Nirgendwo, im Wesenlosen, hat den Leib als eine »leere Festung« (BETTELHEIM 1977) zurückgelassen. Wir nehmen an, daß die Schädigung beim autistischen Kind die allerfrüheste ist, daß sie noch intrauterin oder bald nach der Geburt erfolgt sein muß.

Die Sucht und manche sexuellen Perversionen siedelten wir ihrem Ursprung nach in einer Phase an, in der das Kind bereits begann, sich von der Mutter zu lösen, die Mutter-Kind-Dyade (SPITZ 1969), die symbiotische Ureinheit mit der Mutter zu verlassen. Wir sahen, wie das Kind im Daumen, im Bettzipfel, im Schlaftier und so weiter Symbolvorläufer bildet: Den Daumen nimmt es stellvertretend für das eigene Ich, den Bettzipfel stellvertretend für die Mutter, die es zudeckt. WINNICOTT (1973) nannte dies »Übergangsobjekte«. Das Suchtobjekt oder Sexualobjekt ist für den Süchtigen beziehungsweise sexuell Süchtigen ebenfalls eine Art »Übergangsobjekt«. Er braucht den Stoff oder die sexuelle Reizkonstellation, um sein Ich daran zu fühlen, zu fühlen, daß es noch da und lebendig ist. Das Ich hat sich eine recht zerbrechliche, über einen Umweg führende Lösung geschaffen, um zu seiner Lebensfreude und Lust zu kommen: ein hochkompliziertes Trostpflaster.

»Heimweh und Verbrechen«

Es gibt noch eine weitere Art, wie Menschen mit dem Grundgefühl der Verlassenheit, des Nicht-geliebt-Seins umgehen, wie sie versuchen, sich daraus freizukämpfen. An zwei Beispielen möchte ich dies verdeutlichen. Das erste ist schon recht alt, es spielte sich Anfang dieses Jahrhunderts ab, so daß manche Details fremdartig erscheinen mögen. Doch es stammt von einem berühmten Mann, von KARL JASPERS, dem später bekannten Philosophen, der zuerst Medizin studierte. Er schrieb im Jahr 1908 eine medizinische Doktorarbeit über »Heimweh und Verbrechen«. Aus dieser ist das Beispiel entnommen, das gerade durch die Breite der Schilderung zeigt, wie sich aus dem persistierenden Heimweh mit geradezu unausweichlicher Folgerichtigkeit die dissoziale Tat entwickelt.

»Apollonia S. wurde 1892 als 3. Kind eines Steinhauers geboren. Sie hat 8 Geschwister von 1 1/2 bis zu 18 Jahren. Die Eltern leben in ärmlichsten Verhältnissen vom täglichen Verdienst. Der Vater soll zuweilen etwas trinken, die Mutter hat einmal einen Diebstahl begangen, doch läßt sich sonst Ungünstiges über beide nicht aussagen. Die Frau ist seit langem nicht unehrlich, der Mann nicht eigentlich trunksüchtig, sondern tut seine Pflicht. Die Erziehung der Kinder wird aber als eine mangelhafte bezeichnet. ...
Ihr Benehmen war immer schüchtern und zurückhaltend, bei Strafe war sie leicht beleidigt und trotzig, bei Tadel sehr empfindlich und länger als andere Kinder unzugänglich und unzufrieden. Von Eigensinn und Starrköpfigkeit sei aber nicht die Rede gewesen.
In den letzten Schuljahren besorgte sie die Wartung ihrer jünge-

ren Geschwister, die mit großer Liebe an ihr hingen. Zuletzt hat sie den Haushalt sozusagen allein geführt, da die Eltern meist beide auf Erwerb aus waren. Sie wird von Eltern und Angehörigen einstimmig als still und bescheiden, fleißig und artig bezeichnet, Neigung zu Lüge, Unehrlichkeit, zu Grausamkeit oder Quälereien ihrer Geschwister zeigte sie niemals« (JASPERS 1909, S. 45).

Die Vorgeschichte ist durchaus unauffällig – ein braves, schüchternes Mädchen aus ärmlichen Verhältnissen. Ebenso unscheinbar wie das Mädchen ist auch der Anlaß für die dramatische Wendung, die ihre Geschichte nehmen wird: Sie verläßt die Schule und kommt, gar nicht weit von zu Hause entfernt, als Kindermädchen in einen fremden Haushalt.

»Als Apollonia 14jährig die Schule verließ, zwangen sie die elenden häuslichen Verhältnisse, sogleich zu fremden Leuten in Dienst zu gehen. Sie ging gern und freute sich auf die Stellung. Die Eheleute Anton waren wohlhabende Leute, die sie gut behandelten. Kost und Unterkommen waren bedeutend besser, als sie es gewohnt war. Die drei Kinder waren freundlich und zutraulich zu ihr. Ihre Pflichten waren nicht größer als diejenigen, die schon seit Jahren auf ihr geruht hatten.

Trotz alledem hatte sie gleich vom ersten Tage an arges Heimweh, sie sehnte sich nach ihren Eltern und den ärmlichen Verhältnissen zurück. Als sie die Mutter, die sie gebracht hatte, verließ, brach sie in Tränen aus, und alle folgenden Tage sah man sie ihren Schmerz im Weinen stillen. Bald verlangte sie dringend nach Hause. Das Ehepaar, auf das sie einen guten Eindruck machte, tat alles, um ihr den Aufenthalt angenehm zu machen. Man sprach ihr gütlich zu, die Frau suchte sie mit Kuchen zu erfreuen, der Mann versprach ihr ein Paar Schuhe, wenn sie sich ordentlich führe. Doch auf jeden Zuspruch fing sie an zu weinen, oder sie änderte ihr Wesen nicht und gab keine Antwort.

Bald ließen ihre Leistungen nach. Sie vernachlässigte ihre Arbeit, kümmerte sich wenig um die Kinder, wurde mürrisch, unfreundlich und widerwillig. Zwar tat sie, was ihr aufgetragen war, manchmal mußte man es ihr mehrere Male sagen, niemals tat sie es freudig, und an der nötigen Genauigkeit ließ sie es fehlen. Für die Kinder hatte sie kein Interesse, spielte nicht mit ihnen, nie sah man sie im Verkehr mit ihnen lachen oder Scherze machen. Wenn sie unbeaufsichtigt war, blieb sie ganz untätig.

Ihr Appetit war gering; es kam zuweilen vor, wenn man zu Tische ging, daß sie weinend abseits stand und sich weigerte, etwas zu essen. Manchmal wurde sie dazu gebracht, sich zu setzen und etwas zu genießen. Vereinzelte Male hat sie gar nichts gegessen und aß erst, wenn die Frau ihr nachher etwas mitgab.

Sie besuchte während ihrer Dienstzeit die Fortbildungsschule. Hier fiel sie dem Lehrer nicht als trübsinnig oder unglücklich auf. Einer Mitschülerin erschien sie traurig, sie habe auch nach der Schule nicht die Gesellschaft der übrigen gesucht. Eine andere erklärt die Ap. für frech, sie habe viel gelacht und sie wegen eines Fehlers beim Schreiben geneckt.

Am ersten Sonntag (22. 4.) nach dem Diensteintritt (17. 4.) ging sie nach Hause. Als ihre Herrschaft ihr das gestattete, war sie sehr erfreut und lachte, was später kaum mehr vorgekommen ist. Als sie zu Hause ankam, war sie außerordentlich froh, sie küßte und herzte ihr jüngstes Brüderchen, dann fing sie an zu weinen, und als sie sich ausgeweint hatte, sagte sie, sie könne sich gar nicht eingewöhnen und bat die Mutter flehentlich, sie nicht wieder fortzuschicken. Diese schlug ihr den Wunsch sofort bestimmt ab, ebenso der Vater, und Ap., eingedenk der Schläge, die ihr Bruder Eugen erhalten hatte, als er mehrmals wegen Heimweh aus dem Dienste fortgelaufen war, fügte sich ins Unvermeidliche. Sie hörte auf zu weinen, ohne Abschied ging sie fort. Die Mutter begleitete sie noch ein Stück Wegs« (ebd., S. 45f.).

Und nun, mehr zufällig, schnappt sie etwas auf, was ihren Gedanken eine Richtung gibt und ihr einen Weg zur Befreiung aus ihrer verzweifelten Lage zu eröffnen scheint:

»Am Abend hörte sie von der Ehefrau Anton, daß in der Medizin für den kleinen Knaben Gift sei. Der Apotheker habe gesagt, man dürfe dem Kinde nicht mehr als einen Löffel geben, wenn es zwei Löffel bekäme, täte es nicht mehr aufstehen. Am nächsten Mittwoch (25. 4.) vormittags war die ganze Familie zum Streumachen auf dem Felde. Sie allein war zu Hause. Wieder ergriff sie heftiges Heimweh. Da kam ihr der Gedanke: Wenn ich dem A. jetzt mehr als 2 Löffel voll gebe, so stirbt er und ich darf wieder nach Hause gehen. Um dem Kinde keine Flecken ins Kleid zu machen, legte sie ihm Lumpen unter das Kinn und gab ihm dann mehrere Eßlöffel Arznei. Von verschütteter Flüssigkeit beschmutzte Tücher und die Flasche versteckte sie dann sorgfältig. Ihre Absicht, das Kind zu töten, schlug aber fehl. Die Arznei schadete offenbar nicht.

Die Dienstherrin hatte nun schon bemerkt, daß Ap. nach dem ersten Besuche zu Hause viel trauriger geworden war und sagte ihr deshalb, wenn sie sich nicht eingewöhnen könne, könne sie nach Hause gehen. Dasselbe wiederholte sie einige Tager später. Beide Male erhielt sie keine Antwort.

Am nächsten Sonntag (29. 4.) rief Ap. einen fremden Mann, der in der Richtung nach ihrem Heimatdorfe ging, an und bat ihn auszurichten, daß einer von ihren Eltern sie doch jeden Sonntag besuchen möchte. Am selben Tage kam ihre Schwester Tekla, eine Krankenpflegerin, zu ihr zu Besuch, redete ihr zu und tröstete sie, sie selbst habe auch früh fort müssen und jeder müsse sich an den Dienst gewöhnen. Nachher war Ap. entschieden munterer, doch das hielt nicht an.

Am nächsten Sonntag (6. 5.) wurde ihr Verlangen, nach Hause zu dürfen, abgeschlagen. Man bemerkte wohl, daß es ihr leid tat, doch blieb sie stumm und klagte nicht. Ihre Stimmung blieb fortgesetzt finster und traurig. Einmal bat sie, man möchte sie doch mit aufs Feld nehmen, zu Hause allein bekomme sie zuviel Heimweh.

Während sich nach außen in der nächsten Woche ihr Zustand eher besserte, tauchte, als nun die Sehnsucht nach Hause hoffnungslos wurde, wieder der Gedanke in ihr auf, sich des jüngsten Kindes zu entledigen um, auf diese Weise überflüssig geworden, nach Hause geschickt zu werden. In der Überzeugung, daß sie auch am nächsten Sonntag keinen Urlaub bekommen werde, beschloß sie am Samstag Abend, in der folgenden Nacht das Kind in den Fluß zu werfen, um so am Sonntag ungehindert nach Hause gehen zu können.

Mit diesem Gedanken ging sie um 1/2 9 Uhr ins Bett und schlief bald ein. Sie erwachte, als es schon hell wurde. Sofort erhob sie sich mit der Absicht, die Tat auszuführen, zog Unterrock, Kittel, Oberrock und Strümpfe an und schlich vorsichtig und leise die Stiege hinunter durch die Küche und die Kammer in das Schlafzimmer ihrer Herrschaft. Ohne diese zu wecken, hob sie den Knaben aus dem Kinderwagen und gelangte durch Kammer und Küche, durchs ›Ehrle‹, die Waschkammer, den Stall und die Futterkammer ins Freie. Alle Türen ließ sie offen, sie sagt, das Kind sei wach gewesen, habe die Augen offen gehabt und nicht geschrieen. Schnell lief sie mit ihm zum Fluß, über die Brücke aufs andere weniger steile Ufer und warf es dort ins Wasser. Ohne sich weiter umzusehen, eilte sie auf demselben Wege zurück, entkleidete sich und legte sich ins Bett« (ebd., S. 46f.).

JASPERS stellt fest, daß solche Heimwehverbrechen fast nur bei Mädchen vorkommen, vorzugsweise bei Kindern armer Eltern. Vor allem sei es für diese Mädchen charakteristisch, daß sie auf einer kindlichen Stufe des Seelenlebens steckengeblieben seien, was sich auch darin ausdrücke, daß trotz entsprechenden Alters die Periode oft noch nicht eingesetzt habe. Zur Erreichung von Lust- oder zur Vertreibung von Unlustgefühlen würden leicht impulsive Handlungen begangen, bei denen

»eine Unfähigkeit, den Erfolg zu übersehen, hervortritt« (ebd., S. 69).

Als zweites ein Gerichtsbericht, wie er fast jeden Tag in irgendeiner Zeitung gefunden werden kann, hier aus einer länger zurückliegenden Nummer der »Süddeutschen Zeitung«:

»Erstochen, weil sie ihn verlassen wollte.

Rolf N. hatte Johanna als geschiedene Frau mit einem Kind im Dezember 1966 zufällig in einem Lokal kennengelernt und sie vier Monate später geheiratet. Er ließ auf ihren Wunsch eine anatomische Eigenheit, die ihn bis dahin im Umgang mit Mädchen gehemmt hatte, beseitigen und fand danach bei ihr auch in sexueller Hinsicht das, was ihm bis dahin gefehlt hatte. Aber auch darüber hinaus verlief die Ehe anfangs so, ›wie ich es mir immer vorgestellt hatte‹. ...

Die ersten Schwierigkeiten traten auf, als er während der Rezession seine gutbezahlte Stellung wieder verlor und in einer anderen Firma viele Überstunden machen mußte, um den Einkommensverlust wenigstens in etwa auszugleichen. Die Frau schimpfte, daß sie allein zu Hause war, zumal er nach seinem Tagwerk noch zwei oder drei Biere trank, ehe er heimfuhr. N. räumte unumwunden ein, daß er auf ihre Vorwürfe aggressiv reagiert habe: ›Wir haben uns zwar meist relativ schnell wieder versöhnt, aber ich habe es versäumt, ein klärendes Gespräch zu führen.‹

Dieses Versäumnis führte dazu, daß es immer wieder einmal Streit gab, wobei der Angeklagte sich in drei Fällen zu Tätlichkeiten hinreißen ließ. Als sie darauf im August letzten Jahres für ein paar Tage verschwand, nahm er eine Überdosis Schlafmittel, wurde aber durch einen Zufall sehr schnell gefunden und ins Krankenhaus gebracht. Danach war er einige Zeit in nervenärztlicher Behandlung, ging dann aber nicht mehr hin, ›weil es soweit wieder geklappt hat‹.

In der vorletzten Woche vor der Tat nahm der Werkmeister wieder einmal einen Anlauf, die häusliche Harmonie zu fördern: Weil seine Frau inzwischen auch wieder arbeitete – in der gleichen Maschinenfirma in der Dachauer Straße wie er, aber in einer anderen Abteilung – suchte er sie zu Hause dadurch zu entlasten, daß er das Abendessen machte und die Wohnung in Schuß hielt. Um so mehr traf es ihn, als er am 29. Januar morgens zu ihr sagte, er würde nach der Arbeit noch zum Friseur gehen, und sie darauf erwiderte: ›Dann seh' ich dich heute ja sowieso nicht mehr.‹ ...

Das ärgerte ihn so sehr, daß er die ganze Woche über fast nichts mehr aß, aber am 31. Januar ›ziemlich versumpfte‹. Am nächsten Morgen war seine Frau schon weg, als er aufwachte. Er rief sie an, fragte, warum sie ihn nicht geweckt habe. Sie meinte, man könne am Abend darüber reden. Da aber ging er nicht heim, ›um einem Streit aus dem Weg zu gehen‹. Als er schließlich nach einem längeren Lokalbesuch nach Hause kam, fand er die Wohnung leer. ...

Der Angeklagte, der trotz aller Beruhigungsmittel seit Tagen nicht mehr richtig geschlafen hatte, fuhr – wie er sagte – nach der Einnahme von drei weiteren Schlaftabletten zu ihr in die Firma, ›weil ich's nicht mehr ausgehalten habe‹. Und dann kommt es innerhalb weniger Minuten zur Tragödie: Er bittet sie, sie solle heimkommen, sie lehnt ab. Sie geht kurz in einen anderen Raum, kommt zurück, erklärt ihm, daß sie nicht mehr zurückkehren wird. ›Da hab' ich auf einmal das Messer in der Hand gehabt und zugestochen.‹ Ob er sich nichts dabei gedacht habe, fragt der Vorsitzende. Die Antwort: ›Ich weiß es nicht, es muß in Sekundenbruchteilen vor sich gegangen sein. Ich hab sie auch nicht umfallen sehen, nur schreien gehört.‹«

In beiden Fällen ist ein großer Schmerz der Ausgangspunkt der Tat, ein Trennungsschmerz. In Apollonias Fall die Trennung von der vertrauten Umgebung, das Heimweh des Mädchens, im Falle des Rolf N. die Trennung von der geliebten Frau, die für den Mann offenbar »alles« bedeutete: Durch sie war er, zumindest was den sexuellen Bereich angeht, sozusagen erst zum Leben gekommen, und nun wollte sie ihn verlassen. Typisch ist der Gebrauch von Beruhigungsmitteln, um den Schmerz zu betäuben. Wir sehen in beiden Fällen, wie dem betreffenden Täter die narzißtische Wunde beigebracht wird beziehungsweise wieder aufreißt. Was tun die beiden, um der Verletzung Herr zu werden? Sie ziehen sich nicht ins Innere zurück wie der Schizophrene. Sie schaffen sich auch kein Übergangsobjekt oder symbolische Befriedigung wie der Süchtige und der Perverse (der Mann im zweiten Beispiel sucht zwar zeitweise Zuflucht bei einem Betäubungsmittel, doch hilft ihm dieser Ausweg nicht). Das Charakteristische ist, daß sie zu *Tätern* geworden sind, daß sie durch konkrete antisoziale Handlungen den zugefügten Schmerz ausgleichen wollen.

Sich durch antisoziales Verhalten für die Leiden rächen, die einem zugefügt worden sind – das ist das Charakteristikum der Psychopathie. Der Psychopath hat sich sozusagen geschworen, nichts mehr hinzunehmen im Leben, nachdem er als Kind so viel erdulden mußte, nur noch zu tun, wozu er Lust hat, und jede Kränkung brutal heimzuzahlen. »Macht kaputt, was euch kaputt macht!« oder »Willst du nicht mein Bruder sein, so schlag ich dir den Schädel ein!« – das sind echt psychopathische Sprüche.

Psychopathische Verhaltensweisen sind heute sehr verbreitet, auch unter sogenannten bürgerlich-zivilisierten Menschen. Das hat seinen Grund vor allem in der Auflösung der ethischen Normen und ihres verbindlichen Charakters. Früher, noch vor 50 Jahren, zu Zeiten FREUDS, hatten viele Menschen das Bedürfnis, besser zu scheinen, als sie tatsächlich waren. Davon bekamen sie eine Neurose, wie FREUD so schön sagt: »Alle, die edler sein wollen, als ihre Natur es ihnen erlaubt, verfallen der Neurose. Sie hätten sich wohler befunden, wenn es ihnen möglich gewesen wäre, schlechter zu sein.«

Heute gibt es eine große Zahl von sogenannten zivilisierten Menschen, die hemmungslos und ohne Rücksicht auf andere nur den eigenen Vorteil, nur die eigene Lust suchen und nicht einmal den äußeren Anschein von Anständigkeit wahren. Diese Leute bekommen zwar keine Neurose, aber sie verstärken den psychopathischen Charakter unserer Gesellschaft. Schon AUGUSTINUS sagte: »Was sind Staaten ohne Gerechtigkeit denn anderes als große Räuberbanden?« Und nochmals FREUD: »Wir erkranken an beidem: an zu viel und an zu wenig Moral.« Das Konzept *Psychopathie*, auf das ich hier zurückgreife, ist durch seine Vorgeschichte belastet. Im folgenden werde ich zwei psychoanalytisch fundierte Ansätze zur Erklärung von Delinquenz vorstellen, von denen der eine den Begriff der Psychopathie wegen eben dieser historischen Belastungen ablehnt, der andere ihn dennoch wegen seiner deskriptiven Aussagekraft weiter verwendet. RAUCHFLEISCH (1981) hat eine bis heute unübertroffene Monographie über die Psychopathologie der Dissozialität vom psychoanalytischen Standpunkt aus vorgelegt – allerdings behandelt er ganz überwiegend den erwachsenen Dissozialen, nicht die dissozialen Manifestationen im Kindes- und Jugendalter. Für eine psychoanalytische Würdigung dieser Erscheinungsbilder bleiben wir auf die klassischen Arbeiten von AICHHORN (1925) und REDL U. WINEMAN (1951, dt. 1979) sowie auf eine neuere Darstellung von BARBARA MUSS (1973) angewiesen.

»Dissozial«

RAUCHFLEISCH weist auf die Problematik des von SCHNEIDER (1923) geprägten Psychopathiebegriffs hin. Das Psychopathiekonzept ersetzt er durch eine psychodynamisch begründete Phänomenologie der dissozialen Persönlichkeit: Er nennt die Frustrationsintoleranz, den geringen Realitätsbezug, die Kontaktstörung, die Depressivität und die Über-Ich-Pathologie als deren wichtigste Charakteristiken (vgl. RAUCHFLEISCH 1981, S. 82ff.). Interessant ist im gegenwärtigen Zusammenhang vor allem die Erwähnung der Depression. RAUCHFLEISCH meint, dissoziale Persönlichkeiten seien hochgradig verletzbar, sie litten unter Gefühlen der Hilflosigkeit, Minderwertigkeit und Unfähigkeit (vgl. ebd., S. 102).

Die Entwicklung dissozialer Persönlichkeiten leitet er aus frühkindlichen Erfahrungen ab. Die Welt »erwies sich ihnen von frühester Kindheit an als unberechenbar, feindlich und angsterregend. Das Leben wurde für sie so zu einem ›Dschungelkampf, wo in jedem Augenblick die Gefahr besteht, daß hinter einem Busch oder Baum ein Feind hervorspringt‹, wie es ein jugendlicher Dissozialer einmal formulierte« (ebd., S. 144). Das Kind, das sich auf der Linie der Dissozialität entwickelt, lernt früh, sich dagegen zu stemmen. Das dissoziale Ich neigt dazu, Konflikte nicht zu internalisieren, sondern zu externalisieren, sie in (zumeist gesellschaftlich unerwünschten) Handlungen zu inszenieren (ebd., S. 164). Für viele dissoziale Persönlichkeiten ist die »kontraphobische Reaktion« (ebd., S. 167) charakteristisch, das heißt gerade dort, wo sie Angst haben, glauben sie es ihrer Ehre schuldig zu sein, den »starken Mann« zu spielen.

RAUCHFLEISCH hat in diesem Buch wie auch in weiteren Arbeiten recht konkrete Vorstellungen über die Besonderheiten des therapeutischen Umgangs mit dissozialen Persönlichkeiten entwickelt.

»Über eine längere Zeit hin muß der Therapeut bereit sein, für den Dissozialen Hilfs-Ich-Funktionen zu übernehmen und mitunter auch aktiv in die äußeren Lebensvollzüge des Patienten einzugreifen. Insbesondere ist es wichtig, dem Dissozialen immer von neuem aufzuzeigen, was ›auch hier‹ und ›hier wieder einmal‹ ... geschieht, um auf diese Weise seinem nur auf den Augenblick ausgerichteten, punktiformen Leben und Erleben entgegenzuwirken und ihn die ›Leitlinie‹ ... seines Lebens erkennen zu lassen. So kann ein solcher Patient allmählich ein Gefühl für sein historisches Gewordensein entwickeln und damit zu einer Stabilisierung seines Identitätsgefühls kommen« (RAUCHFLEISCH 1981, S. 127).

Die Überlegungen von RAUCHFLEISCH stehen mit der hier entwickelten Perspektive im Einklang: Das Grundgefühl des Dissozialen ist das der Hilflosigkeit, des beschädigten und verletzten Selbstwertes, das heißt die depressive Thematik. Aber anders als der klinisch Depressive setzt der Dissoziale auf Ich-Aktivität. Er hat zwar ein reiferes Ich als der Depressive oder der Süchtige, ist aber dennoch in vieler Hinsicht auf ein therapeutisches »Hilfs-Ich« angewiesen, das ihm hilft, seine kurzfristigen Handlungsperspektiven in langfristigere umzuwandeln.

Psychoanalytische Erfahrungen
mit dissozialen Kindern und Jugendlichen

AICHHORN (1925) war der erste, der vom psychoanalytischen Standpunkt aus beschrieb, daß die sogenannten »verwahrlosten« Jugendlichen, wenn sie stehlen oder Gewalttaten verüben und dann zur Fürsorgeerziehung kommen, nicht bloß asozial, sondern im Grunde antisozial eingestellt sind: Sie wollen Rache nehmen an der Gesellschaft, die sie benachteiligt und schlecht behandelt hat. FRITZ REDL prägte später das Wort von den »Kindern, die hassen« (REDL u. WINEMAN 1979). AICH-HORN sah die Erziehungsaufgabe in einer Versöhnung des Jugendlichen und der Gesellschaft. Es müsse an ihm gutgemacht werden, was zuvor versäumt wurde. Auch die eigene Schuld des Jugendlichen, seine kriminellen Taten, dürften nicht immer wieder aufgewärmt, sondern müßten vergeben und vergessen werden. Das nannte AICHHORN seine »Psychologie der Versöhnung« (vgl. BITTNER 1972, S. 161).

Heute haben wir besonderen Grund, uns mit der Psyche des antisozialen, psychopathischen Kindes und Jugendlichen gründlich zu beschäftigen. Zum einen, wie bereits gesagt, weil diese Störungen im Verhältnis zu den klassischen Neurosen im Zunehmen begriffen sind, und zum anderen auch, weil in der

Vergangenheit in der Behandlung dieser psychopathischen Kinder Fehler gemacht worden sind.

Die Psychoanalyse hatte sich vor allem mit den gehemmten, neurotischen Kindern beschäftigt und bei diesen viele therapeutische und pädagogische Erfolge erzielt. Vor den »enthemmten« dagegen, bei denen es galt, innere Kontrollen erst aufzubauen, zeigte sie sich etwas hilflos. Man verstand zuerst gar nicht richtig, was eigentlich im Seelenleben dieser Kinder vorging, die sich um nichts kümmerten, keine Regeln einhielten und nur ihre eigenen Bedürfnisse durchboxten.

Schwierig ist die Frage der Benennung dieses Persönlichkeitstyps. RAUCHFLEISCH hatte Bedenken gegen die Bezeichnung »Psychopath«, weil die von SCHNEIDER begründete Psychopathie-Lehre eine entsprechende Veranlagung annimmt und stark wertende Aussagen impliziert (vgl. SCHNEIDER 1923 bzw. 1943). In den sechziger Jahren erlebte der Ausdruck indessen eine Renaissance in der amerikanischen Psychiatrie als rein deskriptiver Terminus, ohne diese belastenden Konnotationen. Im Sinne dieses neueren amerikanischen Begriffsverständnisses wird er von MUSS (1973) verwendet. Und auch ich gebrauche den Ausdruck in dieser Bedeutung – nicht ohne Verständnis für die von RAUCHFLEISCH geäußerten Bedenken. Doch erlaubt es eine solche Verwendung des Begriffs unter anderem, eine Kontinuität zwischen den Anfängen der Verhaltensgestörtenpädagogik zum Beispiel bei TRÜPER (vgl. GÖPPEL 1989, S. 141ff.) und der psychoanalytischen Pädagogik herzustellen.

Praktisch ist das Verständnis der dissozialen, »psychopathischen« Persönlichkeit von großer Bedeutung, weil ein großer Teil der Kinder, die sich in Heimen oder anderweitig in öffentlicher Erziehung befinden, zu diesem Typus gehören. MUSS hat in Erziehungsheimen Material gesammelt und pädagogische Maßnahmen aufgewiesen, die für diesen Persönlichkeitstyp geeignet sind. Sie stellte fest, daß die herkömmlichen Behandlungsverfahren (Kinderanalyse, Spieltherapie) bei psychopathischen Kindern oft geradezu katastrophale Auswirkungen haben. Diese erleben eine freundliche Beziehung zu einem Erwachsenen zuerst als Schock, weil etwas Derartiges in ihrem Lebensplan nicht vorgesehen ist, und verstärken ihr antisoziales Verhalten in ungeahntem Ausmaß.

Ich erinnere mich in diesem Zusammenhang an eine Klasse verhaltensgestörter, psychopathischer Kinder, die ihrer Lehrerin eines Morgens sagten: »Du kannst heute machen, was du willst, wir machen dir alles kaputt.«

Muss erklärt ein solches Verhalten übereinstimmend mit der gängigen psychoanalytischen Theorie dahingehend, daß die Kinder ein zu schwaches Ich hätten, um ihre Triebimpulse zu steuern. Daher müßten bei ihnen die pädagogischen Maßnahmen ich-stärkend sein und das gewohnte Lebensfeld des Kindes einschließen, sie dürften nicht in der künstlichen Situation einer Psychotherapie stattfinden: »Will man diesen Kindern helfen, dann kann man das nur erreichen, wenn man im täglichen Zusammenleben mit ihnen, in allen Situationen, in denen ihre Konflikte aufbrechen, versucht, therapeutisch auf sie einzuwirken. Mit Gesprächen, die sich unmittelbar an ein noch erinnerbares Ereignis anschließen ... Daher muß das Milieu so beschaffen sein, daß es den Kindern hilft, erst einmal ihre grundlegende Ich-Schwäche ... zu überwinden« (Muss 1973, S. 113). Auf die Problematik der Annahme einer Ich-Schwäche bei delinquenten Kindern und Jugendlichen komme ich später zurück.

»4. 9. 1969. Mittagessen: Christian hat ›Tischdienst‹ und fragt wieder mal, welche Teller er decken soll. Ich sage ihm, er könne nachsehen, was es zu essen gibt. Er fragt daraufhin die Erzieherin, Fräulein A., die sowieso schon ziemlich gereizt ist; es kommt zum Disput. Sie: Ob er vielleicht meine, Töpfe? Christian holt daraufhin sämtliche Töpfe und Pfannen, Kochlöffel und anderes Küchengerät; die Kinder fangen an, darauf rumzudonnern, die Situation droht immer mehr zu eskalieren. Fräulein E. kommt hinzu, beruhigt, gibt den Einsatz für ein ›rhythmisches Konzert‹, was die Kinder begeistert mitmachen. Nach etwa fünf Minuten bricht sie ab. Die Töpfe werden langsam wieder in die Küche gebracht, jedes Kind holt sich selbst seinen Teller. ...

30. 9. 1969. Christian ist zwar glücklich, daß ›seine‹ Erzieherin (E.) wieder da ist (sie war längere Zeit krank), seine ambivalenten Gefühle kommen – als Folge ihres Wegbleibens – aber darin zum Ausdruck, daß er plötzlich bei ihrer Geburtstagsfeier nicht dabei sein, ihr lieber einen Brief schreiben will. (Auch im Brief spiegelt sich seine Ambivalenz, er ist an die ›liebe eh böse E.‹ gerichtet.) Er kommt dann aber doch, hat ihr ein Geschenk gebastelt, auf das er sehr stolz ist. Niemand soll es sehen. Bei den Spielen macht er zunächst mit, drängt sich sogar vor. Die Kinder spielen ein Wettspiel, bei dem der

Hauptspieler seinen Nachfolger wählen muß. Christian wird nicht gleich gewählt (die Erzieherin wollte ihn nicht wählen, um die Ausnahmestellung nicht zu sehr zu betonen). Als auch Karin (für die die größeren Jungen, da sie noch neu ist, sich alle sehr interessieren – Christian schreibt ihr Liebesbriefe) ihn nicht beachtet, läuft er aus dem Zimmer, tobt auf dem Flur und in seinem Zimmer. Ich bitte, ihn zu lassen, weil ich hoffe, daß er sich wieder beruhigt. Er kommt auch nach einiger Zeit wieder. Statt ihn nun sofort in das Spiel einzubeziehen – wie er es offenbar erwartet –, wird er wieder ›zurückgesetzt‹. Das ist endgültig zuviel für ihn, er rennt in den Garten und wirft von draußen Sand und Steine gegen die Fensterscheiben. Die Gruppe gerät völlig durcheinander« (Muss 1973, S. 118f.).

Es ist deutlich zu erkennen, wie charakteristisch diese Kinder auf Kränkungen reagieren. Wenn die Erzieherin Christian auf seine Frage hin, was er decken solle, in gereiztem Ton die Gegenfrage stellt, ob er vielleicht Töpfe zu decken gedenke – dann gibt er sich patzig und deckt eben Töpfe. Und wenn die geliebte Karin ihn nicht beachtet, rennt er raus und schmeißt Sand ans Fenster. Ein autistisches Kind würde vielleicht erstarren, wenn es nicht bekommt, was es will, oder es würde in einen totalen Erregungszustand geraten – es würde sich aber nie zu so gezielten Handlungen aufraffen wie Christian. Die Episode mit den Töpfen hat ja etwas gekonnt Witziges: Töpfe, sagst du? Also hole ich eben Töpfe. Wir sehen, das psychopathische Kind kann seine Handlungen organisieren, kann gezielt etwas von seinem Standpunkt aus Zweckmäßiges tun – nur daß sein Standpunkt oft mit dem der Erwachsenen nicht in Übereinstimmung zu bringen ist. Aus der Fähigkeit zu zielgerichtetem Handeln schließen wir, daß das Ich des psychopathischen Kindes irgendwie »reifer« sein muß als das des psychotischen.

Treffend charakterisiert Muss den typischen Familienhintergrund psychopathischer Kinder:

»Die Persönlichkeitsstrukturen der Eltern von aggressiven, psychopathischen Kindern werden in der Regel mit Kategorien beschrieben wie: unzufrieden, streitsüchtig, wenig rücksichtsvoll, unbeherrscht, sprunghaft wechselnde Einstellungen; die Elternbeziehungen werden als offen aggressiv oder feindselig indifferent bezeichnet. Die Mutter ist ihrem Kind gegenüber häufig ablehnend (infolge einer projektiven Identifikation mit negativen Aspekten der eigenen Persönlichkeit ...); sie kann aber auch depressiv sein, eine inkonsistent sanktionierende bzw. impulsiv agierende oder vernachlässigend indifferente Haltung zeigen. Der Vater dagegen ist oft überhaupt an der Familie desinteressiert und/oder unkontrolliert aggressiv. Die Persönlichkeitsstrukturen der Eltern weisen oft darum so erhebliche Defizite auf, weil sie selbst nicht die ödipale Stufe der Entwicklung erreicht haben, so daß Ich- und Überichentwicklung unvollständig, ihre Rollenkonzepte sehr unreif sind. Sie neigen zur Projektion, wobei die Beziehungen zu den Kindern – infolge der selbst in früher Kindheit erfahrenen Deprivationen – stark mit Aggressionen durchsetzt sind. Nicht selten überschütten die Mütter ihre Kinder mit Liebe, um sie kurz darauf wieder zu vernachlässigen. Hinzu kommt, vor allem in den Slums, für das Kleinkind ein Erlebnis totalen Verlassenseins, wenn ein neugeborenes Geschwister es aus seiner bisherigen Rolle verdrängt und der Mutter wieder die Chance zur Befriedigung ihrer infantilen emotionalen Bedürfnisse bietet. Es wird dann zum ›toddler‹, angewiesen auf die anderen Geschwister und die Gruppe der gleichaltrigen Kinder ... Das ganze Rollen- und Interaktionssystem ist völlig unausgeglichen, die Eltern erwarten von ihren Kindern Befriedigung ihrer eigenen kindlichen Liebesbedürfnisse, lassen sich von ihnen ausbeuten, beuten sie selbst wieder emotional aus und reagieren mit Wut und Depressionen, wenn sie die Liebe, die sie sich erhoffen, nicht finden. Insgesamt ist das familiäre Interaktionssystem weniger geprägt durch die Anwendung unbewußter Konfliktlösungsstrategien als vielmehr durch dauernde direkte Störungen des Gleichgewichts infolge unverhüllter, individuell allerdings zwanghaft ausgetragener Konflikte« (MUSS 1973, S. 75f.).

MUSS sieht die für psychopathische Kinder geeignete pädagogische Methode in einer Art »Hürdenhilfe«, das heißt einer kurzfristigen Unterstützung bei der Bewältigung von Aufgaben, einem Eingreifen durch Erklären oder durch direkten Appell, wenn eine momentane positive Beziehung zum Kind hergestellt ist.

»26. 9. 1969. Manfred beginnt während der ›Mittagsruhe‹ (Aufgaben zu machen, weigert er sich), angeheizt durch die Gruppenatmosphäre, Wutanfall zu spielen, zerreißt ein Schulheft, tobt mit Christian-Zitaten herum, trampelt auf seiner Wäsche rum und gerät völlig außer Kontrolle. Er darf nicht mit zum Spielen in den Garten, weigert sich aber weiterhin, seine Schulaufgaben zu machen, und rennt in einem unbewachten Augenblick raus. Als er zu uns kommt und mit den anderen Kindern spielen will, sage ich zu ihm, daß er genau wisse, daß er nicht mitspielen könne, bevor er nicht seine

Aufgaben gemacht habe. Er schaut mich einen Augenblick groß an und sagt dann: ›Es hilft mir ja keiner.‹ Ich muß einfach lachen, wir gehen daraufhin zusammen rauf, und er erklärt mir: ›Jetzt könnte ich schon fertig sein, nicht?‹ Die Aufgaben macht er dann schnell und konzentriert« (ebd., S. 125).

»Es hilft mir ja keiner, also kann ich nicht«, ist eine sehr charakteristische Äußerung psychopathischer Kinder, die zu der Meinung geführt hat, diese Kinder seien ich-schwach und auf ein Hilfs-Ich angewiesen, das ihnen immer zur Seite steht, wenn sie etwas Schweres tun sollen. Man kann die Sache auch anders ansehen: Das Kind ist so ich-stark, daß es immer wieder den Anspruch stellt, die anderen müßten für es dasein, und diesen Anspruch oft auch durchsetzt.

Psychopathische Kinder und Jugendliche reagieren ungemein empfindlich auf Kränkungen. In ihrer Empfindlichkeit sind sie mimosenhaft zart, im Zurückschlagen und Rächen der Beleidigung – wobei sie oft, wie im letztgenannten Beispiel, schon eine Arbeitsaufgabe als persönliche Kränkung empfinden – können sie hemmungslos und brutal sein.

Ich-Schwäche oder Ich-Spaltung
bei delinquenten Persönlichkeiten?

Haben diese Kinder nun ein starkes oder ein schwaches Ich? Wie man diese Frage beantwortet, hängt vor allem davon ab, was man unter dem Ich versteht. Auf alle Fälle haben die Psychopathen ein stärkeres Ich als die Schizophrenen oder die Süchtigen. Sie können zur Durchsetzung ihrer Wünsche gezielte Handlungen unternehmen. Sie sind aktiv, zeigen Energie und Willen, der allerdings dem Willen des Erwachsenen zumeist entgegengesetzt ist.

Daß diese Kinder oft als ich-schwach etikettiert werden, hängt mit den terminologischen Eigenheiten der überlieferten psychoanalytischen Persönlichkeitstheorie zusammen. FREUD unterschied bekanntlich in der menschlichen Persönlichkeit zwischen dem Es, das der Sitz der Triebe ist, dem Über-Ich, das die moralischen Gebote repräsentiert, und dem Ich, das zwischen den Triebwünschen, den Moralgeboten und den Anforderungen der äußeren Realität vermittelt. Dieses Ich gilt dann als schwach, wenn es seine Vermittlungsaufgabe nicht meistert. Das ist beim Psychopathen zweifellos der Fall. Er ist ein Getriebener, der nur seinen Wünschen folgt und dadurch mit den sozialen Anforderungen fortwährend in Konflikt gerät. Also sagt man, innerhalb des Theoriesystems durchaus folgerichtig, der Psychopath sei ich-schwach.

Doch sehen wir die Gegebenheiten einmal anders herum: Der Psychopath ist doch zugleich auch der Egoist par excellence, der über Leichen geht, um sich seine Wünsche zu erfüllen. Gerade der soll ich-schwach sein?

Theoretisch interessant sind in diesem Zusammenhang die »Alibi-Tricks« der dissozialen Persönlichkeit (vgl. REDL u. WINEMAN 1979, S. 150ff.): die bewundernswerte Energie und das Raffinement, mit dem diese Kinder und Jugendlichen ihren delinquenten Lebensstil aufrechterhalten, wenn er etwa in Gefahr geraten sollte (vgl. MUSS 1973, S. 78f.).

Es fragt sich, ob FREUD angesichts solcher Erfahrungen gut daran getan hat, den Menschen in Ich und Es zu unterteilen (vgl. BITTNER 1974). Ich ziehe es vor, anstatt von Ich und Es von einem in sich selbst gespaltenen Ich zu sprechen (BITTNER 1977, 1988a): Das Ich hat einen bewußten Anteil, der vernunft- und willensbegabt und »moralisch« ist, und einen archaischen, infantilen Anteil, der nur sich selbst, nur seine eigene Lust sucht und geradezu raffiniert und gewissenlos in der Durchsetzung seiner Wünsche ist[5]. Beim Psychopathen ist dieses infantile Ich besonders ausgeprägt entwickelt. Als Schutz gegen Kränkungen hat der Psychopath eine übertriebene Ich-Betonung aufgebaut: Er hält seine Wünsche für die allein maßgebende Realität, sich selbst für den Mittelpunkt der Welt.

Auch diese Einstellung läßt sich auf frühkindliche Vorbilder zurückführen (BITTNER 1979b, S. 44ff.). Ich habe andernorts ausgeführt, wie das Kind nach Ende des ersten Lebensjahres, wenn es die ersten Schritte tun und die ersten Worte sprechen kann, aus dem Schatten der Mutter heraustritt, wie es aufhört, bloß ein Anhängsel, ein Satellit der Mutter zu sein. Dieser

---

5 Ich nehme damit eine Überlegung auf, die sich auf eine kleine, nur wenig beachtete Schrift FREUDS (1940) stützen kann. LE COULTRE (1970) hat den Gedanken FREUDS weiterverfolgt, und KLÜWER (1974) hat ihn speziell zum Verständnis dissozialer Verhaltensweisen verwendet.

Ablösungsprozeß erfordert viele Kämpfe: Das Kind betont übertrieben stark seine eigenen Wünsche, seinen eigenen Willen. »Ich will das, weil ich das will«, sagte meine Tochter mit drei Jahren, wenn sie besonders energisch jeden Widerspruch abschneiden wollte. So formuliert auch das psychopathische Kind: »Ich will das eben, weil ich das will.« Die psychopathische Attitüde entspricht entwicklungspsychologisch der des Trotzalters.

In einem letzten Abschnitt sollen einige »Exkurse« zusammengefaßt werden. Sie enthalten Antworten auf mögliche Einwände und Hinweise auf verwandte, aber nicht unbedingt deckungsgleiche Ansätze sowie aktuelle Perspektiven.

Exkurs 1

Haben wir von dem jugendlichen Mörder als einem »Täter« gesprochen, so ist dies zu relativieren, vor allem wenn die Frage der strafrechtlichen Verantwortung ins Spiel kommt. LEMPP hat in seiner langen Praxis nicht weniger als 80 Fälle vollendeter und versuchter Tötungsdelikte Jugendlicher in Gerichtsverfahren psychiatrisch zu begutachten gehabt, über die er in seinem Buch »Jugendliche Mörder« (1977) berichtet.

Der erste Teil des LEMPPschen Buches ist eine Sammlung von Geschichten – von ungeheuer instruktiven Geschichten, die mit psychologischer Einfühlung und gesundem Menschenverstand nachzeichnen, wie es in den einzelnen Fällen zur Tötung kam.

Charakteristisch ist nach LEMPP die Bildung sogenannter *Handlungsketten:* Es ist etwas Unrechtes geplant worden, ein Einbruchsdiebstahl beispielsweise oder ein sexueller Angriff auf ein Mädchen oder eine alte Frau – und plötzlich läuft irgend etwas schief. Der Einbrecher wird überrascht, das Mädchen wehrt sich und schreit. Nun gerät der Aggressor in Panik, meint, er könne nicht mehr anders, tritt die »Flucht nach vorn« an und tötet. Nachträglich habe man oft den Eindruck eines geplanten Handlungsverlaufs, aber in Wirklichkeit sei eins zum andern gekommen. Besonders bei Gruppendelikten sei dieses Sich-selbständig-Machen von Situationen deutlich zu beobachten.

LEMPP folgert aus seinen Beobachtungen:

»So kommt es zu charakteristischen Handlungsketten, die vielfach nachträglich den Eindruck eines geplanten Handlungsablaufes hervorrufen können, in Wirklichkeit jedoch unlogisch aneinander gereihte Handlungsglieder sind. Diese sind nur als Reaktion auf die konkrete Situation zu verstehen, welche das vorhergegangene Handlungsglied hervorgebracht hat« (LEMPP 1977, S. 212).

Instruktiv sind die wenigen Beispiele aus LEMPPs Material, wo kein Mord verübt wurde, obwohl die psychische Konstellation durchaus gegeben war. In diesen Fällen trat einfach etwas dazwischen, was das Geschehen in eine andere Richtung lenkte. An sich hätte genausogut eine Tötung herauskommen können.

»Die meisten Tötungshandlungen sind im Grunde zwischenmenschliche Unfälle, entstanden durch eine meist einmalige, kaum reproduzierbare, vielfach zufällige Konstellation konvergierender Faktoren, die z.T. in der Persönlichkeit, zum großen Teil jedoch außerhalb der Täterpersönlichkeit liegen« (ebd., S. 211).

Ganz ähnliche Feststellungen trifft übrigens JACOBS (1974) in seiner Untersuchung über Selbstmordhandlungen bei Jugendlichen. Er beschreibt den gleichen Schneeballeffekt, dieses »Eins-kommt-zum-andern«. Nachdem der Jugendliche eine schmerzliche Enttäuschung hat hinnehmen müssen, braucht gegebenenfalls nur noch eine schlechte Klassenarbeit dazu zu kommen oder der Umstand, daß die Freundin nicht zu Hause ist – und das Faß kommt zum Überlaufen, die Situation gerät außer Kontrolle.

Die Ausführungen LEMPPs über Handlungsketten und die Schneeballwirkung von Situationen, die außer Kontrolle geraten und eine Lawine auslösen, geben Anlaß, die Aussagen über den delinquenten Jugendlichen als »Täter« zu modifizieren. Er ist zwar ein »Täter«, aber einer mit erheblich reduzierter Handlungsperspektive – einer Perspektive vergleichbar der eines Kindes im Trotzalter, das energisch etwas will, ohne die notwendige Übersicht über die Folgen seines Wollens und Tuns zu besitzen. Dem delinquenten Jugendlichen ein Wollen und Tun zuschreiben, heißt daher nicht, ihn mit der strafrechtlichen Verantwortung zu behaften (vgl. BITTNER 1982a).

Die Frankfurter psychoanalytisch orientierte Verhaltensgestörtenpädagogik im Umkreis von Leber hat theoretische und
praktische Konzeptionen zum pädagogischen Umgang mit
delinquenten Jugendlichen entwickelt, die sich mit unseren
Vorstellungen berühren, ohne sich allerdings ganz mit ihnen
zu decken. Lebers Aufsatz »Rückzug oder Rache« (1976) geht
von der oben behandelten Erfahrungstatsache aus, daß die
ängstlichen, gehemmten oder neurotischen Kinder, mit denen
es der analytische Kindertherapeut normalerweise zu tun hat,
sich erheblich von der üblichen Klientel des Verhaltensgestörtenpädagogen unterscheiden, den aggressiven, oft hem-
mungslosen, delinquenten Kindern und Jugendlichen, die hier
als *psychopathisch* bezeichnet werden.

Ich hatte die unterschiedlichen Erscheinungsweisen psychosozialer Auffälligkeit mit den unterschiedlichen Entwicklungsstufen in Verbindung gebracht, auf denen das Kind von
der Kränkung betroffen wird. Leber sieht eher unterschiedliche
soziale Milieus gegeben. Als grundlegende Erfahrung bei
psychosozialen Auffälligkeiten nimmt er eine Störung des
Narzißmus an, die auf dem Erleben einer unzureichenden
symbiotischen Mutter-Kind-Beziehung beruht. Diese narzißtischen Störungen erfahren in unterschiedlichen sozialen Milieus jedoch ganz unterschiedliche Schicksale. Zwar gilt auch
für gestörte Kinder aus dem bürgerlichen Milieu, daß ihre
frühen Bezugspersonen nicht befriedigend und entlastend auf
die Kinder eingehen konnten, doch gehört es in diesen Familien
zur gängigen Praxis, daß den Kindern häufiger Gratifikationen
zuteil werden. Diese Eltern bieten ihren Kindern, wenn auch
keine Einfühlung, so doch ihre Anwesenheit, ihren Schutz, ihre
Pflege und Versorgung an, selbst dann, wenn sie ihre Kinder
bewußt oder unbewußt ablehnen. Das Kind erlebt, daß es sich
auf die Eltern verlassen kann. Auf Schutz und Fürsorge angewiesen, versucht sich das Kind von seiner Wut zu distanzieren.
Weil die Mutter gebraucht wird, kann sie nicht mit Wut belegt
werden, durch die sie vernichtet oder vertrieben werden könnte.

Demgegenüber nimmt das Schicksal der narzißtischen Wut
und der narzißtischen Kränkung bei Kindern sozialer Unter-
schichten einen ganz anderen Verlauf. Sie erleben häufig eine
versagende Umwelt mit unzuverlässigen, wechselnden Be-

zugspersonen. Die Mütter zeigen auf Grund eigener früher Deprivationen nicht nur wenig Anteilnahme, sie sind häufig noch nicht einmal in der Lage, ihren Kindern eine ausreichende Pflege zu gewähren. In diesem Milieu findet das Kind kaum Schutz oder affektive Entlastung. Es erlebt nicht, daß jemand für es da ist, und es werden ihm keine Gratifikationen zuteil. Infolgedessen haben diese Kinder eigentlich nichts zu verlieren. Sie brauchen keine Angst davor zu haben, eine Mutter zu verlieren, auf die sie ohnehin nicht angewiesen sind. Anders als im bürgerlichen Milieu wird Wut nicht diskriminiert. Sie stellt vielmehr eine gängige Kommunikationsform sich selbst und anderen gegenüber dar (vgl. LEBER 1976, S. 127ff.).

LEBER führt den Unterschied zwischen neurotischem und psychopathischem Verhalten demnach auf unterschiedliche soziale Verhaltensstile zurück. Mir scheinen beide Konstruktionen – meine entwicklungspsychologische und LEBERS sozialpsychologische – jeweils etwas Richtiges zu enthalten, ohne daß es auf dem derzeitigen Diskussionsstand schon möglich ist, Berechtigung und Grenze beider Zugänge im einzelnen zu bestimmen.

LEBER erwähnt in dem genannten Text seine praktischen Erfahrungen aus der Arbeit mit Kindern aus Notunterkünften. Über dieses Projekt ist später eine ausführliche Darstellung von REGINA CLOS unter dem Titel »Delinquenz – Ein Zeichen von Hoffnung?« (1982) erschienen. Das Buch ist ein anschaulich geschriebener Bericht über eine psychoanalytisch-pädagogische Praxiserfahrung mit sozial randständigen Jugendlichen – im Rahmen einer mehrjährigen Stadtteilarbeit in einem »sozialen Brennpunkt«. Die Berichterstatterin arbeitete in Sommerzeltlagern und organisierte Ferienspiele, die sie auch durchführte. Außerdem betreute sie Kinder aus diesem »sozialen Brennpunkt« bei regelmäßigen Spielgruppenachmittagen (bei Beginn der gemeinsamen Arbeit waren die Kinder zwischen 8 und 11, bei Beendigung zwischen 13 und 16 Jahre alt). Sympathisch sind die Reflexionen der Verfasserin über die Ausgangsmotivation der im Projekt arbeitenden Studenten : »Ich sehe in dem Vorhaben, sich mit Randgruppen auseinanderzusetzen, also auch den Versuch, unsere eigene pubertäre Problematik zu bewältigen« (CLOS 1982, S. 42), oder: »Es besteht [in der Arbeit mit Randgruppen] eine Tendenz zu versuchen, den eigenen Mangel stellvertretend ... am Klientel aufzuarbeiten« (ebd., S. 44). Viele ähnliche selbstkritische Reflexionen machen den liebenswerten Zug dieser Arbeit aus.

Und dann der Bericht über den Prozeß, den die Kinder und die Betreuerin miteinander durchlaufen: Am Anfang war das Chaos. Doch durch die »Unzerstörbarkeit«, das Standhalten der Betreuer, ja durch ihr »Entgegenkommen« (ebd., S. 90) den asozialen Tendenzen gegenüber bildete sich eine strukturierte Situation. Es wurden Regeln eingehalten, und es bildete sich die von WINNICOTT im Anschluß an MELANIE KLEIN beschriebene »Fähigkeit zur Besorgnis«. Eindrucksvoll belegen die Äußerungen der Kinder diesen Entwicklungsprozeß: »Mensch, Regina, daß du uns aushältst und noch immer keinen Nervenzusammenbruch gehabt hast« (ebd., S. 102). »Wir sollten ins Grüne'rausfahren ... Da kann sich die Regina auch mal erholen, wo sie doch immer arbeiten muß« (ebd., S. 94).

CLOS bezieht sich hier auf WINNICOTT, der in einem kleinen, aber sehr bedeutsamen Aufsatz die beiden »Entwicklungstendenzen« des Antisozialen beschrieben hat, die sich symbolisch im Stehlen und in zerstörerischem Verhalten manifestieren. Dieses letztere drückt aus, daß das Kind eine »unzerstörbare« Umwelt sucht; das Stehlen ist Ausdruck einer Hoffnung, daß das verlorene Gute doch noch wiedergefunden werden kann:

»Die antisoziale Tendenz ist ein Hinweis auf Hoffnung. Hoffnungslosigkeit ist der Grundzug des deprivierten Kindes ... In der Phase der Hoffnung zeigt das Kind eine antisoziale Tendenz. Das mag für die Gesellschaft unangenehm sein, ebenso für den, dessen Fahrrad gestohlen wird, aber wer nicht persönlich beteiligt ist, kann die Hoffnung erkennen, die dem Zwang zum Stehlen zugrundeliegt« (WINNICOTT 1983, S. 234).

An Hand dieses Aufsatzes habe ich eine Erkenntnis gewonnen, die über die konkreten Probleme manifest dissozialer Jugendlicher hinaus ein allgemein menschliches Problem berührt: daß nämlich Leben im Zustand einer Hoffnungslosigkeit, in der man nichts mehr erwartet, das Allerschlimmste ist. Jeder Mensch braucht ein Stück Delinquenz, das heißt Rücksichtslosigkeit im Durchsetzen eigener Interessen, um sich das nehmen zu können, was er im Leben nötig hat, selbst wenn ein Unrecht dabei unterläuft. Vielleicht ist das der Sinn eines sehr dunklen Satzes aus dem Neuen Testament: »Das Himmelreich« – ich nehme diesen Ausdruck als symbolische Chiffre für jede Art von Glückseligkeit – »das Himmelreich leidet Gewalt. Und nur die Gewalt brauchen, reißen es an sich« (Matth. 11,12). Ich meine, daß dieser Satz auf das lebensnotwendige Stück antisozialer Tendenz anspielt, uns das jeweils Lebensnotwendige zu nehmen, notfalls mit Raub und Gewalt.

Exkurs 3

Ein gegenwärtig vielbeachtetes Phänomen, zu dessen Verständnis die hier entwickelten Überlegungen beitragen könnten, ist die Bildung gewalttätiger jugendlicher Banden unter rechtsextremistischen Vorzeichen, vor allem der sogenannten Skinheads.

In mehreren Arbeiten hat sich die psychoanalytisch orientierte Kinder- und Jugendpsychiaterin ANNETTE STREECK-FISCHER zu Erscheinungen des jugendlichen Rechtsradikalismus und insbesondere der Skinheadbewegung geäußert. Sie beschreibt, ähnlich wie vor ihr schon KANNICHT (1985), die Bedeutung der Gleichaltrigengruppe mit ihren Riten und Symbolen als Stütze für das Selbstsystem. »Adoleszenztypische Accessoires wie z.B. eine punkige Haartracht, das Palästinensertuch oder die Skaterjacke, sichern als Symbole ... die Zugehörigkeit zu einer bestimmten Gruppe« (STREECK-FISCHER 1993, S. 30). Auch die Welt der Skinheads ist durch derartige Riten und Symbole bestimmt.

STREECK-FISCHER meinte, an jugendlichen Skinheads, die zur Aufnahme in eine jugendpsychiatrische Klinik kamen, eine typische Lebensgeschichte mit vielfachen Traumatisierungen und Erfahrungen von sozialer Ausgrenzung konstatieren zu können. Exemplarisch erscheint der Lebenslauf eines von ihr beobachteten Jugendlichen:

»D.s Geschichte ist eine lange Geschichte des Scheiterns, angefangen von der frühen Mutter-Kind-Beziehung, über die Familie, Schule, berufliche Eingliederung bis hin zum Scheitern therapeutischer Bemühungen. Er kommt zur stationären Psychotherapie, weil es so nicht mehr mit ihm weitergehe. Seine unkontrollierten Wutausbrüche machen ihm Angst. Wenn ihn etwas richtig nerve, dann werde er ganz kalt und dann könnte er ohne weiteres auch jemanden umbringen. Er fühle sich oft als Untermensch, habe so ein ›Nix-

Wert-Gefühl‹. Das Leben sei für ihn öde. Außerdem verstricke er sich in lauter unheilvolle Dinge.

D. wird in den ersten Lebensjahren von seiner alkoholkranken Mutter versorgt, einer ›Schlampe‹ – wie es heißt –, die ihn angeblich tagelang in seinem eigenen Kot liegenläßt und ihn mangelhaft ernährt. Danach verläßt sie die Familie, und D. wird bei Verwandten untergebracht. Später kommt er in die neugegründete Familie des Vaters zurück, bleibt dort ohne Beziehung zur Stiefmutter, während der tablettenabhängige Vater zwischen emotional abwesenden und gewalttätigen Verhaltensweisen hin- und herpendelt. Die Rolle als Störenfried in der Familie setzt sich in der Schule fort. Nach mehreren Schulverweisen und Abbrüchen beruflicher Weiterbildung gesellt sich D. schließlich rechtsextremen Skinheads zu. Hier erlebt er erstmals Heimatgefühle. In Gesellschaft gleichgesinnter, ebenfalls ausgegrenzter Jugendlicher mit vergleichbaren Lebensgeschichten, die von anderen Jugendgruppen ebenso ausgestoßen und verachtet sind, findet er Halt und Orientierung an der gemeinsamen Ideologie, die von Ungleichheit der Menschen und Gewaltbejahung gekennzeichnet ist und ihn von verschiedenen Nöten befreit: ursprünglich auf Eltern, Lehrer und Ausbilder bezogene Konflikte werden jetzt verallgemeinernd auf gesellschaftliche Mißstände und politische Verhältnisse übertragen. Am bisher enttäuschend verlaufenden Leben trägt nicht wie offenbar fälschlicherweise geglaubt, die eigene Minderwertigkeit Schuld, sondern ist von ›rücksichtslosen Gemeinschaftsfeinden‹ ... verursacht. Am Ausländer, am Andersartigen oder auch der Frau – für D. sind Frauen ›1B-Menschen‹ – kann er nun bedrohliche böse Selbstobjekt-Anteile festmachen, die ihn legitimieren, als Rächer am Feind eigene destruktive und sexuelle Impulse mit brutalen Mitteln zu bekämpfen. Die sein Leben bestimmende Erfahrung von Gewalttätigkeit und Unterdrückung hat er in der Skinheadszene wiedergefunden und setzt sie, jetzt einem Wiederholungszwang folgend, in wechselnden Positionen als Täter wie als Opfer fort« (STREECK-FISCHER 1993, S. 32f.).

STREECK-FISCHER meint, bei ihrem Patienten D. liege eine Borderline-Störung vor. Doch, ohne die Einzelheiten des Falles genau zu kennen, könnte ich mir vorstellen, daß auch hier das oben skizzierte Konzept der Delinquenz zum Verständnis beiträgt: Es handelt sich bei D. um einen in seinem Selbstgefühl schwer verletzten Jugendlichen, der auf die Kränkung mit antisozialen Taten reagiert.

Es wäre wichtig für eine adäquate gesellschaftliche Reaktion auf Skinheads und jugendliche Gewalttäter aus der rechten Szene zu prüfen, ob die politische Motivation nicht größtenteils Fassade ist: willkommenes Klischee eines Ich-Ideals, das Tätlichkeiten gegen Schwächere zur Kompensation eigener Insuffizienz- und Wertlosigkeitsgefühle nicht nur sanktioniert, sondern geradezu fordert. Die Mentalität der Skinheads ist eher ein Thema der Psychopathologie des Jugendlichen als der politischen Psychologie.

Exkurs 4

Von SCHIFFER stammt ein recht lebendig erzähltes, auf eigener Erfahrung mit drogenabhängigen Jugendlichen fußendes, ganz und gar nicht »wissenschaftliches« Buch mit dem merkwürdigen Titel: »Warum Huckleberry Finn nicht süchtig wurde« (1993). Der Verfasser erläutert, was dieser Titel aussagen soll:

»Huckleberry ist in Mark Twains Geschichten um Tom Sawyer der Bürgerschreck – faul, verwahrlost, ohne festen Wohnsitz; der Vater ein gewalttätiger Säufer, von der Mutter ist schon gar nicht mehr die Rede. Nach unseren heutigen Vorstellungen wäre demnach Huckleberry Finn hochgradig gefährdet. Offensichtlich kommt der Huck jedoch gut über die Runden. Der Leser sympathisiert mit ihm, die Geschichten laden ein, sich mit Huck zu identifizieren. ...
Huck verdeutlicht die zumeist verdrängte Sehnsucht nach einer Welt ohne krankmachende Normen, Regeln und Gesetze, einer eigenen, nicht vorfabrizierten Welt, die mit allen Sinnen erfahren und so in ihrer scheinbaren Banalität zum Abenteuer wird – und zum Abenteuer in der Phantasie einlädt« (SCHIFFER 1993, S. 9f.).

Das Buch sei »eine Einladung zur Aufsässigkeit, zum Abenteuern, zum Tagträumen – mit Rückfahrkarte zur Realität und ihren sogenannten Sachzwängen« (ebd., S. 12). Huckleberry Finn, der jugendliche Vagabund, der Verwahrloste, wird bei SCHIFFER zur Symbolfigur gegen die Sucht, weil es ihm, anders als dem Süchtigen, gelingt, seine Sehnsüchte bereits als Kind konkret auszuleben.

SCHIFFERs Gedankengang mag zur Bestätigung der hier vorgetragenen These dienen, daß der Süchtige einer ist, der seines schöpferischen Selbst nicht mächtig wird, der sich im Leben nicht nehmen kann, was er will und was er braucht, und der deshalb darauf angewiesen ist, Ersatzobjekte zu bilden. Zugleich mag er auch veranschaulichen, daß wir dem Verwahrlosten, sozusagen dem Huckleberry Finn in uns, Lebensrechte einräumen müssen, um überhaupt lebensfähig zu sein.

Auch diese Überlegung führt noch einmal zurück auf den Grundgedanken vom »lebensnotwendigen Stück Dissozialität«: Jeder Mensch muß die Kraft entwickeln, um sich das für ihn Lebensnotwendige zu nehmen – und sei es auch gegen die soziale Norm. Wenn er sein Leben mit allen Konsequenzen lebt, braucht er, wie Huckleberry Finn, keine Suchtmittel als Ersatzobjekte. Nochmals FREUD: »Alle die edler sein wollen, als ihre Natur es ihnen erlaubt, verfallen der Neurose. Sie hätten sich wohler befunden, wenn es ihnen möglich gewesen wäre, schlechter zu sein.«

Das »Zappelphilipp«-Syndrom*

Seit einiger Zeit macht ein Störungsbild vor allem bei jüngeren Kindern von sich reden, das hier zum weiteren Umkreis »dissozialen« Verhaltens gerechnet wird: *das hyperkinetische Syndrom*, volkstümlich auch als »Zappelphilipp« bezeichnet.

Hyperkinetische Störungen beginnen früh, gewöhnlich in den ersten fünf Lebensjahren. Ihre Hauptmerkmale sind *Mangel an Ausdauer* bei Beschäftigungen, die einen kognitiven Einsatz verlangen, und die *Tendenz, von einer Tätigkeit zu einer anderen zu wechseln*, ohne etwas zu Ende zu bringen. Hinzu kommt eine desorganisierte, mangelhaft regulierte und überschießende motorische Aktivität. Diese Schwierigkeiten persistieren gewöhnlich durch die Schulzeit und sogar bis ins Erwachsenenalter. Viele Betroffene zeigen aber eine graduelle Besserung bezüglich Aktivität und Aufmerksamkeit, wenn sie älter werden.

Verschiedene andere Störungen können zusätzlich vorhanden sein: Hyperkinetische Kinder sind oft achtlos und impulsiv; sie neigen zu Unfällen und zu Regelverletzungen. Ihre Beziehungen zu Erwachsenen sind von Distanzlosigkeit und einem Mangel an normaler Vorsicht und Zurückhaltung geprägt. Hyperkinetische Kinder sind bei anderen Kindern meist unbeliebt und werden häufig von ihnen isoliert. Eine kognitive Beeinträchtigung, die sich dann in den Schulleistungen auswirkt, ist die Regel. Spezifische Verzögerungen der motorischen

* Dieser Abschnitt ist mit CHRISTA SCHAFF gemeinsam verfaßt.

und sprachlichen Entwicklung (»Teilleistungsstörungen«) sind überproportional häufig. Sekundäre Komplikationen sind zum Beispiel dissoziales Verhalten und ein niedriges Selbstwertgefühl. Dementsprechend gibt es eine beträchtliche Überschneidung zwischen hyperkinetischem Verhalten und anderen Mustern störenden Verhaltens wie etwa der Störung des Sozialverhaltens bei fehlenden sozialen Bindungen.

In den diagnostischen Leitlinien des ICD-10-Systems, das die Phänomenologie von Störungsbildern beschreibt, werden als *Kardinalsymptome* der hyperkinetischen Störungen beeinträchtigte Aufmerksamkeit und Überaktivität angegeben. Beide Symptome sind gleichzeitig für die Diagnose notwendig.

Mit *beeinträchtigter Aufmerksamkeit* ist gemeint, daß Kinder Aufgaben vorzeitig abbrechen oder Tätigkeiten nicht beenden. Die Kinder wechseln häufig von einer Aktivität zur anderen, wobei sie anscheinend das Interesse an einer Aufgabe verlieren, weil sie von einer anderen abgelenkt werden. Diese beeinträchtigte Aufmerksamkeit und Ausdauer sollte nach den Vorschriften des ICD-10-Systems nur dann diagnostiziert werden, wenn sie im Verhältnis zum Alter und Intelligenzniveau des Kindes sehr stark ausgeprägt ist.

Überaktivität bedeutet exzessive Ruhelosigkeit, besonders in Situationen, die relative Ruhe verlangen. Situationsabhängig kann sie sich im Herumlaufen oder Herumspringen äußern, im Aufstehen, wenn dazu aufgefordert wurde, sitzen zu bleiben, in ausgeprägter Redseligkeit und Lärmen oder im Wackeln und Zappeln bei Ruhe. Diese Überaktivität sollte auch im Verhältnis zu dem, was gleichaltrige Kinder mit gleicher Intelligenz in gleicher Situation erwarten lassen, extrem ausgeprägt sein. Überaktivität zeigt sich am deutlichsten in strukturierten und organisierten Situationen, die ein hohes Maß an eigener Verhaltenskontrolle erfordern.

Überaktivität und beeinträchtigte Aufmerksamkeit sollten nebeneinander vorkommen und in verschiedenen Situationen in Erscheinung treten, also zu Hause, in der Klasse und beispielsweise in der Untersuchungssituation oder in der Klinik. Neben diesen notwendig zu fordernden Beeinträchtigungen für die Diagnose einer hyperkinetischen Störung kann zusätzlich Distanzlosigkeit in sozialen Beziehungen, Unbekümmertheit in gefährlichen Situationen und impulsive Mißachtung sozialer Regeln vorkommen.

Wichtig sind dem Kinderpsychiater die *differentialdiagnostischen Überlegungen* zu den hyperkinetischen Störungen. Beispielsweise sind Lernstörungen und motorische Ungeschicklichkeit nicht eigentlicher Bestandteil der Diagnose der hyperkinetischen Störung und müssen gesondert festgestellt werden. Bei deutlichen tiefgreifenden Entwicklungsverzögerungen sollte eher die Diagnose einer Entwicklungsverzögerung gestellt werden als die einer hyperkinetischen Störung.

Häufig schwierig ist die Unterscheidung von *Störungen des Sozialverhaltens* von den hyperkinetischen Störungen. Im ICD-10-System wird vorgeschrieben, daß *vorrangig* vor einer Störung des Sozialverhaltens eine hyperkinetische Störung diagnostiziert werden sollte, wenn die Kriterien dafür erfüllt sind. Andererseits ist eine geringe Ausprägung von Überaktivität und Unaufmerksamkeit bei Störungen des Sozialverhaltens üblich.

Weiterhin ist differentialdiagnostisch die Abgrenzung zu den *emotionalen Störungen* wichtig. Überaktivität und Unaufmerksamkeit können im Rahmen von Angstzuständen oder einer depressiven Störung beobachtet werden. Eine motorische Unruhe im Sinne einer agitierten Depression sollte nicht zur Diagnose einer hyperkinetischen Störung führen, ebenso nicht Unruhe, die Ausdruck großer Angst ist.

Voraussetzungen für die Diagnose der hyperkinetischen Störung sind also:
– früher Beginn,
– die Kombination von überaktivem Verhalten mit deutlicher Unaufmerksamkeit und Mangel an Ausdauer bei Aufgabenstellungen,
– situationsunabhängige und zeitstabile Verhaltenscharakteristika.

Fallbeispiel: Steffen

Die erste Begegnung (von CHRISTA SCHAFF) mit Steffen (vgl. dazu SCHAFF 1990): Schon aus dem Wartezimmer tönte mir Reden, Pfeifen und Hin- und Herlaufen entgegen. Jetzt im Behandlungszimmer rutscht Steffen auf seinem Stuhl hin und her, bricht nach kurzer Zeit kleine Stäbchen von den Korbstühlen ab, läuft in die Spielecke, schnalzt, pfeift, zielt mit der

Pistole abwechselnd auf mich und die Eltern. Der Vater ermahnt ihn ständig zur Ruhe, während seine Mutter hilflos von einem zum anderen blickend die Anamnese schildert:

Auch als Kleinkind war Steffen unruhig, er konnte nicht allein spielen, nicht länger als fünf Minuten bei einer Sache bleiben, fuhr am liebsten mit dem Roller oder Dreirad in der Gegend herum. Zu Hause, auf dem Bauernhof, sei er bis zum Eintritt in den Kindergarten nicht sehr aufgefallen, man habe sich eigentlich über die Lebendigkeit des Jungen gefreut. Massive Probleme hätten sich dann im Kindergarten ab dem vierten Lebensjahr eingestellt. Steffen habe jedes Spiel gestört, sich ständig mit anderen Kindern gestritten und sei schließlich zum Außenseiter der Gruppe geworden, da andere Kinder ihn wegen seiner Aggressivität und Unruhe ablehnten. Die Kindergärtnerin, eine erfahrene Pädagogin, habe sich nicht mehr zu helfen gewußt, vor allem nachdem Steffen wegen seines gestörten Gruppenverhaltens von der Schule zurückgestellt wurde und weiter bei den kleinen Kindern im Kindergarten bleiben mußte. Bei mir äußerten die Eltern nun den Wunsch nach schneller Hilfe, da der fast 7jährige Steffen in einem Monat erneut eingeschult werden solle. Er sei nach ihrem Eindruck weiterhin »konzentrationsgestört« und wolle »ständig auf sich aufmerksam machen«.

Zur früheren Anamnese berichtete die Mutter von ihrer Beobachtung, daß Steffen bereits in ihrem Bauch viel unruhiger war als der drei Jahre ältere Bruder. Wegen vorzeitiger Wehen wurde Steffen vier Wochen zu früh mit leicht reduziertem Geburtsgewicht geboren. Seine Apgarwerte waren mit 7/8/9 grenzwertig (als auffällig nimmt man Werte unter 8 an). Steffen mußte ein paar Tage im Wärmebett verbringen, getrennt von seiner Mutter, die ihn täglich einmal besuchte. Es wurde ein Atemnotsyndrom mit Trinkschwäche festgestellt. Als Mutter und Kind nach 14 Tagen gemeinsam zu Hause ankamen, fielen Schwierigkeiten beim Einschlafrhythmus, Zappeligkeit beim Wickeln und häufiges unklares Schreien von Steffen auf. Die Mutter lebte in ständiger Sorge, seinen Bedürfnissen nicht gerecht zu werden. Bei der motorischen Entwicklung fehlte die Phase des Krabbelns, Steffen robbte sich mit dem ganzen Körper vorwärts und fing bald an zu laufen. Sprachentwicklung und Sauberkeitsentwicklung waren regelrecht.

Diagnostisches und therapeutisches Vorgehen:
Bei der *neurologischen Untersuchung* wurde bei Steffen eine Hypomimie festgestellt sowie eine deutliche Einschränkung der Feinmotorik mit sogenannten soft-signs: verminderte Fingerbeweglichkeit vor allem beim Finger-Oppositionsversuch, kontralaterale Mitbewegungen, positiver Greifreflex,

193

Schnauzreflex und Tonuserhöhung an Armen und Beinen. Auch bei der grobmotorischen Prüfung war der Einbeinstand vor allem auf dem linken Bein bei Steffen nicht altersgemäß; er zeigte eine deutliche hyperkinetische Reaktion, indem er nach wenigen Versuchen in eine andere Bewegung ausbrechen wollte, mit Bewegungsmustern nicht aufhören konnte und in seiner Bewegungskontrolle beeinträchtigt war. Im EEG zeigte sich ein relativ langsames Wellenmuster im Vergleich zu seiner Altersgruppe mit kaum erkennbarer Alpha-Tätigkeit und vorwiegend Thetawellen. Es ergab sich kein Seitenhinweis, der auf einen intracraniellen Prozeß (wie einen Tumor) hinweisen könnte. Ein CCT wurde nicht durchgeführt.

Bei der *testpsychologischen Zusatzuntersuchung* hatte Steffen im Hawik-R (Hamburg-Wechsler-Intelligenz-Test für Kinder – Revidierte Fassung) eine durchschnittliche Intelligenz mit Schwäche in der Detailwahrnehmung sowie eine Schwäche im Zahlengedächtnis und Zahlensymboltest. Auch wenn es im Hawik-R wohl keine spezifischen Ausfälle bei hyperkinetischen Kindern gibt, stellen wir häufig, gerade in der Detailwahrnehmung sowie in den Kurzzeitkonzentrationstests, auch unter Zeitdruck ein schlechtes Ergebnis dieser Kinder fest.

Im GFT, dem Göttinger Formenreproduktionstest, zeigte sich ein deutlich unter der Altersnorm liegendes Ergebnis bei Steffen, was das Vorliegen einer visuomotorischen Schwäche bestätigt und auf eine hirnorganische Funktionsminderung hinweist. Die visuomotorische Schwäche zeigte sich auch bei der Ausführung des Mann- und Baumtestes sowie der Familie in Tieren und bei dem zusätzlich durchgeführten Frostig-Test der visuellen Wahrnehmung.

Auszugsweise soll der emotionale Befund auf Grund des projektiven Materials geschildert werden. Im Scenotest gibt Steffen Hinweise auf ausgeprägte orale Wünsche sowie auf unzureichende Differenzierung im seelischen Loslösungs- und Individuationsprozeß. Im TAT (Thematischen Apperzeptionstest) werden besonders narzißtische Ängste und Verlassenheitsängste angesprochen. Innerhalb der Familie (Familie in Tieren) deutet er seine Koalition mit der Mutter und Entwertung und Verhöhnung der väterlichen Autoritätsmacht an, der Bruder fehlt. Aggressionen scheinen in der Familie nicht konstruktiv genutzt werden zu können, werden ungezielt eingesetzt oder verleugnet. Steffen ist noch stark in regressiver Abhängigkeit

an ein mütterlich versorgendes Objekt gebunden ohne verläß-
liche Internalisierung hilfreicher Elternbilder.

Was die interpersonelle Situation und Familiendynamik an-
geht, zeigt sich in mehreren Familiengesprächen eine chronisch-
subdepressive Haltung der Mutter, die zu Hause in der Familie
selbst kaum zur Ruhe kommt und sich ständig von den
Schwiegereltern beobachtet und unter Druck gesetzt fühlt. Der
Vater ist durch Doppelbelastung mit Bauernhof und anderer
Tätigkeit für Steffen beziehungsweise für seine Frau und den
Bruder kaum erreichbar. Die Bindung zwischen Mutter und
Steffen ist so eng, daß auch die Trennung der beiden während
eines Einzelgespräches mit der Mutter erschwert ist. Steffen
kann draußen nicht warten, stört ständig, so daß das Gespräch
abgebrochen werden muß.

Nach längerer kinderpsychiatrischer Behandlung mit am-
bulanten Mitteln (Medikamente, Eltern- und Lehrerberatung)
und einjähriger stationärer Arbeit in einer Kindergruppe einer
Klinik für Kinder- und Jugendpsychiatrie konnte eine deutliche Besserung im Verhalten von Steffen und seine Wiederein-
gliederung in die Schule erreicht werden.

Aus dem Katamnesenbericht, sechs Jahre nach dem Erstkontakt:
Ich rief bei der Familie an, um nachzufragen, wie es Steffen
weiter ergangen ist. Er war am Telefon, meldete sich mit der
Stimme eines 9jährigen, erst später wurde mir bewußt, daß er
inzwischen 12 Jahre alt ist. Auf meine Frage, ob er sich an mich
erinnere, sagte er klar »Ja«, als ich ihm erklärte, warum ich
anrufe, und fragte, wie es ihm gehe, kam schnell die Antwort:
»Ich hole meine Mama.« Die Stimme der Mutter klang wesentlich gesünder, längst nicht so depressiv, wie ich sie in Erinnerung hatte. Sie berichtete mir, wie es Steffen ergangen sei: Auch
der erneute Versuch, ihn nach dem stationären Aufenthalt in
der 1. Klasse einzuordnen, sei fehlgeschlagen; deshalb besuche
er inzwischen seit zwei Jahren, jetzt in der dritten Klasse, eine
Schule für erziehungsschwierige Kinder. Dort mache er auch
die Hausaufgaben und werde nachmittags betreut. Seine Leistungen in der Schule seien ganz gut, außer im Diktat; die
Förderung in bezug auf seine Rechtschreibschwäche habe man
ein Vierteljahr nach der Umschulung abgebrochen. Steffen
komme jetzt mit sich selbst besser klar, aber er kenne die
Grenzen noch nicht so, daß er sich immer in Schach halten

könne. Vor allem zu Hause, aber wohl auch in der Schule brauche er immer jemanden, der ihn kontrolliere und ihm Anweisungen oder Anregungen gebe. Vor allem mit anderen Kindern »flippe er noch sehr schnell aus«. In der Zwischenzeit habe man auch Eurhythmie versucht, die Therapeutin habe gesagt: »Das Ich geht nicht ganz durch, es geht eben oben naus.« Auch eine analytische Kindertherapie sei versucht, jedoch nach einem halben Jahr wieder abgebrochen worden, da die aggressiven Impulse von Steffen in den Therapiestunden nicht aufgefangen werden konnten. Von seiten der Lehrer werde jetzt darüber nachgedacht, Steffen langfristig in eine therapeutische Einrichtung zu geben, da die pädagogischen Mittel allein nicht ausreichen würden, um ihm wirkungsvoll zu helfen. Steffen habe große Angst, wieder von zu Hause weggehen zu müssen.

Erklärungsversuche und Therapieansätze
zum hyperkinetischen Syndrom

Das hyperkinetische Syndrom wurde bisher vorwiegend von Kinder- und Jugendpsychiatern und nur selten von Psychoanalytikern, beschrieben. Darum dominieren bei Erklärungsmodellen, wenn auch grundsätzlich von einer multifaktoriellen Bedingtheit ausgegangen wird, die somatologischen und insbesondere neurologischen Ansätze.

Anzuzweifeln sind die Versuche, das hyperkinetische Syndrom mit einer leichtgradigen frühkindlichen Hirnfunktionsstörung (minimale cerebrale Dysfunktion, MCD) in Verbindung zu bringen. Eine eindeutige Zuordnung gelingt nur selten: Ein Zusammenhang ist »mit derzeit verfügbaren Untersuchungsmethoden schwer zu fassen und die MCD damit am ehesten noch im Sinne eines organischen Risikofaktors für psychopathologische Auffälligkeiten zu interpretieren« (ROTHENBERGER 1988, S. 6). Einzelne sogenannte feinneurologische Zeichen (»soft signs«), EEG-Befunde und Auffälligkeiten des Hirnstoffwechsels, lassen sich hingegen häufig finden und im Sinne eines zentralen Defekts der Selbstregulierung interpretieren (vgl. ebd., S. 13ff.).

Derartige neurologische Korrelationen schließen allerdings psychodynamische Interpretationen nicht aus. Die Befunde lassen sich analog zu den von MENTZOS bei den Psychosen angestellten Überlegungen unterschiedlich interpretieren. Denkbar wäre zum einen eine primäre cerebrale Dysfunktion, die sekundär mit entsprechenden lebensgeschichtlich erworbenen Ängsten und Verarbeitungen besetzt wird, oder aber eine primär psychische Traumatisierung (z.B. durch gestörte Interaktion zwischen Mutter und Kind), die sich in den genannten Befunden ein organisches Korrelat schafft.

ROTHENBERGER berichtet noch einen interessanten Befund, der psychodynamische Erklärungsmuster stützen könnte (obwohl er selbst ihn anders, nämlich »genetisch« interpretiert). Bei Kindern mit Aufmerksamkeitsstörungen *ohne* gleichzeitige Störungen im Sozialverhalten wiesen Verwandte ersten Grades im Vergleich zu einer Kontrollgruppe keine erhöhte gleichsinnige Symptombelastung auf. Bei Kindern hingegen, die außer der Aufmerksamkeitsstörung auch noch Störungen des Sozialverhaltens zeigten, waren auch die Familienangehörigen signifikant höher mit entsprechenden Symptomen belastet (vgl. ebd., S. 13). Diese Befunde ließen sich zwanglos in dem Sinne interpretieren, daß sich die Aufmerksamkeitsstörung auf dem Hintergrund einer neuralen Dysfunktion zu entwickeln scheint, während die dissozialen Verhaltensweisen eher dem Bereich des biographisch erlernten Abwehrverhaltens zuzurechnen sind. Auf die genetisch-strukturelle Verwandtschaft hyperkinetischen und dissozialen Abwehrverhaltens kommen wir später zurück.

Im Falle von Steffen muß von einer physiologischen Unreife, insbesondere von einer neuralen Dysfunktion ausgegangen werden, mit der als Besonderheit er zu früh auf die Welt gekommen ist. Wie andere schwerer hyperkinetische Kinder auch wird er schon in der Schwangerschaft als zappelig beschrieben und zeigt er später motorische Auffälligkeiten, besonders im Sinne einer Überkreuzungsschwäche: Er kann nicht krabbeln (d.h. mal die rechte und mal die linke Körperhälfte benutzen), sondern nur robben. Aus psychodynamischer Sicht können wir festhalten, daß dem gestörten Verhalten des Kindes eine Auffälligkeit der Mutter korrespondiert. Wegen sensorischer Besonderheiten von Steffen, die von der Mutter nicht verstanden werden können, kommt es zu Mißverständnissen zwischen Mutter und Kind, die bei der Mutter zu Unsicherheiten und Schulderleben führen. Als Steffen sich schwierig zeigt, lebt zugleich die Mutter in »ständiger Sorge, seinen Bedürfnissen nicht gerecht zu werden«. Als Steffen dann, durch welche

Maßnahme auch immer, in der Katamnese gebessert erscheint, wirkt auch die Mutter stabilisiert.

Über die analytisch-kindertherapeutische Behandlung eines anderen hyperaktiven Kindes hat HORN (1988) berichtet. Hier wird die Hintergrundsdynamik noch deutlicher. HORN schildert die Behandlung eines sehr unruhigen 7jährigen Jungen, der in seinen Spielen schnell eine chaotische Atmosphäre verbreitet: »Die Stunden strengten mich übermäßig an, machten mich unkonzentriert, unaufmerksam und reizbar« (HORN 1988, S. 106). Die Situation eskaliert bis hin zu einer »dramatischen Stunde«.

»Er schlug mir ein Spiel mit Rittern vor und gab genaue Anweisungen.

Immer wenn ich mich seinen Anordnungen gemäß verhalten wollte, lachte er mich aus oder schrie mich an, ich würde alles falsch verstehen. Ich bemühte mich intensiv um eine ungestörte Kommunikation. Er vereitelte sie immer wieder, indem er schrie: ›Nichts ist so, wie es gesagt wird, lauter faule Tricks.‹

Die Situation eskalierte so, daß er mich und sich für verrückt erklärte« (ebd., S. 106).

»Nichts ist so, wie es gesagt wird« – dieser Ausspruch scheint die Lebenswelt, insbesondere die familiäre Situation des Jungen zu charakterisieren. Die Therapeutin beobachtet zum Beispiel in gemeinsamen Mutter-Kind-Stunden, daß die Mutter ihn überzärtlich an sich drückt, während sie zugleich mit ihm schimpft.

»In Einzelgesprächen mit den Eltern, besonders der Mutter, konnte durch Klärung des Beziehungsmusters eine Verhaltensänderung bewirkt werden. Die Familienatmosphäre entspannte sich.

Die Eltern konnten den Sohn realistischer sehen, konnten die Schwierigkeiten eher als gemeinsames Problem, für das adäquate Lösungen gefunden werden mußten, betrachten, statt mit uneffizienten pädagogischen Maßnahmen den Sohn zu überfordern und weiter zu frustrieren« (ebd., S. 106).

HORN interpretiert die hyperkinetische Symptomatik in diesem wie in anderen ähnlich gelagerten Fällen als Ausdruck einer Ich-Struktur-Schwäche im Sinne mangelnder Reizschutz-Bildung. Auf dieses Konzept sind ihre therapeutischen Interventionen abgestimmt. Sie fühlt sich zum Beispiel aufgerufen, dem

»Zerstörerischen und Negativen aktiv Konstruktives und Positives« entgegenzusetzen, ihre »strukturierende, klärende und beruhigende Funktion über alles« zu stellen (ebd., S. 106).

Doch sind die Aktivitäten des hypermotorischen Kindes nur scheinbar konzept- und regellos. In Wirklichkeit weisen auch sie Logik und durchgängige Intentionalität auf, die nur deswegen für den Betrachter schwer eingängig ist, weil sie der Alltagslogik und Alltagsintentionalität nicht entspricht. Grundsätzlich zeigen die beiden Fallbeispiele, daß Kinder mit motorischer Unruhe und Aufmerksamkeitsschwäche – auch wenn sie sich scheinbar als »Hyperkinetiker« so sehr gleichen – in ihrer persönlichen Individualität und seelischen und körperlichen Entwicklung sehr differenziert betrachtet werden sollten.

Psychodynamische Erklärungen der Hyperkinese sind mehrfach (z.B. von v. LÜPKE 1989, MATTNER 1989, STORK 1993, VERNOOIJ 1992, letztere unter Einbeziehung individualpsychologischer Aspekte) gegeben worden. MATTNER hebt vor allem auf die Fundierung der Leib-Erfahrung in der frühen Mutter-Kind-Beziehung ab und folgt insofern etwa dem HORNschen Deutungsmuster. Näher mit unseren Überlegungen berührt sich die Darstellung VON LÜPKES, der die Macht-Ohnmacht-Thematik – und damit implizit das Problem der Gegenwehr gegen eine Übermacht – in den Mittelpunkt stellt. VERNOOIJ referiert einen (leider nicht näher nachgewiesenen) Deutungsansatz von BETTELHEIM, der die hyperkinetische Symptomatik als »Gegenreaktion auf die Ablehnung durch die Umwelt« interpretiert. Die Hyperaktivität »ist offenbar eine wirksame Methode, den Schmerz über das Nichtangenommensein zu überspielen« (VERNOOIJ 1992, S. 54).

Ein Themenheft der Zeitschrift »Kinderanalyse« (1993) war jüngst dem »Zappelphilipp«- beziehungsweise dem hyperkinetischen Syndrom gewidmet. Dort wurden die Defizite einer bloß medizinisch, insbesondere neurologisch reduzierenden Behandlung des Problems erörtert und an zahlreichen Fallbeispielen unterschiedliche Interpretationszugänge exemplarisch vorgeführt. Ausgehend von der HOFFMANNschen Struwelpeter-Geschichte wurde eine psychodynamische Sicht des hyperkinetischen Syndroms skizziert, die sich auf WINNICOTTS Konzept der »manischen Abwehr als einer psychischen Strategie, vor der inneren Realität unerträglicher unbewußter depressiver Ängste und omnipotenter Phantasien in die äußere Realität zu fliehen« (BERGER 1993, S. 146) bezieht.

Unsere eigenen, notgedrungen knapp gehaltenen Überlegungen bewegen sich auf einer ähnlichen Linie. Hyperkinetische Kinder scheinen immer wieder sehr lebendig zu sein. Doch ihre Lebendigkeit beschränkt sich auf expressives, expansives Verhalten mit ausfahrender Motorik und lärmender Stimme. Jedes hyperkinetische Kind hat sein eigenes Bewegungsmuster, das die verschiedensten Empfindungen im Betrachter auslösen kann. Es kann als Zappeln, aber auch als Verjagen, Abwehren, Suchen oder zielloses Herumschwimmen verstanden werden. Die Lebendigkeit des hyperkinetischen Kindes ist eine Scheinlebendigkeit, da sie sich nicht auf ein lebendiges Wahrnehmen und Fühlen der eigenen Person und eigener Gefühle bezieht. Entsprechend sind bei schwer hyperkinetischen Kindern die wahrnehmenden Funktionen eingeschränkt, und ein Gefühlsleben ist scheinbar nicht vorhanden.

Wie vor allem das Fallbeispiel Steffen zeigt, scheinen hyperkinetische Kinder ihren Platz in der realen sozialen Welt nicht finden zu können. Dem entspricht, daß hypermotorische Reaktionen vor allem an solchen Entwicklungspunkten auftreten, an denen ein Wechsel von einer sozialen Realität in die andere notwendig ist (Kindergarten, Einschulung). Mit seiner eigenen Ausdrucksform, seinem eigenen motorischen Muster scheint das hyperkinetische Kind nach einem lebendigen Kontakt zu anderen und zu sich selbst zu suchen. Seine Bewegungen sind Kontaktversuche, welche nicht in Sprache gebracht oder in Gefühlen ausgedrückt werden können. In seiner Hypermotorik, aber auch in seiner Unaufmerksamkeit, scheint das Kind ein Fliehen und Suchen zugleich auszudrücken – ein Suchen nach lebendigem Kontakt und einer Antwort und das Fliehen vor der emotionalen Stummheit der familiären Atmosphäre, vor den unaushaltbaren Botschaften der Welt, welche auch seine Körperwahrnehmung betroffen haben.

Steffen scheint – wie viele andere hyperaktive Kinder – immer noch etwas in sich zu haben, was es seinem (seelischen) Ich unmöglich macht, seinen Körper zu bewohnen. So als wolle dieses nicht »Herr im eigenen Haus sein«. Jedenfalls erinnert sich die Mutter an den Satz der Therapeutin: »Sein Ich geht oben naus.« Statt im Körper Platz zu nehmen, scheint sein Ich vielmehr zu bevorzugen, motorisch, seelisch und geistig unterwegs zu sein, so, als könne es nur auf diese Weise überleben, sein Existenzgefühl »Ich bin ich selbst« retten und schützen. Hyperkinese ist in diesem Sinne *Überlebensstrategie und Rettungsversuch für ein lebendiges Ich-Gefühl* des Kindes. Dabei bedient es sich desselben Handlungsmusters, mit dem es im Mutterbauch Kontakt zur Mutter herstellen und auf Antwort warten konnte.

Eine andere Mutter eines hyperkinetischen Kindes, welche in den letzten 5 Monaten der Schwangerschaft liegen mußte, beschreibt das so: »Es war ihm zu langweilig. Er hat sich für mich mit bewegt – das ist heute noch so, wenn ich depressiv bin.« Das Kind will die körperlich und seelisch »tote« Mutter lebendig machen, aber es will sich auch schützen und retten. Alle Ich-Kräfte scheinen in diese Abwehrleistung des Ich zu fließen. Das hyperkinetische Kind kann nicht wie das dissoziale weglaufen, aber es kann in die eigene Bewegung fliehen.

Es wird verständlich, daß in der Therapie der hyperkinetischen Kinder in der Regel in vielen, meistens den schwereren Fällen, der therapeutische Zugang zur seelischen Welt des Kindes versperrt ist. Die therapeutische Arbeit setzt an der Differenzierung und Ausformung der Abwehrkräfte an, was beim hyperkinetischen Kind zugleich Arbeit an den Ich-Leistungen bedeutet. So ist durch Körperarbeit in der psychomotorischen Behandlung und durch Ergotherapie, wie es bei Steffen geschah, durch Arbeit an und mit der Abwehr auf längere Dauer gesehen eine bessere Anpassung an die jeweilige soziale Realität zu erwarten und eine Öffnung hin zu seelischen Räumen, die das Kind allmählich zu zeigen wagt.

Die strukturelle Verwandtschaft
von dissozialer und hypermotorischer Abwehr

Wenn hier eine psychodynamische Interpretation vertreten wird, die das hyperkinetische Syndrom bei kleineren Kindern in die Nähe des überwiegend bei Jugendlichen anzutreffenden dissozialen Syndroms rückt, möge man sich vor einem eventuellen vorschnellen Protest vor Augen halten, daß keineswegs das hyperkinetische Syndrom als Anfang einer dissozialen Karriere ausgegeben wird. Vielmehr geht es allein darum, auf

201

eine genetisch-strukturelle Verwandtschaft hinzuweisen: Die Art der Abwehr psychischer Traumatisierungen, so wird behauptet, ist in beiden Fällen eine analoge.

REDL und WINEMAN (1979) sahen sich bei ihren dissozialen Kindern vor eine ganz ähnliche Aufgabe gestellt wie HORN bei ihrem hyperkinetischen Therapiekind Peter: überschaubare Strukturen vorzugeben, ich-stützend einzugreifen und damit die Entwicklung einer eigenen Strukturierungsleistung im Sinne der »controls from within« zu begünstigen. Nun sind aber die hyperkinetischen wie die dissozialen Kinder und Jugendlichen keineswegs – wie es etwa bei HORN erscheinen könnte – strukturlos. REDL und WINEMAN beschreiben eindrucksvoll die »Alibi-Tricks« der dissozialen Persönlichkeit: Diese hängt mit aller Kraft an ihren dissozialen Verhaltensweisen und widersetzt sich einer Änderung, weil sie sich in eben diesen Verhaltensweisen einigermaßen sicher fühlt und in eine hilflose Situation zu geraten droht, wenn sie auf diese Verhaltensweisen verzichten muß. Die dissozialen Verhaltensweisen haben also, psychoanalytisch gesehen, sowohl eine Abwehr- als auch eine Anpassungsfunktion: Der dissoziale Jugendliche verhält sich so, weil er weiß, daß er damit in seinem Milieu einigermaßen zurechtkommt und seine Unsicherheitsgefühle überspielen kann.

Ähnlich ist die Psychodynamik des hypermotorischen Kindes vorzustellen. Auch dessen Verhalten ist nicht strukturlos, sondern genau abgestimmt auf die von HORNs Patienten Peter so prägnant charakterisierte Situations- und Beziehungsstruktur: »Nichts ist so, wie es gesagt wird.« Das hyperkinetische Verhalten also, mag es nun hirnorganisch oder auf andere Weise zu erklären sein, ist doch zugleich Teil einer Situations- und Kommunikationsstruktur. In einer unübersichtlich strukturierten oder durch widersprüchliche Botschaften (»double bind«) charakterisierten Situation verhält sich das hypermotorische Kind anders und »reifer« als etwa das autistische oder schizophrene Kind. Es zieht sich nicht in die »innere Welt« zurück, sondern setzt seine Verhaltensunsicherheit in fortwährende Aktivitäten um – freilich in Aktivitäten mit äußerst geringer Zeit- und Zielperspektive: eine Beschäftigung anfangen, aber bei der geringsten Störung zum Fenster rennen und hinaussehen und so weiter. Das Kind wehrt Unsicherheitsgefühle durch fortwährendes, aus der Erwachsenenperspektive unerwünschtes, gegen die Regeln der Erwachsenen verstoßendes »Tun« ab, um nur eines nicht erleben zu müssen: sich beim Stillsitzen ausgeliefert und einem fremden Willen unterworfen zu fühlen. Darin liegt die handlungsstrukturelle Verwandtschaft von hyperkinetischem und dissozialem Verhalten. Daß beide Verhaltenstypen auch gern gemeinsam auftreten, ist eine zusätzliche, willkommene Bestätigung der strukturellen Verwandtschaft (vgl. ROTHENBERGER 1988, S. 13).

Wir haben es noch nicht probiert und sind auch – aus ethischen Gründen – im Zweifel, ob man es probieren sollte, ein hypermotorisches Kind nach den Regeln der von ZASLOW entwickelten, bei autistischen Kindern angewandten Festhaltetherapie zu sistieren. Es scheint mir beinahe sicher, daß die durch das hypermotorische Verhalten mühsam niedergehaltene Panik dramatisch durchbrechen würde.

Der »Zappelphilipp« in der Struwwelpeter-Geschichte

Noch ein Blick zurück auf den »klassischen« Zappelphilipp:

> »›Ob der Philipp heute still
> wohl bei Tische sitzen will?‹
> Also sprach in ernstem Ton
> der Papa zu seinem Sohn,
> und die Mutter blickte stumm
> auf dem ganzen Tisch herum«
> (HOFFMANN o.J. S. 18).

HOFFMANN hat in seinem »Zappelphilipp« die schwer aushaltbare Dreierbeziehung in der Familie dargestellt. Hyperkinetisches Verhalten tritt vor allem beim Kontakt der Kinder mit mehr als einer Person auf. HOFFMANN weist auf die emotionale Stummheit in der Familie hin, auf die Diskrepanz zwischen Erleben und Sprache in der interfamiliären Kommunikation. So scheint das hyperkinetische Kind wie der Zappelphilipp in einem Hin und Her, einer Ambivalenz sowohl in der Beziehung zur Mutter als auch zum Vater hängen zu bleiben. Diese hält ihn in einem jeweils dualen Beziehungsmuster zu je einem der beiden Elternteile, seinen Platz zwischen und mit den Eltern in der Dreierbeziehung kann er nicht einnehmen und nicht halten.

Die Struwwelpeter-Verse und -Illustrationen zeigen eine gespannte Familienatmosphäre voller teils undeutlicher, teils überdeutlicher Botschaften: Der Papa spricht voller Autorität und befiehlt stillzusitzen. Aber die Mutter? Sie ergreift niemandes Partei, blickt nur stumm auf dem ganzen Tisch herum. Man kriegt einfach nicht heraus, was sie will: alles in allem eine total unübersichtliche Situation. Wirklich ungemütlich für Philipp, derart zwischen allen Stühlen zu sitzen. Und nun sein genialer Einfall: Er verkehrt Passivität und Aktivität, tut etwas, stellt szenisch dar, wie es einem zumute ist, der zwischen den Stühlen sitzt. Natürlich, Philipps »Tun« ist kein Handeln im Sinne der Erwachsenen. Ihm fehlt die Übersicht über Zusammenhänge, die nötige Voraussicht der Folgen. Nach dem Prinzip »kleine Ursachen – große Wirkungen« kommt es endlich zur Katastrophe, wie dies bei kleinen Kindern oft der Fall ist.

Abbildung 3

»Seht! er schaukelt gar zu wild,
bis der Stuhl nach hinten fällt.
Da ist nichts mehr, was ihn hält.
Nach dem Tischtuch greift er, schreit.
Doch was hilft's? Zu gleicher Zeit
fallen Teller, Flasch und Brot.
Vater ist in großer Not,
und die Mutter blicket stumm
auf dem ganzen Tisch herum«
(HOFFMANN o.J., S. 19).

Hypermotorik besteht darin, daß zur Abwehr von Unsicher-
heitsgefühlen Handlungsrudimente eingesetzt werden, und
zwar durchaus passend zum jeweiligen Kontext. Im Falle des
HOFFMANNschen Zappelphilipp wäre man fast versucht, MARX
zu bemühen: Philipp spielt den versteinerten Verhältnissen
ihre eigene Melodie vor, um sie zum Tanzen zu bringen.

V. Die klassischen Neurosen

Zum Begriff »Neurose«

Noch einmal ist in Erinnerung zu rufen, daß die verschiedenen Störungen nicht in beliebiger Reihenfolge gebracht werden, sondern an Hand eines bestimmten Leitfadens: daß sie in Beziehung zu bestimmten Entwicklungsstadien des kindlichen Ich gesetzt werden. Die Urkrankheit ist die Depression, das Minderwertigkeitsgefühl, die narzißtische Wunde. Die verschiedenen manifesten Krankheitsbilder sind nichts anderes als Versuche, diese narzißtische Wunde des Nicht-geliebt-Werdens mit unterschiedlichen Mitteln zu »versorgen« – mit Mitteln, die von der Entwicklungsreife des kindlichen Ich abhängig sind. Der Autismus ist der Kompensationsversuch eines noch gänzlich hilflosen Ich. Das einzige Mittel, das diesem Ich zu Gebote steht, ist das Sich-Wegdrehen, das Sich-Abwenden von einer kalten Welt. Der Süchtige und der Perverse sind schon einen Schritt weiter. Sie schaffen sich in dieser kalten Welt ihr Eckchen, wo sie sich warm und geborgen fühlen: der Trinker bei seiner Flasche, der Fetischist mit seinem Fetisch. Im Anschluß an WINNICOTT wurde gesagt, daß der Süchtige und der Fetischist »Übergangsobjekte« bilden, das heißt symbolische Stellvertretungen der guten Mutter und des intakten Selbst, die ihnen das Überleben ermöglichen.

Beobachtungen zeigen, daß besonders viele Menschen nach sexuellen, besonders nach perversen Exzessen einen Zusammenbruch erleiden und in der Klinik landen. Das hat seinen Grund in dieser Übergangsobjekt-Natur der sexuellen Befriedigungen: Wenn mit dem Übergangsobjekt, das sozusagen die heile Welt verkörpert, etwas nicht klappt, dann bricht für den Süchtigen eine mühsam aufgebaute Welt zusammen. Es kommt zur inneren Katastrophe.

Ein nächster Entwicklungsschritt führt zum Psychopathen. Dieser hat schon innere Kraft genug, um Rache zu nehmen und den Leuten heimzuzahlen, was sie ihm angetan haben. »So beschloß ich denn, ein Bösewicht zu werden«, sagt Richard III.

in Shakespeares Drama. Der Psychopath beschließt gewissermaßen, ein Bösewicht zu werden, keine sozialen Grenzen anzuerkennen, rücksichtslos seinen Bedürfnissen zu folgen und dabei über Leichen zu gehen. Die meisten Menschen haben in ihrer Entwicklung die psychopathische Stufe erreicht, sind also im Grunde ihres Herzens solche Bösewichte und rücksichtslose Egoisten. Dies war eine der wichtigsten Feststellungen FREUDS, die ihm so viel Feindschaft eingetragen hat und manche dazu verleitete, ihn für einen Menschenverächter zu halten: »So sind wir auch selbst, wenn man uns nach unseren unbewußten Wunschregungen beurteilt, wie die Urmenschen eine Rotte von Mördern« (FREUD 1915, S. 351).

Wieder komme ich auf den bereits mehrfach angeführten Satz FREUDS zurück: »Alle, die edler sein wollen, als ihre Natur es erlaubt, verfallen der Neurose. Sie hätten sich wohler befunden, wenn es ihnen möglich gewesen wäre, schlechter zu sein.« Ich sagte: Psychopathie besteht darin, daß man seine Bedürfnisse durchsetzt, ohne Rücksicht auf Realitäten, auf soziale Bindungen. Neurose besteht darin, daß man das gleiche tut wie der Psychopath und *sich obendrein noch darüber täuscht, daß man es tut*. Die Stärke des psychopathischen Ich besteht darin, seine Ellenbogen zu gebrauchen, Ohrfeigen rechts und links auszuteilen, sich seiner Haut zu wehren. Für das neurotische Ich kommt noch eine weitere Fähigkeit hinzu: weiterhin Ohrfeigen auszuteilen, seine archaischen Bedürfnisse zu befriedigen wie der Psychopath – aber dies in einer Weise zu tun, daß man selbst und möglichst auch die Mitwelt nicht merkt, daß man es tut. Die Neurose unterscheidet sich von der Psychopathie um eine sozusagen kognitive Dimension. Was zur Psychopathie an Ich-Leistung hinzukommt, ist die Fähigkeit, über sich selbst zu denken, und zwar falsch über sich zu denken: sich über sich selbst zu täuschen. In der Neurose bezieht das Ich eine distanzierte, gebrochene Position zu sich selbst.

Hier wird der Begriff Neurose also in einem spezifischen Sinn verwendet, der es gestattet, Neurosen von anderen psychogenen Störungen zu unterscheiden. Freilich ist einzuräumen, daß dieser Begriff so, wie er sich historisch entwickelt hat, zu den allerunglücklichsten zählt, die in der ganzen Medizin und Psychologie existieren. Er wurde 1776 von dem englischen Arzt CULLEN geprägt. Alle Krankheitsbezeichnungen, die auf *-ose* enden, bezeichnen nach der Logik der medizinischen Nomenklatur einen chronisch-degenerativen Prozeß, während die Krankheiten mit der Endung -itis ein akut oder auch chronisch entzündliches Geschehen meinen. Die Gelenksarthrose ist zum Beispiel ein degenerativer Prozeß. Wenn die Gelenkerkrankung dagegen akut oder entzündlich ist, heißt sie Arthritis.

Nun gibt es logischerweise auch eine Neuritis, eine Nervenentzündung, und eine Neurose. Letztere müßte nach der Logik dieses Modells eine chronisch-degenerative Erkrankung des Nervensystems sein. Und so stellte man sich die Neurose im 19. Jahrhundert bis zu den Entdeckungen FREUDS auch tatsächlich vor: Die Neurotiker wurden als »degenerées« bezeichnet, als Menschen mit einem degenerierten Nervensystem. Das ist natürlich ganz falsch, aber der Ausdruck »Neurose« hat sich zur Bezeichnung einer bestimmten Gruppe »nervöser« Erkrankungen trotzdem bis auf den heutigen Tag erhalten.

Es ist von daher nicht ganz unverständlich, daß die modernen psychiatrischen Diagnosesysteme ICD und DSM ohne den belasteten Begriff auszukommen versuchen. Allerdings entsteht dabei ein neues, etwas paradoxes Problem: Um diesen falsch gebildeten Begriff herum haben sich in 100 Jahren Psychoanalysegeschichte Wissensbestände angesammelt, die bei einer Aufgabe des Begriffs in Gefahr wären, ebenfalls eliminiert zu werden (vgl. BLUESTONE 1985; SCHUSTER u. STROTZKA 1985). Der paradoxe Umstand liegt nun darin, daß man sich heute aus psychoanalytischer Sicht für den Erhalt dieses »falschen« Begriffs einsetzen muß, damit wahre und zutreffende Erkenntnisse über das Wesen psychischer Krankheit nicht verloren gehen.

Die neueren psychoanalytischen Definitionen von Neurose sind relativ konkordant. So bestimmen LAPLANCHE und PONTALIS Neurose als »psychogene Affektion, deren Symptome symbolischer Ausdruck eines psychischen Konflikts sind, der seine Wurzeln in der Kindheitsgeschichte des Subjekts hat; die Symptome sind Kompromißbildungen zwischen dem Wunsch und der Abwehr« (LAPLANCHE u. PONTALIS 1972, S. 325).

ROSKAMP definiert Neurose als einen »verinnerlichten Konflikt zwischen den ursprünglichen Bedürfnissen des Individuums ... und den Bedürfnissen und Interessen der Außenobjekte« (ROSKAMP 1977, S. 82).

Ein Konflikt kann nur bestehen, wo mehr als eine Strebung herrscht, wo das Ich gleichsam gespalten, mit sich selbst uneins, entzweit ist, ein »gebrochenes« Verhältnis zu sich selbst einnimmt. Im Hinblick auf das gebrochene Verhältnis konvergieren diese Definitionen mit der von mir oben gegebenen: Neurosen sind seelische Krankheiten, bei denen sich das Ich *über die wahre Natur seines Leidens täuscht und ein Ersatzleiden an dessen Stelle setzt.*

Eine interessante Diskussion zwischen FREUD und FERENCZI zum Thema der Symbolisierungen beziehungsweise Fehlsymbolisierungen als kognitive »Bedingung der Möglichkeit« von Neurose, wie hier skizziert, läßt sich jetzt an Hand ihres sukzessive erscheinenden Briefwechsels verfolgen.

FERENCZI hatte in seinem kleinen Aufsatz »Zur Ontogenese der Symbole« (1913) geschrieben, daß Kinder zwar vom frühesten Alter an Dinge und Vorgänge kontaminieren würden, daß diese Produkte »unscharfer Distinktionen und Definitionen« (FERENCZI 1913, S. 173) aber noch keine Symbole im psychoanalytischen Sinne darstellten. Diese spezifische Art von Symbolisierung beginne eigentlich erst als Fehlsymbolisierung, wenn nämlich »das eine Glied der Äquation ins Unbewußte verdrängt ist« (ebd.).

Das sei der Grund, schreibt FERENCZI an FREUD, warum »die Kinder [d.h. die ganz kleinen] keine Symbolik verstehen ... Solange man naiv ... ist, d.h. nicht verdrängt, braucht man keine indirekte Sprache ...« (FREUD u. FERENCZI 1993, S. 393).

FREUD versteht dies offenbar nicht ganz. Er schreibt zurück, man könne doch gerade am »kleinen Hans« sehen, daß die Kinder von vornherein Symbole gebrauchen. Darauf erwidert FERENCZI:

»Ich meinte ja nicht, daß die Kinder die Symbolik nicht verstehen, da sie noch keine *haben; sie haben nichts anderes* [von FERENCZI zweimal unterstrichen!], aber eben darum spüren sie nichts *Besonderes* bei symbolischen Redensarten. Erst mit der Verdrängung (Latenz) erlangen die Symbole besondere Bedeutung. ...
Der kleine Hans war schon ein Neurotiker – er konnte also schon Symbole nicht nur bilden, sondern auch verstehen« (ebd., S. 395) – und, so setze ich hinzu: Er konnte Symbole mißverstehen. Das ist der entscheidende Punkt.

Daß es eines kognitiven Differenzierungsschrittes bedarf, um überhaupt ein Neurotiker sein beziehungsweise zu einem Neurotiker werden zu können, hatte ich – noch ohne diese Briefstellen zu kennen – mit meinen Ausführungen belegen wollen.

Zwangsneurose

Es soll hier zunächst von einem Jungen berichtet werden, der mit etwa 12 Jahren an einer Zwangsneurose erkrankte. Ich bekam ihn erst sehr viel später zu sehen, als er bereits sein Studium beendet hatte und nun eine andere neurotische Symptomatik zeigte, die abschließend ebenfalls kurz zu charakterisieren sein wird.

Mit 12 Jahren also traten die ersten Zwangssymptome auf. Der Patient stammte aus einer äußerlich geordneten, aber innerlich disharmonischen Akademikerfamilie: Der Vater war um 22 Jahre älter als die Mutter, der Patient das älteste von drei Geschwistern. Der Vater war betont unreligiös eingestellt, die Mutter pflegte eine romantische Gefühlsfrömmigkeit. Der Junge hatte sich zunächst auf der Grundschule nicht sonderlich für religiöse Dinge interessiert, suchte aber nun, in den ersten beiden Gymnasialklassen, Anschluß bei Geistlichen und in kirchlichen Jugendgruppen. Er wurde Ministrant und ein richtiger Über-Ich-Christ, der keine Sonntagsmesse versäumte, weil er das für eine schwere Sünde hielt. Mit seinem kirchlichen Engagement hatte er zu Hause einen schweren Stand: Zeitweise ironisierte ihn der Vater, zeitweise gab es häuslichen Krach größten Ausmaßes, wenn der Junge sich an einer sonntäglichen Familienunternehmung nicht beteiligen wollte und stattdessen zur Kirche ging.

In das 12. Lebensjahr fiel seine Firmung, und zu dieser Zeit manifestierte sich seine Zwangsneurose. Er saß vor dem Gottesdienst in einem Café und trank noch schnell eine Schokolade, wollte sich auf die bevorstehende Zeremonie konzentrieren, und da kam ihm unvermittelt der höchst anstößige Gedanke in den Kopf: »Beim Arsche der Gottesmutter ...« Er war entsetzt, dachte, er hätte sich jetzt schwer versündigt und stand die religiöse Zeremonie unter Qualen durch, da der Gedanke, den er durchaus wegschieben wollte, noch einige Male wiederkehrte.

In der Folgezeit drängten sich ihm noch öfter sexuelle Bilder in der Kirche auf. So mußte er zum Beispiel immer wieder grübeln, ob der Gekreuzigte unter seinem Schamtuch denn auch ein Glied habe. Gleichzeitig kamen ihm diese Gedanken sehr sündhaft vor, er entwickelte sich zum Skrupulanten und fragte sich fortwährend: Habe ich diese schlimmen Gedanken nun gedacht oder nicht? Über eine Antwort auf diese Frage grübelte er dann bis spät in die Nacht hinein.

Je mehr er dagegen ankämpfte, desto schlimmer breiteten sich die sexuellen Vorstellungen aus. Er konnte bald keinen Füllfederhalter mehr zur Hand nehmen, ohne daß ihm ein männliches Glied dabei einfiel. Oder er konnte den Querstrich beim F nicht machen, weil ihn auch der an ein Glied erinnerte. Eines Tages monierte einer seiner Lehrer, daß er immer in seinen Heften einen breiten Innenrand frei ließ, und wollte wissen, warum. Der Patient suchte Ausflüchte, denn er konnte dem Lehrer ja nicht gut gestehen, daß die Knickspalte in der Heftmitte für ihn eine weibliche Scheide bedeutete, die er nicht berühren durfte, weil er sich sonst versündigte.

Wenn er mit den anderen Jungen Fußball spielte, wurde er zum Gespött: Er hielt immer die Hand *unter* die Augen – so wie andere die Hand über die Augen halten, wenn die Sonne sie blendet. Er wollte damit vermeiden, die untere Körperhälfte seiner Mitspieler zu sehen, weil er sonst gleich wieder an ein Glied hätte denken müssen.

Ein merkwürdiges Symptom war noch das »Versprechen«, das auch – neben der Firmungsepisode mit dem »Arsch der Gottesmutter« – zu den frühesten Symptomen zählte: Eines Morgens saß er (als Zwölfjähriger!) im Bett seiner Mutter und übte ein Stück auf seiner Blockflöte. Da packte ihn der Gedanke: Du wirst jetzt versprechen, daß du das Stück fehlerfrei spielst. Wenn du einen Fehler machst, dann versündigst du dich.

Die Familie wohnte recht beengt, und es war aus Raumgründen fast unmöglich, jedes Mal zu verhindern, Zeuge zu werden, wenn die Mutter sich auszog. Auch dies führte zu abenteuerlichen Vermeidungen, die wiederum die Wut des Vaters auslösten, wenn der Patient zum Beispiel abends in der Küche saß, bis er die Mutter im Bett wußte, damit er sie nicht im Nachthemd sah.

Wenn wir nachtragen, daß der Patient etwa zu dieser Zeit

die Selbstbefriedigung entdeckt hatte, wird manches klarer. Wir haben es mit dem ersten sexuellen Triebschub zu tun, der einen sehr sensiblen, gefühlvollen Jungen traf, der psychisch noch ein ganz muttergebundenes Kind war, um so mehr, als er den Vater bloß fürchtete und keine Stütze an ihm hatte. Er wollte es einfach nicht wahrhaben, was da sexuell in ihm vorging, daß er sich für Glied und Scheide interessierte. Er griff zu den abenteuerlichsten Hilfskonstruktionen, um nicht sehen, nicht denken zu müssen, und je mehr er versuchte, sich diese Gedanken aus dem Kopf zu schlagen, desto mehr liefen sie ihm nach und vermehrten sich unaufhörlich. Das ist der *Grundmechanismus der Zwangsneurose: Das Bewußtsein will einen Gedanken nicht und schickt ihn fort, aber der Gedanke ist stärker, er kommt immer wieder und drängt sich zwanghaft auf.*

Dieser zwangsneurotische Schub dauerte nur etwa zwei Jahre. Dann hatte er die Selbstbefriedigung unter Kontrolle, fühlte sich nicht mehr schuldig und wurde von diesem Zeitpunkt an nicht mehr so von Zwangsgedanken geplagt. Erst zur Zeit des Abiturs setzte eine zweite, heftige Welle von Zwangsgedanken ein, mit ähnlicher Thematik wie das erste Mal. Biographisch stand zweierlei im Hintergrund. Zum einen bedeutete das Abitur und die Aufnahme des Studiums eine Trennung vom Elternhaus, und zum anderen bekam seine Mutter zu dieser Zeit noch ein Kind.

Wie gesagt, ich begegnete diesem Patienten erst in seiner dritten neurotischen Phase nach dem Staatsexamen. Diese Phase fiel in die Zeit der Studentenbewegung. Der Patient hatte die religiösen Zwänge seiner Jugend abgeschüttelt und mit der Kirche nichts mehr im Sinn. Infolgedessen sah sein jetziger Zustand auch anders aus. Er hatte jetzt keine Zwangsneurose mit Versündigungsideen mehr, sondern eine Herzneurose mit Todesängsten.

Blühende Zwangsneurosen sind heute weniger häufig als früher; sie gedeihen besonders gut in einem kirchlich geprägten, insbesondere im katholischen Milieu. Natürlich gibt es auch unter »klinisch Normalen« sehr oft einzelne Zwangssymptome: der mehrfache Blick zum Gashahn oder zum Elektroofen – ist er auch wirklich aus? Andere Symptome sind Ordnungszwänge: Ein Mädchen muß seine Pullover im Schrank immer in einer bestimmten Ordnung aufschichten. Oder man sieht ein Messer daliegen und denkt: Wie wäre es, wenn du damit zustoßen würdest? Als Einzelsymptome sind solche Erscheinungen recht verbreitet, aber Zwangssyndrome sind heute weniger häufig.

Die Symptome

Wir können bei diesem Jungen bereits fast alle wichtigen Symptome der Zwangsneurose erkennen. Das erste und wichtigste sind dabei die *Zwangsvorstellungen*, bei unserem Patienten sexuelle oder blasphemische Wörter oder Bilder, die sich dem Bewußtsein aufdrängen und sich nicht verscheuchen lassen.

Von den Zwangsvorstellungen kann man die *Zwangsimpulse* unterscheiden. Zum Beispiel verspürte mein Patient, was ich vorhin nicht erwähnte, des öfteren den Impuls, wenn er auf der Straße einen Kothaufen sah, hineinzutreten und den Dreck an seinen Schuhen in die Kirche zu tragen. Außerordentlich verbreitet ist der Zwangsimpuls, einem Menschen, der einem nahe steht, mit einem Messer, einem Beil, einem Hammer oder ähnlichem umzubringen. Man sieht das Beil daliegen, und schon zuckt der Impuls auf: Schlag ihm doch den Schädel ein! Diese Impulse sind sehr verbreitet; fast jeder spürt sie gelegentlich. Seltsamerweise sind sie fast immer an den Anblick eines bereitliegenden Mordwerkzeugs gebunden. Kaum jemand hat den Zwangsimpuls, einen anderen zu erwürgen, denn dazu müßte er ja seine eigenen Hände gebrauchen. Charakteristisch ist auch, daß diesen Zwangsimpulsen eigentlich niemals nachgegeben wird. Warum sie trotzdem als derart bedrohlich erlebt werden, wird später noch zu erörtern sein.

Weiter finden wir bei unserem Patienten eine dritte Gruppe von Zwangssymptomen: *Zwangshandlungen und -rituale*. Wenn er die Hand unter die Augen hält oder sich unbedingt verpflichtet, das Stück auf der Blockflöte fehlerfrei zu spielen, sind das solche Zwangshandlungen. Sie dienen dazu, eine Angst zu beschwichtigen oder eines unerwünschten Gedankens Herr zu werden, also zum Beispiel beim Fußballspielen nicht auf die Geschlechtsorgane der Mitspieler schauen zu müssen. Oft weiß man nicht, wozu die Handlungen dienen sollen, weil der Patient es nicht verrät oder es selbst vergessen hat. Berühmt geworden ist die Krankengeschichte eines Mannes, der zwölf Bleistifte hatte und Stunden damit verbrachte, sie zu ordnen. Dieser

Mann hat nie verraten, warum er das tat, welches Unheil er damit abwenden wollte, und ist nicht geheilt worden.

Ein weiteres Symptom ist das *Grübeln*. Nimmt man den Ausdruck wörtlich, dann bedeutet grübeln: kleine Gruben machen (Grimm 1935, 4 I 6, S. 612). Der Zwölfjährige, der darüber grübelt: »Habe ich das nun gedacht oder nicht?« denkt keinen wirklichen Gedanken, er zupft und zerrt gleichsam an einer Vorstellung herum. Treffend wird die Aussichtslosigkeit des zwangsneurotischen Grübelns in einem Scherz charakterisiert: Das Problem des Zwangsneurotikers sei herauszufinden, ob das Licht im Kühlschrank ausgegangen ist oder nicht. Er mag grübeln und grübeln, er wird es niemals ergründen.

Bei einem symptomreichen und undurchsichtigen Krankheitsbild empfiehlt es sich, danach zu fragen, welches das Zentralsymptom oder was gewissermaßen der Stützbalken sein mag, der das ganze Krankheitsgebäude trägt. Bei der Zwangsneurose fällt die Antwort nicht schwer. Das zentrale Symptom ist hier die *Zwangsvorstellung*, ein irgendwie entsetzlicher Gedanke oder ein entsetzliches Bild, das sich immer wieder aufdrängt. Das Grübeln oder die magischen Rituale sind wie ein Kranz um diese zentrale Zwangsvorstellung herumgelegt. Entsetzlich aber kann dieser Gedanke aus verschiedenen Gründen sein. Entweder weil er verrückt oder verboten ist und quälende Schuldgefühle verursacht, oder weil unheilvolle Folgen erwartet werden: Wenn ich das oder das tue, dann werde ich krank oder dann stirbt mein Vater und so weiter. Diese Zwangsvorstellungen sind oft von einer geradezu erlesenen Scheußlichkeit. So mußte sich ein Patient Freuds, ein junger Offizier, ausmalen, daß an einer jungen Dame, die er liebte, eine grausame orientalische Strafe vollzogen würde: Über das Gesäß der Verurteilten wird ein Topf gestülpt, in dem sich Ratten befinden, und diese fressen und bohren sich in den After der Verurteilten hinein (Freud 1909b, S. 392). Doch Zwangsvorstellungen werden eigentlich niemals in die Tat umgesetzt. Der junge Offizier würde nicht im Traum auf die Idee kommen, die Dame seines Herzens wirklich auf so einen Rattentopf zu setzen.

Die »Allmacht der Gedanken«

Warum wird der Gedanke als so bedrohlich erlebt? Dies hängt mit einem ersten psychologischen Charakteristikum der Zwangsneurose zusammen: Der Zwangsneurotiker erlebt seine Gedanken als etwas ungemein Mächtiges. Er weiß nicht, daß Denken und Tun zweierlei sind; er glaubt, aus dem Gedanken könne ganz unversehens eine Tat werden. Dies nennt die Psychoanalyse die »*Allmacht der Gedanken*«. Der Zwangsneurotiker lebt in der irrigen, wahnhaften Vorstellung: Was ich denke, das geschieht auch, oder: Ich muß unheimlich aufpassen, daß es nicht geschieht. Freud sagt, es sei kein Zufall, daß der Zwangsneurotiker regelmäßig abergläubisch sei, denn auch der Abergläubische lebe vom Glauben an die Gedankenallmacht.

Überschätzung der gedachten gegenüber den realen Zusammenhängen findet man beim kleinen Kind etwa vom dritten bis zum vierten Lebensjahr, weshalb diese Phase auch von nicht-psychoanalytischen Entwicklungspsychologen als Phase des magischen Weltbildes angesehen wird. Ein Beispiel dieser »magischen« Denkweise bei kleinen Kindern: Ich gehe mit meiner Tochter, drei Jahre alt, im Wald spazieren, trage sie auf den Schultern. Plötzlich fängt es stark an zu regnen. Sie hat einen kleinen Kinderregenschirm mit, und ich denke, wenn sie den aufspannt, bleiben wir beide einigermaßen trocken. Sie ist aber um keinen Preis zu bewegen, ihren Regenschirm aufzuspannen; also werden wir beide naß. Eine Woche später an der gleichen Stelle. Diesmal hat sie ihren Schirm zu Hause gelassen. Wieder fängt es an zu regnen. Sie sagt: »Das ist aber dumm, daß ich meinen Schirm zu Hause gelassen habe, darum regnet es jetzt.« Aha, denke ich mir, der Schirm ist für sie kein Regendach, sondern ein Mittel, um den Regen wegzuzaubern. Dann ist es auch logisch, daß sie das erste Mal den Schirm nicht aufspannen wollte: Wenn's sowieso schon regnet, hat sie sich damals wohl gedacht, wozu soll ich dann noch den Schirm aufspannen?

Beobachtungen solcher Art haben Freud seinerzeit dazu veranlaßt, in seiner berühmten Schrift »Totem und Tabu« (1912–13) Parallelen zwischen dem Seelenleben des kleinen Kindes, des »Wilden« und des Neurotikers zu ziehen. In der Tat liegen die Parallelen im Verhalten meiner Tochter mit dem Regenzauber primitiver Volksstämme auf der Hand: Der Regenschirm wird als Fetisch, als Zauberding verwendet. Wie die Primitiven oft ihren Fetisch bestrafen, wenn er versagt, tut dies auch meine Tochter: »Wenn du schon nicht den Regen abgehalten hast, du nichtsnutziges Ding, dann sollst du jetzt auch nicht aufgespannt werden.«

ZULLIGER hat in seinen Büchern (z.B. 1967) viele eindrucksvolle Beispiele magisch-mythischen Denkens bei Kindern mitgeteilt. Er hält das magische Denken überhaupt für das wahrhaft kindliche, setzt die Kinder ganz und gar mit den Primitiven gleich. Demgegenüber möchte ich mein Beispiel mit einem Vorbehalt versehen: Mir ist nicht ganz klar geworden, wie weit meine Tochter wirklich an ihren Regenzauber glaubt und ob sie nicht doch auch Witze machen will. Nach meinen Beobachtungen ist es nicht so, daß das Kind ganz und gar in der magischen Welt lebt. Es kann vielmehr beides fast genau gleichzeitig, die Welt sowohl mit realistischen als auch mit magischen Augen betrachten.

Ein ähnlich gebrochenes Verhältnis zum magischen Denken hat der Zwangsneurotiker. Er findet in sich diese Zwangsvorstellungen, die ihm so gewaltig und übermächtig vorkommen, daß sie Unheil anrichten können, wenn er nicht ungeheuer aufpaßt. »Wenn ich mein Haar anfasse, werde ich unrein«, war die Zwangsvorstellung eines von SCHOTTLAENDER behandelten 17jährigen Mädchens (1959, S. 27ff.). Logisch ist dieser Gedanke von der gleichen magischen Struktur wie der meiner Tochter mit dem Regenschirm: »Wenn ich meinen Schirm zu Hause lasse, dann regnet's.« Und nun greift der Zwangsneurotiker zu »magischen« Gegenmitteln, um die Zwangsvorstellung zu bannen. Der zwölfjährige Junge, von dem ich berichtete, wollte nicht an Geschlechtsorgane denken, also erfand er das groteske Abwehrritual des Die-Hand-unter-die-Augen-Haltens und dachte auf diese Weise fortwährend an Geschlechtsorgane. Aber so, wie er es jetzt tat, war es moralisch zulässig, war es keine Sünde mehr. Der sündenhafte Charakter der geschlechtlichen Gedanken wurde durch die Manipulation erfolgreich »weggezaubert«.

Für die Neurosen ist – im Unterschied zu anderen Verhaltensstörungen – ein Moment der Selbsttäuschung, der Verdrängung charakteristisch. Worüber täuscht sich der Zwangsneurotiker? Ich denke, er täuscht sich über zweierlei. Erstens über die Macht seiner Gedanken und zweitens darüber, daß er selbst der Urheber seines ganzen Gedankenspektakels ist.

Wie mächtig sind Gedanken wirklich?

Das gemeine wissenschaftliche Denken neigt paradoxerweise dazu, die Macht der Gedanken zu unterschätzen. Gedanken erscheinen hier als blutleere Schatten, die auf geduldiges Papier niedergeschrieben werden und niemanden sonderlich aufregen. Welche *Macht* aber tatsächlich von Gedanken ausgehen kann, sieht man am ehesten bei den sogenannten »fixen Ideen« und dem Unheil, das manchmal aus ihnen entsteht. Wenn jemand etwa an einer eingebildeten Blutvergiftung stirbt oder, wie Hitler, mit seinem Rassenwahn Millionen in den Tod schickt. Kein Zweifel, Gedanken sind mächtig, Gedanken können sogar töten.

Insofern hat der Zwangsneurotiker also ganz recht: Von Gedanken kann Macht ausgehen. Die zwangsneurotischen Gebräuche gehen von der Erkenntnis aus, daß Gedanken etwas bewirken können. Wie überhaupt Magie in früheren Zeiten, noch in der Romantik, nichts mit abergläubischem Hokuspokus von Kartenlegen und Kaffeesatz zu tun hatte, sondern die Lehre von geistigen Wirkzusammenhängen in der Natur war: »Das Magische«, schreibt der Arzt und Psychologe CARUS im letzten Jahrhundert, »ist nichts Außer- oder Übernatürliches, sondern das tiefste Natürliche selbst. Es kommt überall dort zustande, wo ein Unbewußtes das ihm vorschwebende Ziel schneller als gewöhnlich und mehr direkt oder unmittelbar erreicht« (CARUS 1925, S. 15).

Ein einfaches Beispiel: Wenn ich Fieber habe, mich ins Bett lege und warte, bis die vom Arzt verschriebenen Mittel wirken, dann folge ich damit einer naturwissenschaftlichen Methode der Heilung. Wenn ich mir aber mit ganzer Kraft sage: »Ich will jetzt nicht krank sein, ich darf jetzt nicht krank sein«, und aufstehe und das Fieber verschwindet und ich mich gesund fühle – dann ist das eine »magische« Heilung durch die Macht der Gedanken.

In diesem Sinne erzeugen gute Gedanken Leben und Wohlbefinden, schlechte Gedanken Mißbefinden und Krankheit. Insofern ist der Zwangsneurotiker mit Recht beunruhigt, daß er sich so voller schlechter Gedanken findet. Aber trotzdem täuscht er sich. Er weiß nicht, daß es auf die Grundrichtung der Gedanken ankommt, daß der einzelne Einfall hingegen bedeutungslos ist.

Wenn da einer ein Beil liegen sieht und denkt: »Das könnte ich jetzt meinem Vater über den Kopf hauen«, dann ist dieser Gedanke als solcher völlig harmlos. Er würde verschwinden, wenn man ihn nur ruhig betrachtete und sich vielleicht ein bißchen humorvoll darüber hinwegsetzte. Gefährlich an solchen Gedanken ist nur die Grundströmung des Denkens, die dahintersteckt, die lebensfeindliche Einstellung. Mit ihr sollte man sich auseinandersetzen.

Zwangsvorstellungen sind mächtige Seelenkräfte. Sie sollten in freundlicher Ruhe zu Ende gedacht und dann beiseite gelegt werden. JUNG hat in seinen Lebenserinnerungen beschrieben, wie er als Gymnasiast von einer Zwangsvorstellung geplagt wurde und wie er sie schließlich überwunden hat:

»An einem schönen Sommertag desselben Jahres (1887) kam ich mittags aus der Schule und ging auf den Münsterplatz. Der Himmel war herrlich blau, und es war strahlender Sonnenschein. Das Dach des Münsters glitzerte im Licht, und die Sonne spiegelte sich in den neuen, buntglasierten Ziegeln. Ich war überwältigt von der Schönheit dieses Anblicks und dachte: ›Die Welt ist schön und die Kirche ist schön, und Gott hat das alles geschaffen und sitzt darüber, weit oben im blauen Himmel, auf einem goldenen Thron und –‹ Hier kam ein Loch und ein erstickendes Gefühl. Ich war wie gelähmt und wußte nur: Jetzt nicht weiterdenken! Es kommt etwas Furchtbares, das ich nicht denken will, in dessen Nähe ich überhaupt nicht kommen darf. Warum nicht? Weil du die größte Sünde begehen würdest« (JUNG 1984, S. 42).

Von da an beschäftigte sich JUNG mit dem Nicht-Denken des sich aufdrängenden Gedankens und war lange ziemlich verstört, schlief schlecht, und seine Mutter dachte, er sei krank, bis er in der dritten Nacht erwachte und wußte, daß er denken mußte. Qualvoll überlegte er, ob er es dürfe; er dachte über den Willen Gottes nach, über seine Ahnen bis zu Adam, Eva und der Schlange. Es ging um sein Seelenheil. Wollte Gott, daß er sündigte, oder seinen Mut? »Ich faßte allen Mut zusammen, wie wenn ich in das Höllenfeuer zu springen hätte und ließ den Gedanken kommen: Vor meinen Augen stand das schöne Münster, darüber der blaue Himmel, Gott sitzt auf goldenem Thron, hoch über der Welt, und unter dem Thron fällt ein ungeheures Exkrement auf das neue bunte Kirchendach, zerschmettert es und bricht die Kirchenwände auseinander« (ebd., S. 45).

Der Zwang im Dienst von Abwehr und Selbstschutz

Noch einmal: Der Zwangsneurotiker täuscht sich über zweierlei. Er weiß die Mächtigkeit seiner Gedanken nicht richtig einzuschätzen, und vor allem aber täuscht er sich darüber, daß er selbst der Urheber des ganzen Gedankenspektakels ist.

Diese zweite Selbsttäuschung des Zwangsneurotikers wurde von SCHOTTLAENDER besonders eindringlich dargestellt: Der Zwangsneurotiker ist ein Mensch, der unter Zwängen leidet, dem sich Gedanken und Bilder aufdrängen, die er offenbar nicht will. Woher aber kommen diese Zwangsvorstellungen?

SCHOTTLAENDER vergleicht den Zwangsneurotiker mit einem Menschen, der einen posthypnotischen Auftrag ausführt. Wenn jemand in der Hypnose den Auftrag erhalten hat, irgend etwas Beliebiges zu tun, dann tut er es. Aber er weiß nicht, warum er es tut, und erfindet vielleicht irgendwelche seltsamen Gründe, sogenannte »Rationalisierungen«. Sollte es beim Zwangsneurotiker einen ähnlichen Mechanismus geben oder einen »Hypnotiseur«, dessen posthypnotische Befehle der Patient in seinen Zwängen ausführt?

SCHOTTLAENDER sieht in der Zwangsneurose den Abwehrversuch eines Menschen, der von einer liebesarmen und aggressiven Mutter in Form einer Dauerhypnose dazu verurteilt wird, auf seine Selbstverwirklichung zugunsten der mütterlichen Wünsche zu verzichten.

»Wir könnten die Situation des Zwangsneurotikers mit derjenigen eines in Fahrt befindlichen Schiffs vergleichen, dessen Zentralsteuerung in den ersten Jahren von der Mutter geführt wurde. Das Bild der Mutter, das sich im Über-Ich verdichtet, bleibt Herr des Schiffes so lange, bis es einem Angehörigen der Außenwelt gelingt, Zutritt zu der verschlossenen Befehlszentrale zu erzwingen« (SCHOTTLAENDER 1959, S. 33).

Wer herrscht in der verschlossenen Befehlszentrale des Zwangsneurotikers? SCHOTTLAENDER äußert sich etwas undeutlich. Bald macht er uns glauben, es herrsche die Mutter, bald deutet er an, es sei die Abwehr gegen die Mutter beziehungsweise das Freiheitsstreben des kindlichen Ich.

Dieses Dilemma – wer beherrscht den Zwangsneurotiker: die Mutter oder die Gegenwehr gegen sie? – ist von QUINT (1984, 1987) und von LANG (1985) im Sinne der letztgenannten Alternative weiter geklärt worden. QUINT hat in seinen zwei Aufsätzen mit den programmatischen Titeln »Der Zwang im Dienst von Selbsterhaltung« (1984) und »Die kontradepressive Funktion des Zwanges« (1987) die These entwickelt, der Zwangsneurotiker sei im Grunde ein symbiotisch mit der Mutter verschmolzener und im Kern depressiver Mensch, der zwar – im Sinne der ersteren Hypothese SCHOTTLAENDERS – von einem übermächtigen Mutterobjekt regiert werde, sich aber auch – so SCHOTTLAENDERS zweite Alternative – mit Hilfe des Zwanges ein Stück Autonomie und Selbstregulierung erobert habe.

Ein anderes reparatives und restitutives Element des Zwanges hat LANG (1985) hervorgehoben. Er betrachtet den *Zweifel* als das Grunderleben des Zwangsneurotikers. Der Zwangsneurotiker könne sich seiner nie sicher sein und sei jeglichen Ordnungen gegenüber zutiefst ambivalent eingestellt: »Er unterwirft sich ... und zugleich tendiert er dahin, diese Ordnung, von der er sich kaserniert fühlt, zu beseitigen« (LANG 1985, S. 70). Die Zwangssymptome würden eine Ordnung eigener Art stiften und als »ordnendes und somit autoprotektives Gegenregulans« (ebd., S. 75) Sinn geben.

Noch einmal zurück zu dem Jungen, der als 12jähriger im Bett der Mutter sitzt und sich auf Gedeih und Verderb »verpflichtet« hat, sein Blockflötenstück fehlerfrei zu spielen. Nach QUINTS Überlegungen wird deutlich, wozu er die Fehlerfreiheit benötigt. Sie hilft ihm, ein Stück Autonomie zu entwickeln, im Bett der Mutter etwas *selbst* zu tun. Er schafft sich damit – dies nun der Aspekt LANGS – eine Pseudo-Ordnung, in der er sich aufgehoben und geschützt fühlen kann. Was der Junge indes wirklich brauchte, wäre etwas anderes: aus dem Bett der Mutter herauszukommen und sich auf die eigenen Füße zu stellen.

Phobie

Ich möchte aus der Analyse eines Patienten berichten, den ich seit längerer Zeit in Behandlung habe. Er ist 35 Jahre alt, Wissenschaftler an einer Universität und hat die Analyse wegen Schwierigkeiten in seiner Ehe begonnen. Der Mann ist Vater eines 4jährigen Sohnes, der seit einigen Monaten eine Hundephobie entwickelt hat. Er ängstigt sich vor großen und kleinen Hunden, und zwar am meisten vor dem Gebell. Selbst nachts kann es passieren, daß der Junge, der allein in seinem Zimmer schläft, zu Vater oder Mutter gelaufen kommt, weil irgendwo in der Stadt ein Hund bellt. Dann muß man ihm versichern, daß der Hund nicht in die Wohnung kommen wird. Am meisten Angst hat er auffälligerweise vor einem kleinen, etwas fetten und behäbigen Langhaardackel im Nachbarhaus. Obwohl dieser Hund garantiert niemandem etwas tut, wagt der Junge kaum, ohne Begleitung am Nachbarhaus vorüberzugehen.

Nach einiger Zeit frage ich den Vater, warum er gerade jetzt darauf zu sprechen kommt, nachdem doch die Hundeangst schon seit einigen Monaten besteht. Ob etwas Besonderes vorgefallen sei? Ja, sagt er, das habe einen bestimmten Grund. Vor ein paar Tagen sei der Junge mit seiner Mutter wieder an dem Nachbarhaus vorbeigegangen. Die Mutter habe gesagt: »Schau mal, der beißt doch gar nicht.« Darauf sei der Junge herausgeplatzt: »Anke hat auch so einen Hund, und der beißt richtig!«

Mit dieser Bemerkung hatte der Junge offenbar eine Lawine ins Rollen gebracht. Denn der Vater ist mit einer Frau namens Anke befreundet. Er sagt, seine Frau wisse zwar von dieser Freundschaft, sei aber dennoch ungeheuer eifersüchtig; es habe deshalb schon viel Streit in der Familie gegeben. Vor allem habe sie immer wieder betont, daß sie es als Verrat empfinden würde, wenn er das Kind mit Anke zusammenbrächte. Er habe ihr deshalb auch versprochen, dies nicht zu tun, doch ein einziges Mal, als er dringend mit der Freundin etwas besprechen mußte und gleichzeitig auf das Kind aufpassen sollte, habe er sich nicht anders zu helfen gewußt und seinen Sohn mitgenommen. Zusammen mit ihm, Anke und deren jungem übermütigen Langhaardackel habe er dann einen Spaziergang gemacht. Das lag etwa ein halbes Jahr zurück. Der Vater selbst hatte das Vorkommnis schon ganz vergessen. Jetzt aber erinnerte er sich wieder, daß der kleine Hund den Jungen tatsächlich einige Male recht übermütig angesprungen habe und sein Sohn dabei vor Angst stocksteif geworden sei.

Der Vater hat nun recht erhebliche Schuldgefühle, vor allem da ihm seine Frau in dieser Angelegenheit heftige Vorwürfe macht. Er fragt mich, was er tun solle. Die Beziehung zu der Freundin wolle er nicht aufgeben; andererseits wolle er auch nicht schuld an der Neurose seines Kindes sein. Ich antworte ihm, die Beziehung zu seiner Freundin sei natürlich eine ziemliche Belastung für seine Frau und den Jungen, der immer wieder in die Zerwürfnisse hineingezogen werde; aber das bräuchte ich ihm ja eigentlich nicht zu sagen, das wisse er ja selbst. Im übrigen sei eine solche Angst vor Hunden harmlos und würde sich wahrscheinlich bald wieder von selbst verlieren, wenn man kein großes Aufheben davon mache.

Ich bin deswegen auf diese Weise verfahren, weil ich eine vorübergehende Hundephobie bei einem 4jährigen Kind tatsächlich nicht für besorgniserregend halte und weil ich den Eindruck hatte, daß der Vater ja eigentlich gar nichts ändern, sondern lediglich sein Schuldgefühl beschwichtigen wollte. Ich wollte ihm deutlich machen, daß er die Verantwortung für sein Tun nicht auf andere abwälzen kann. Und schließlich dachte ich mir, daß die Analyse die Besserung bringen müsse und nicht irgendein Ratschlag.

Angst und Furcht

Der Begriff Phobie stammt von dem griechischen Wort Phobos ab, welches »Furcht« bedeutet. Phobie ist eine Furchtneurose und prinzipiell von der Angstneurose zu unterscheiden, wenn die Übergänge in der Praxis auch außerordentlich fließend sind. In der deutschen Sprache verfügen wir, ähnlich wie in vielen anderen Sprachen, über zwei Begriffe für diese zwei, zwar eng beieinanderliegenden, dennoch aber unterschiedlichen Phänomene: »Angst« und »Furcht«. Die Angst bezeichnet dabei ein mehr *zuständliches* Gefühl, das sich auf nichts Bestimmtes oder bald auf dieses und bald auf jenes richtet. Im Extremfall sprechen die Psychoanalytiker von »frei flottierender Angst«, die sich auf ganz beliebige Objekte richten kann. Furcht dagegen ist immer Furcht vor etwas Bestimmtem, sie ist *ge-*

genständlich. Diese sprachliche Unterscheidung ist psychopathologisch nützlich, wird aber leider immer unbrauchbarer, weil der Begriff Furcht im Deutschen immer mehr außer Gebrauch kommt und sich Angst zu einer Allerweltsvokabel entwickelt, die alles bezeichnet: von der frei flottierenden Angst bis hin zur Prüfungsangst, das heißt der ganz konkreten Befürchtung, man könnte eine Prüfung nicht bestehen.

Die Phobie ist eine Furchtneurose. Ihr Inhalt ist Furcht oder auch – im Sinne des verwaschenen modernen Wortgebrauchs – Angst vor einem ganz bestimmten Objekt oder einer umschriebenen Situation, vor der man eigentlich keine Angst haben müßte oder wenigstens nicht so viel Angst wie der phobische Patient. Eines meiner Kinder hatte mit zwei Jahren zeitweise Angst vor Fliegen. Diese Angst ist ganz und gar unberechtigt, denn Fliegen tun einem wirklich gar nichts. Der einzige objektive Rechtfertigungsgrund für eine solche Fliegenangst liegt darin, daß sie das kleine Kind schlecht von Stechmücken oder Wespen unterscheiden kann. Anders ist es schon bei Hunden – sie können einem wirklich etwas tun. Daß man einem Hund, der bösartig ist, aus dem Wege geht, ist ganz normal. Hier liegt das Neurotische in der übertriebenen und wahllosen Angstbereitschaft jedem Hund gegenüber, und sei es auch ein harmloser kleiner Dackel. Doch freilich, woher sollte das kleine Kind schon so viel über die Charaktere von Hunden wissen, um einen harmlosen Hund von einem solchen unterscheiden zu können, dem man besser aus dem Wege geht?

Phobien des Kleinkindalters

Die wohl häufigsten *Phobien des Kleinkindalters* sind die Tierphobien; unter diesen wiederum sind die Hundephobien am meisten verbreitet. Das ist leicht erklärbar, weil das Stadtkind heute kaum noch andere große Tiere außer eben Hunde aus der Nähe zu sehen bekommt. Die erste psychoanalytische Studie über eine kindliche Phobie, FREUDs berühmte Analyse des »kleinen Hans« (FREUD 1909a), handelt von der Angst eines 5jährigen Knaben vor Pferden. So etwas kommt mangels Pferden heute kaum noch vor.

Bei Kleinkindern sind darüber hinaus phobische Ängste aller möglichen Art verbreitet: zum Beispiel vor dem Einschlafen allein im dunklen Zimmer, vor dem Straßenbahn- oder Aufzugfahren, vor dem Staubsauger. Die meisten dieser Phobien des Kleinkindes haben nur passageren Charakter und geben sich von selbst, brauchen also keine psychotherapeutische oder heilpädagogische Behandlung, wenn nicht noch weitere schwerwiegende Krankheitszeichen hinzukommen.

Übrigens darf man die Zeit des Kleinkindalters dabei nicht zu eng begrenzen. Auch das erste Schuljahr ist noch dazuzurechnen. Viele Kinder machen vom fünften bis zum siebten Lebensjahr, der Zeit des ersten Gestaltwandels, eine Phase erhöhter Angstbereitschaft durch (vgl. Bɪʟᴢ 1971, S. 99ff.), die sich in nächtlichem Aufschrecken, unruhigen Träumen und vereinzelten phobischen Symptomen manifestiert. Diese Ängste sind ganz normal, können psychologisch unaufgeklärte Eltern aber sehr beunruhigen, weil sie denken, sie hätten doch jetzt schon ein großes Kind, sie also durch einen solchen unvermuteten Rückfall in kleinkindhafte Ängste überrascht werden.

Phobien des späteren Kindesalters

Wesentlich ernster müssen die *Phobien des späteren Kindesalters* genommen werden, vor allem die Schulphobie.

Nɪssᴇɴ (1976a) unterscheidet die Schulphobie begrifflich recht plausibel von der *Schulangst* und dem *Schulschwänzen*.

»Das Kind mit einer Schul*angst* meidet aus subjektiv verständlichen Gründen die Schulsituation, etwa wegen einer intellektuellen Schwachbegabung ..., einer Sprachstörung oder einer Lese-Schreib-Schwäche oder wegen körperlicher Gebrechen (Mißbildungen, Anfallsleiden, Lähmungen). Es fürchtet sich vor den Mitschülern oder den Lehrern« (Nɪssᴇɴ 1976a, S. 99f.).

Schulangst besteht also häufig bei Kindern, die ein soziales Stigma aufweisen, das sie in den Augen der Klassenkameraden herabsetzt. Dabei ist weniger an körperliche Leiden zu denken, wie sie in der zitierten Stelle genannt werden. Es ist oft ganz erstaunlich, mit welcher Sachlichkeit Kinder ein rein körperliches Handicap eines Altersgenossen zur Kenntnis nehmen. Eine sehr viel größere Rolle bei der Schulangst spielen Eigenheiten ganz anderer Art: Fettleibigkeit etwa wird von Kindern unbarmherzig kommentiert. Und wenn ein Kind in der Schule einnäßt, macht es sich völlig unmöglich. Kinder verspotten alles Babyhafte wie auch alles Eigenbrötlerische oder Extravagante. Einer meiner Patienten war beispielsweise mit einem Vater geschlagen, der es für richtig hielt, sich selbst und allen seinen fünf- bis sechsjährigen Kindern (auch den Mädchen) im Frühjahr die Köpfe kahl zu scheren. Das sei gut für den Haarwuchs, meinte er. Man kann sich leicht vorstellen, wie diese Kinder unter dem Spott der Altersgenossen zu leiden hatten.

Von der *Schulangst* unterscheidet NISSEN das *Schulschwänzen*. Das Kind, das die Schule schwänzt, entfernt sich bewußt und absichtlich vom Unterricht, ohne sich aber das Angstmotiv einzugestehen. Es treibt sich in Warenhäusern, auf Bahnhöfen oder wo auch immer herum und ist verwahrlosungsgefährdet oder bereits manifest verwahrlost.

Das *schulphobische* Kind hingegen

»versucht, die Eltern mit *Klagen* über schlechtes Allgemeinbefinden, über Müdigkeit und Abgeschlagenheit, Kopf- und Leibschmerzen, mit Weinen und notfalls mit simulierten Beschwerden und demonstrativen hypochondrischen Sensationen wie Erbrechen, Übelkeit und Appetitstörungen von der Unmöglichkeit eines Schulbesuches zu überzeugen. Diese Kinder setzen an die Stelle der unsagbaren verdrängten Angst, von der Mutter verlassen zu werden und damit die Sicherheit zu verlieren, eine auf die Schule projizierte Furcht« (NISSEN 1976a, S. 99).

Daher ist die Schulphobie, insoweit sie nicht real begründete Schul*angst* ist, eine echte Phobie im Sinne unserer eingangs gegebenen Definition: Die Schule ist ein vorgeschobenes Angst-Objekt, das als Aufhänger für Ängste ganz anderer Art dient, in vielen Fällen für die Angst vor der Trennung von der Mutter. Die Trennung von Schulangst, Schulschwänzen und Schulphobie ist in dieser Form konstruiert, im konkreten Falle sind die Übergänge fließend.

Ein recht interessantes, praktisch orientiertes Buch über dieses Thema stammt von dem englischen Arzt CLYNE und trägt den Titel »Schulkrank?«. In seiner allgemeinärztlichen Praxis machte CLYNE die folgende Beobachtung:

»Vor einigen Jahren wurden in der kurzen Zeitspanne von einem Monat vier Kinder von ihren Eltern zu mir gebracht, weil sie sich geweigert hatten, zur Schule zu gehen. Es handelte sich nicht um Schulschwänzer; sie gaben nicht vor, zur Schule zu gehen, um dann im Park zu spielen; die Kinder sagten ganz einfach, sie könnten nicht zur Schule gehen. Zwei von ihnen hatten beim Frühstück regelmäßig Leibschmerzen außer an Sonntagen; die Schmerzen waren offensichtlich nicht stark, und im Verlauf des Tages ging es ihnen besser. Das dritte Kind sagte, daß es vom Lehrer angeschrieen werde. Das vierte weinte nur, wenn seine Eltern den Versuch machten, es morgens in die Schule zu schicken: es sagte, es gehe nicht zur Schule, konnte dafür aber keinen Grund angeben« (CLYNE 1969, S. 13).

Nun ging CLYNE systematisch der Frage nach, wie die Schule in das Krankwerden von Kindern hineinverflochten ist. Sicher, es gibt organische Krankheiten, bei denen das Fehlen in der Schule einfach die Folge der Krankheit ist. Oft ist das Schulversäumnis aber ein wichtiges Symptom der Krankheit selbst: der Schulphobie.

Dazu eine Geschichte, die CLYNE mitteilt und bei der die Dinge recht einfach liegen:

»*Lilian WA, 6 Jahre alt.* Frau WA suchte mich mit ihrer Tochter Lilian auf und sagte, Lilian habe über Leibschmerzen geklagt, weigere sich zu essen und weine in letzter Zeit viel (an dieser Stelle fing Lilian zu weinen an). Frau WA fügte hinzu, der Hauptgrund, warum sie Lilian zu mir bringe, sei der, daß Lilian nicht zur Schule gehen wolle. Lilian war mit einer kleinen Freundin zur Schule gegangen. Vor ein paar Tagen aber, als ihre Abneigung gegen den Schulbesuch stärker geworden war, hatte Frau WA Lilian zur Schule gebracht: Am Schultor hatte Lilian zu weinen angefangen und konnte nur mit viel gutem Zureden soweit gebracht werden, die Schule zu betreten. Als Lilian nach der Schule heimkam, sagte sie zu ihrer Mutter: ›Es war gut, daß du mich hingebracht hast; ich fand es trotz allem ganz nett.‹

Unser Gespräch ging um die Schwierigkeiten, die Kinder haben, wenn sie ihre Mütter verlassen müssen.

Ungefähr acht Monate nach dem ersten Gespräch bekam Frau WA ein Baby. Lilians Schulschwierigkeit muß zur Zeit der Konzeption dieses Kindes entstanden sein (eine nicht seltene Beobachtung).

Hätte ich damals an die Möglichkeit einer Schwangerschaft bei der Mutter gedacht, hätte ich ganz bestimmt das Baby-Thema zur Sprache gebracht und gefragt, wie Lilian darüber denke. Ich war erstaunt gewesen, warum Lilians Schulverweigern gerade zu diesem Zeitpunkt einsetzte. Schließlich war sie ein Jahr lang ohne Schwierigkeiten zur Schule gegangen. Aber wie das so oft passiert, weder Mutter noch Kind gaben ihre Geheimnisse preis« (CLYNE 1969, S. 41f.).

Hier ist das Nicht-zur-Schule-gehen-Wollen selbst ein Symptom der Krankheit, fast wichtiger als die Leibschmerzen. Die Krankheit hat ihren Schwerpunkt nicht in der Schule, sondern in der Angst, die Mutter zu verlieren, wenn ein neues Baby kommt. Die heimliche Angst lautet: »Mutter, du willst dir heimlich ein neues Baby anschaffen, und mich schiebst du in die Schule ab.«

Phobien des Jugend- und Erwachsenenalters

Die klassischen *Phobien des Jugend- und Erwachsenenalters* sind die Klaustrophobie und die Agoraphobie, das heißt die Angst, sich in geschlossenen Räumen aufzuhalten oder über die Straße, über freie Plätze zu gehen. Moderne Variationen dieser Phobien sind die Flugangst, unter der ich auch leide, sowie die Angst, sich in Hochhäusern aufzuhalten. Den phobischen Symptomen zuzurechnen ist auch die Hemmung vieler vor allem jüngerer Männer, in Gegenwart anderer zu urinieren, was unter bestimmten äußeren Lebensumständen (z.B. Bundeswehr) zu einem recht lästigen und quälenden Problem werden kann. Bei Mädchen ist die Erythrophobie verbreitet, die Angst, bei unpassender Gelegenheit einen roten Kopf zu bekommen. Wenn jemand unter dem einen oder anderen dieser Symptome leiden sollte, möge er nicht gleich denken, daß er eine »richtige« Neurose habe. Das sind die kleinen Symptome des täglichen Lebens. Meine eigene Flugangst habe ich schon zugegeben. Und der große SIGMUND FREUD, uns allen zum Trost sei's gesagt, hatte noch mit 40 Jahren ernsthaft Angst, mit der Eisenbahn zu fahren.

Eine nicht ganz alltägliche phobische Symptomatik zeigt der im dritten Kapitel (S. 128) erwähnte Student, dessen Freundin zeitweise drogensüchtig war und den ich gefragt hatte, warum *er* denn nicht drogensüchtig sei. Er sagte, die Drogensüchtigen, das seien solche Kontaktnudeln; er könne sich an seinen eigenen Gedanken berauschen. Er berausche sich zum Beispiel daran, in den Wald zu gehen und vor sich hinzudenken.

Nun ist eine solche Phantasiebegabung nicht ganz ungefährlich, denn dieser junge Mann litt seit seiner Kindheit, etwa seit dem achten Lebensjahr, an einer Phobie, die bei Kindern häufig ist, sich aber nur ganz selten bis ins Erwachsenenalter hinein erhält: einer Gespensterphobie. Er sah als 8jähriger einen Horrorfilm im Fernsehen und hatte später immer wieder Angst, die Hauptgestalt nachts an seinem Bett erscheinen zu sehen. Inzwischen haben sich noch andere Angstgestalten hinzugesellt: Seine Eltern wohnen jetzt in einer alten Villa, deren vorheriger Besitzer sich das Leben genommen hat. Er fürchtet sich davor, daß dieser Mann nachts einmal aus der Wand heraustreten könnte. »Ich könnte dann einen solchen Schock bekommen, daß ich verrückt werde.« Ich glaube, mit dieser Bemerkung gibt er uns den Schlüssel zum Verständnis in die Hand: Seine eigentliche Angst ist die, daß er verrückt werden könnte. Diese Angst hängt sich an die Vorstellung, daß ein Mann aus der Wand kommt, die ihn verrückt macht.

Die Motivebenen phobischer Symptome

Ich komme zurück zu meinem Eingangsbeispiel. Ich wollte daran vor allem die Motivketten zeigen, die ein phobisches Symptom bedingen. Diese sind ziemlich komplex und vielschichtig – zwar lange nicht so vielschichtig wie bei der Zwangsneurose, aber doch komplexer, als manche Beobachter, vor allem aus dem Lager der Lerntheorie und Verhaltenstherapie, meinen. Man kann an der Hundephobie des Jungen vier Motivebenen unterscheiden:

Die *erste Ebene* ist die der *real begründeten Angst.* Hunde können manchmal gefährlich sein. Darin hat der Junge recht. Wenn man als Pädagoge ehrlich sein will, muß man das anerkennen. Meistens bewegen sich die pädagogischen Beeinflussungsversuche kindlicher Phobien auf dieser realen Ebene. Man versucht dem Kind zu zeigen, daß es keine Angst haben muß, daß der Hund doch nichts tut. Und das ist auch nicht ganz falsch: Man darf das dem Kind ruhig zeigen, indem man etwa selbst mit dem Hund spielt und dazu sagt: Schau mal, er tut doch nichts. Aber man darf sich auch nicht zu viel davon versprechen, denn der eigentliche Knoten der Angst ist woanders geschlungen worden. Mit dem Kopf weiß das Kind selbst, oder es ahnt wenigstens, daß seine Angst übertrieben ist. Aber diese Erkenntnis hilft ihm nicht viel, weil es die affektiven Verknüpfungen nicht überschaut, die die Angst immer neu stiften.

Die *zweite Ebene* nenne ich die der *physiognomischen Angst*. Ein geöffnetes Hundemaul mit spitzen Zähnen ist per se etwas Furchteinflößendes, selbst wenn es einem kleinen Dackel gehört. Ich habe das in der Analyse eines erwachsenen Angstpatienten gelernt, bei dem sich die kindliche Weltphysiognomie recht intensiv erhalten hatte: Einmal ging er durch die Stadt und bekam plötzlich einen Angstanfall, als er auf die andere Straßenseite wechseln wollte, weil Bauarbeiter gerade ein Gerüst abbauten. Als ich sagte, an dem Gerüstabbauen müsse etwas gewesen sein, was ihn geängstigt habe, meinte er zuerst, das könne gar nicht sein. Als ich insistierte, schaltete er plötzlich vom rationalen Standpunkt auf den Gefühlsstandpunkt um, und plötzlich spürte er, was ihn geplagt hatte: nämlich der schreckliche Krach beim Herunterdonnern der einzelnen Gerüstteile.

Für das Erwachsenenbewußtsein ist das nichts Besonderes, aber das Gefühl hat sich den unmittelbaren, physiognomischen Zugang bewahrt. So wie ein zweijähriges Kind bei dem donnernden Gepolter weglaufen oder bei der Mutter Schutz suchen würde, hat sich die schreckenerregende Situationsphysiognomie für diesen Patienten erhalten.

Viele Fälle von Angst vor Gewittern oder in Hochhäusern haben eine ähnliche Wurzel. Das Gewitter *hat* eine erschreckende Physiognomie, die Höhe des Hochhauses *ist* schwindelerregend. Nur gelingt es dem sogenannten »Normalmenschen«, das Grausen zu unterdrücken. Ein Patient, der von fernher angereist kam, hatte zeitweise Schwierigkeiten mit den schönen hohen Autobahnbrücken auf der Strecke, vor allem mit der Jagsttalbrücke. Seit ich auf diese Spur gekommen bin, finde ich es fast verwunderlich, wenn man auf der Jagsttalbrücke *keine* Angst hat. Denn das *ist* eine schwindelerregende Höhe, und das einzig »Krankhafte« daran, wenn einer auf dieser Brücke das Schwindeln bekommt, ist, daß er trotz der sinnreichen Blickverkleidungen an diesen Brücken die Höhe immer noch spürt, das heißt daß sich seine physiognomische Welterfassung nicht unterdrücken läßt.

Die Angst wird auf *assoziativem Wege* durch die Erinnerung an frühere unlustvolle Erfahrungen wachgerufen. Bei dem Beispiel des Jungen: Der übermütige Langhaardackel hat ihn damals ziemlich erschreckt. Nun verknüpft sich auf assoziativem Wege das Unbehagen von damals mit dem nächtlichen

Hundegebell aus der Ferne, am meisten aber mit dem fetten, trägen Langhaardackel des Nachbarn, wegen der äußeren Ähnlichkeit der beiden Hunde. Dies ist die Motivebene, die lerntheoretisch gut zu erklären ist. Es sind seinerzeit eben unlustvolle Assoziationen zur Vorstellung »Hund« gestiftet worden. Die Phobie könnte aufgelöst werden, wenn es gelänge, auch angenehme Assoziationen zur Vorstellung »Hund« zu stiften.

Das ist das Prinzip der Verhaltenstherapie: die ursprünglich unlust- und angstbesetzte Vorstellungsverbindung durch angenehme Gedankenverbindungen zu ersetzen. Dies gelingt in vielen Fällen, und das phobische Symptom verschwindet. In der Tat sind die einfachen, monosymptomatischen Phobien dasjenige Gebiet, auf dem die Verhaltenstherapie die überzeugendsten Erfolge aufzuweisen hat.

Ich habe den biographischen Zusammenhang dieser kleinen Hundephobie so ausführlich mitgeteilt, um zu zeigen, daß bei dieser Betrachtungsweise doch ein unerledigter Rest bleibt, daß wir noch eine weitere Motivebene annehmen müssen. Wie oft ist das Kind unlustvollen Erlebnissen ausgesetzt, ohne daß eine assoziative Verknüpfung entsteht, ohne daß etwas haften bleibt und sich zu einer Phobie auswächst!

Das ist eine ganz ähnliche Frage wie in der somatischen Medizin: Die Tuberkulose wird durch die Tuberkelbazillen hervorgerufen und die Grippe durch Viren. Aber wann haftet der Infekt? Wer bekommt die Tuberkulose oder die Grippe? Darüber weiß man viel weniger und behilft sich mit Vorstellungen wie Konstitution, geschwächte Resistenz des Organismus. Aber was das im einzelnen bedeutet, weiß niemand so genau anzugeben. Der Psychosomatiker würde sagen: Der Infekt haftet, wenn der Organismus, wenn der Mensch die Krankheit aus irgendeinem Grunde brauchen kann (vgl. HERRMANN U. GEIGGES 1990, S. 877ff.).

Und wann haftet die Phobie? Eben auch dann, wenn sie in irgendeiner Weise zur Gesamtsituation paßt. Sehen wir uns die Lage des Jungen an. Er war zum Mitwisser des Vaters in einer heimlichen, verbotenen Angelegenheit geworden. Obgleich es ihm der Vater anscheinend nicht ausdrücklich untersagt hatte, von seinem Besuch zu erzählen, hat er wohl gespürt, daß er ihm damit Ungelegenheiten machen würde.

Wenn dieses implizite »Redeverbot« nicht gewesen wäre und er »bloß so« irgendeine schreckenerregende Begegnung mit einem Hund gehabt hätte, hätte er zu Hause seiner Mutter davon erzählt; sie hätte ihn wahrscheinlich getröstet, und die Sache wäre ausgestanden gewesen. Es bedurfte dieser Mauer des Schweigens und der Verdrängung, damit der phobische Krankheitskeim haften und sich entwickeln konnte. Bezeichnend ist, daß der Vater die Episode einfach vergessen hatte, obwohl es ihm nachher wie Schuppen von den Augen fiel: »Natürlich, das war der Grund – der Langhaardackel hier, der Langhaardackel dort! Wie konnte ich nicht daran denken!«

Und wie es dann förmlich aus dem Jungen herausbrach: »Die Anke hat auch so einen Hund, und der beißt!« Könnte man nicht denken, daß die ganze Hundephobie für das Kind die Funktion hatte, dieses Geständnis vorzubereiten: »Mutter, ich war bei dieser Anke, die dir so viel Kummer macht, von der nicht gesprochen werden darf!« Daß also der Hund gewissermaßen symbolisch oder stellvertretend für alles das steht, was zu Spannungen in der Familie führt, was tabuiert ist, was unter der Decke schwelt. Vielleicht kann man sogar so weit gehen und sagen: Der Hund steht symbolisch für die wilde, wölfisch schweifende, aggressive Seite des Vaters, der sich nicht den Maulkorb des braven Haushundes anlegen lassen will.

Das erscheint vielleicht etwas zu waghalsig daherphantasiert. Ich wollte damit auch nur verständlich machen, daß das Objekt der Phobie nicht nur aus sich selbst heraus oder auf Grund assoziativer Verknüpfungen Furcht erzeugt, sondern daß es *symbolisch stellvertretend* für eine *furchteinflößende innerseelische Wirklichkeit* steht.

Der »Kleine Hans«

FREUDS Geschichte des »Kleinen Hans« (1909a), die erste psychoanalytische Studie über eine kindliche Phobie, ist sozusagen eine Krankengeschichte wider Willen. FREUD hatte seine Schüler angeregt, alle Beobachtungen, die sie über sexuelle Lebensäußerungen bei kleinen Kindern machten, sorgfältig zu protokollieren und ihm mitzuteilen. Die Eltern des kleinen Hans waren psychoanalytisch interessiert und führten über ihren Sohn ein Entwicklungstagebuch, dessen Fortsetzungen sie FREUD von Zeit zu Zeit zuschickten. Nun entwickelte sich in der Beobachtungszeit diese Pferdephobie, und FREUD sah sich unvermutet zu einem therapeutischen Eingreifen veranlaßt.

»›Geehrter Herr Professor! Ich sende Ihnen wieder ein Stückchen Hans, diesmal leider Beiträge zu einer Krankengeschichte! ...

Sexuelle Übererregung durch Zärtlichkeit der Mutter hat wohl den Grund gelegt, aber den Erreger der Störung weiß ich nicht anzugeben. Die Furcht, daß ihn auf *der Gasse ein Pferd beißen werde,* scheint irgendwie damit zusammenzuhängen, daß er durch einen großen Penis geschreckt ist – den großen Penis des Pferdes hat er, wie Sie aus einer früheren Aufzeichnung wissen, schon zeitig bemerkt, und er hat damals den Schluß gezogen, daß die Mama, weil sie so groß ist, einen Wiwimacher haben müsse wie ein Pferd.‹ ...

Die ersten Mitteilungen aber, die aus den ersten Jännertagen dieses Jahres, 1908, stammen, lauten:

›Hans (4 3/4 Jahre) kommt morgens weinend auf und sagt der Mama auf die Frage, warum er weine: ›Wie ich geschlafen hab', hab' ich gedacht, du bist fort und ich hab' keine Mammi zum Schmeicheln (= liebkosen).‹ ...

›Etwas Ähnliches habe ich schon im Sommer in Gmunden bemerkt. Er wurde abends im Bette meist sehr weich gestimmt und machte einmal die Bemerkung (ungefähr): wenn ich aber keine Mammi hab', wenn du fortgehst, oder ähnlich; ich habe den Wortlaut nicht in Erinnerung. Wenn er in einer solchen elegischen Stimmung war, wurde er leider immer von der Mama ins Bett genommen.‹ ...

›Am 7. Jänner geht er mit dem Kindermädchen wie gewöhnlich in den Stadtpark, fängt auf der Straße an zu weinen und verlangt, daß man mit ihm nach Hause gehe, er wolle mit der Mammi ›schmeicheln‹. Zu Hause befragt, weshalb er nicht weiter gehen wollte und geweint hat, will er es nicht sagen. Bis zum Abend ist er heiter wie gewöhnlich; abends bekommt er sichtlich Angst, weint und ist von der Mama nicht fortzubringen; er will wieder schmeicheln. Dann wird er wieder heiter und schläft gut.‹

›Am 8. Jänner will die Frau selbst mit ihm spazieren gehen, um zu sehen, was mit ihm los ist, und zwar nach Schönbrunn, wohin er sehr gerne geht. Er fängt wieder an zu weinen, will nicht weggehen, fürchtet sich. Schließlich geht er doch, hat aber auf der Straße sichtlich Angst. Auf der Rückfahrt von Schönbrunn sagt er nach vielem Sträuben zur Mutter: *Ich hab' mich gefürchtet, daß mich ein Pferd beißen wird*‹« (FREUD 1909a, S. 258ff.).

Von den vorhin skizzierten Motivationsdimensionen sind die

ersten drei relativ unergiebig zum Verständnis dieser Phobie: Vor Pferden braucht man im allgemeinen keine Angst zu haben, weil sie den Menschen nicht angreifen. Auch von konkreten schlechten Erfahrungen, die Hans etwa mit Pferden gemacht haben könnte, ist nichts bekannt. Zu ängstlichen Gefühlen mag bei einem Kind allenfalls die Größe und Stärke eines Pferdes Anlaß geben (im Sinne unserer »physiognomischen« Motivdimension). FREUD setzt denn auch ganz auf die tiefenpsychologisch-symbolische Interpretation. In dieser Angst vor dem Pferd konkretisiert sich für ihn die andere, mehr diffuse Angst, die Mutter zu verlieren, nicht mehr mit ihr »schmeicheln« zu können.

Diese diffuse Angst setzt sich also in die *Pferdephobie* um – auf eine Weise, die freilich noch nicht recht durchschaubar ist. Wie soll das Pferd in der Lage sein, diese Ängste des Kindes symbolisch auszudrücken? Weil die Erklärung noch nicht ausreichend ist, produziert das Kind weiterhin Ängste, bis schließlich Vater und Sohn persönlich zu FREUD in die Sprechstunde kommen.

»An diesem Nachmittage besuchten mich Vater und Sohn in meiner ärztlichen Ordination. Ich kannte den drolligen Knirps schon und hatte ihn, der in seiner Selbstsicherheit doch so liebenswürdig war, jedesmal gern gesehen. Ob er sich meiner erinnerte, weiß ich nicht, aber er benahm sich tadellos, wie ein ganz vernünftiges Mitglied der menschlichen Gesellschaft. Die Konsultation war kurz. Der Vater knüpfte daran an, daß trotz aller Aufklärungen die Angst vor den Pferden sich noch nicht gemindert habe. Wir mußten uns auch eingestehen, daß die Beziehungen zwischen den Pferden, vor denen er sich ängstigte, und den aufgedeckten Regungen von Zärtlichkeit für die Mutter wenig ausgiebige waren. Details, wie ich sie jetzt erfuhr, daß ihn besonders geniere, was die Pferde vor den Augen haben, und das Schwarze um deren Mund, ließen sich von dem aus, was wir wußten, gewiß nicht erklären. Aber als ich die beiden so vor mir sitzen sah und dabei die Schilderung seiner Angstpferde hörte, schoß mir ein weiteres Stück der Auflösung durch den Sinn, von dem ich verstand, daß es gerade dem Vater entgehen konnte. Ich fragte Hans scherzend, ob seine Pferde Augengläser tragen, was er verneinte, dann ob sein Vater Augengläser trage, was er gegen alle Evidenz wiederum verneinte, ob er mit dem Schwarzen um den ›Mund‹ den Schnurrbart meine, und eröffnete ihm dann, er fürchte sich vor seinem Vater, eben weil er die Mutter so lieb habe. Er müsse ja glauben, daß ihm der Vater darob böse sei, aber das sei nicht wahr, der Vater habe ihn doch gern, er könne ihm furchtlos alles bekennen. Lange, ehe er auf der Welt war, hätte ich schon gewußt, daß ein kleiner Hans kommen werde, der seine Mutter so lieb hätte, daß er sich darum vor dem Vater fürchten müßte, und hätte es seinem Vater erzählt. ›Warum glaubst du denn, daß ich böse auf dich bin‹, unterbrach mich hier der Vater, ›habe ich dich denn je geschimpft oder geschlagen?‹ ›O ja, du hast mich geschlagen,‹ verbesserte Hans. ›Das ist nicht wahr. Wann denn?‹ ›Heute Vormittag‹, mahnte der Kleine, und der Vater erinnerte sich, daß Hans ihn ganz unerwartet mit dem Kopfe in den Bauch gestoßen, worauf er ihm wie reflektorisch einen Schlag mit der Hand gegeben. Es war bemerkenswert, daß er dieses Detail nicht in den Zusammenhang der Neurose aufgenommen hatte; er verstand es aber jetzt als Ausdruck der feindseligen Disposition des Kleinen gegen ihn, vielleicht auch als Äußerung des Bedürfnisses, sich dafür eine Bestrafung zu holen.

Auf dem Heimgange fragte Hans den Vater: ›Spricht denn der Professor mit dem lieben Gott, daß er all das vorher wissen kann?‹« (FREUD 1909a, S. 276ff.).

Die Fehlsymbolisierung im phobischen Symptom

Als der »kleine Hans« Angst vor dem großen Pferd äußerte, meinte diese Angst, wenn wir FREUDS Deutung folgen, eigentlich den Vater. Rufen wir uns in Erinnerung, daß Neurosen – im Unterschied zu anderen Formen der seelischen Erkrankung – ein Moment des Unwahrhaftigen, der Selbsttäuschung anhaftet. Die Neurose beruht darauf, daß das psychopathische, triebhafte Ich anfängt, sich ein Konzept von sich selbst zu machen, und zwar ein fehlerhaftes Konzept. Diese Inkongruenz von Selbstkonzept und innerer Wirklichkeit führt zur neurotischen Symptombildung. Darum setzt die Neurose eine gewisse kognitive Differenzierung voraus: Das Ich, das falsch über sich denkt, muß natürlich zuvor die kognitive Möglichkeit erworben haben, überhaupt über sich zu denken.

Diese kognitive Differenzierung wird etwa im dritten Lebensjahr erreicht. Der Säugling und das Kind im zweiten Lebensjahr lebt noch ganzheitlich, ungespalten – gesteuert von primären Bedürfnissen. Allem, was neu und interessant ist, wendet es sich restlos zu. Seine Seele ist eine Körperseele, eine vegetative Seele. Bei der Reizaufnahme wie bei der Reizbeantwortung dominiert das vegetative Nervensystem und das Alt-hirn, das sogenannte limbische System.

Mit der vollen Funktionsreifung der Großhirnrinde gewinnt das Kind die Fähigkeit, zuerst Wahrnehmungen äußerer Vor-gänge, später auch innerer Befindlichkeiten, distanzierend symbolisch auszudrücken. Es lernt mit großem Vergnügen, daß man Behauptungen aufstellen kann, unabhängig davon, ob sie richtig sind. »Der Papi ist eine Frau«, sagte meine Tochter beispielsweise mit zwei Jahren und wollte sich dabei ausschüt-ten vor Lachen. Das ist die Zeit der ersten Rollenspiele, die einfach nur darin bestehen, daß man sich anders nennt – und je toller und unwahrscheinlicher, desto besser: »Also, ich bin jetzt der Papi«, behauptet sie, »der Papa ist die Mama, und die Mama ist die Anne.« Recht kompliziert, zumal da sich im nächsten Moment wieder alles umdreht.

Schon W. STERN, der Altmeister der Kinderpsychologie, hat darauf hingewiesen, daß kindliche Lügen aus den Phantasie-spielen entstehen, daß Kinder dieser Altersstufe der Drei- und Vierjährigen noch so damit beschäftigt sind, das neue Instru-ment der Symbolisierungsfunktionen auszuprobieren, daß für sie die Frage, ob das Symbolische mit der Realität überein-stimmt oder nicht, keine Rolle spielt. Die bewußten und ab-sichtlichen Lügen entwickeln sich erst später (vgl. W. STERN 1923, S. 448ff.).

Aus tiefenpsychologischer Sicht ist diese Deutung STERNs zu relativieren. Denn die unbewußten, die unbeabsichtigten Lü-gen, das heißt die falschen Verknüpfungen, die »Lebenslügen« werden sehr wohl in dieser Zeit der frühen Phantasiespiele geboren. Die Neurose beruht auf dieser im zweiten, dritten Lebensjahr erworbenen Fähigkeit, Dinge über sich zu behaup-ten, unabhängig von ihrer Wahrheit. SCHOTTLAENDER (1959) schrieb einmal, die Neurose beruhe auf der menschlichen Fä-higkeit, im Konjunktiv zu leben. Auch die Kunst hat hier eine ihrer Wurzeln. »Mein Name sei Gantenbein«, heißt ein Roman von FRISCH (1964), in dem dieser fiktive Charakter des Ich künstlerisch gestaltet wird.

Ein ähnlich hypothetischer Zug ist der Phobie eigen. FREUDS »kleiner Hans« fürchtet sich vor etwas, was gar nicht der eigentliche Grund seiner Furcht ist. Phobie, wie Neurose über-haupt, beruht auf Fehlsymbolisierung, ist ein »Bellen vor dem falschen Baum«. Obwohl, ein ganz falscher Baum ist es nun auch wieder nicht: Das Objekt der Phobie steht in untergründigem Zusammenhang mit der eigentlichen Angstquelle, es *ist* aber nicht die Angstquelle selbst. Mit einem etwas gewagten Bild könnte man sagen: Das Objekt der Phobie ist der Grabstein, unter dem der Hund begraben ist, oder der Pfeffer, in dem der Hase liegt.

Theoretische Perspektiven

Über den »Kleinen Hans« gibt es zwei psychoanalytische Interpretationen: von LORENZER (1973) sowie von LOCH und JAPPE (1974), von denen sich ein theoretischer Zugang zum Verständnis der Phobie im allgemeinen entwickeln läßt.

Die Neurose, sagt LORENZER, sei ein Sprachzerfall: Innere Geschehnisse könnten in der öffentlichen Sprache nicht angemessen ausgedrückt werden. Der Neurotiker müsse zu einer Privatsprache greifen, um seine innere Welt zugleich auszudrükken und zu verhüllen. So spreche der »Kleine Hans« vom »Pferd«, wenn er bestimmte bedrohliche Aspekte des Vaters meine.

Was LORENZER hier Sprachzerstörung nennt, ist im Grunde der gleiche Sachverhalt, den ich als »Selbsttäuschung« bezeichne. Beide Male handelt es sich um eine Fehlsymbolisierung des inneren Geschehens.

LOCH und JAPPE fragen nach den Bedingungen der Möglichkeit solcher Fehlsymbolisierungen: Welche kognitiven Gegebenheiten müssen erfüllt sein, damit ein Mensch überhaupt Behauptungen als wahr und falsch erkennen kann? Das Gefühl ist immer wahr, es hat ein Sein, wenn auch ein nur subjektives, »vegetatives«. Aber wie kommt der Intellekt des Menschen aus seiner konjunktivistischen »Gantenbein-Existenz« heraus zu einer Verbindlichkeit der Aussage? Die Antwort von LOCH und JAPPE lautet: durch Identifikation mit dem Vater. Dies ist nach ihrer Meinung der eigentliche Heilungspunkt in der Geschichte des »Kleinen Hans«, daß er durch FREUDS Intervention in die Lage versetzt wurde, die Welt und insbesondere die Mutter mit den Augen des Vaters zu betrachten und daß er damit einen verbindlichen Orientierungspunkt gewann.

Ich würde noch einen Schritt weitergehen. »Spricht denn der Professor mit dem lieben Gott?« hatte der kleine Hans gefragt.

Ich glaube darum, daß hinter dem Vater noch eine andere Größe steht, ob man diese nun Gott oder Wahrheit oder Leben oder wie auch immer nennen mag, und daß diese im Dialog aufscheinende »Wahrheit« (vgl. GADAMER 1960) den archimedischen Punkt darstellt, von dem aus die Selbsttäuschungen der Neurose aus den Angeln gehoben werden können.

Das Pferd, vor dem der »kleine Hans« Angst hatte, war sozusagen ein »falscher«, ein fehlsymbolisierter Vater. In gewisser Hinsicht könnten wir, die Überlegungen im Kapitel über die sexuelle Perversion noch einmal aufnehmend, sagen: Das Objekt der Phobie ist ein Fetisch mit umgekehrten Vorzeichen, die Phobie selbst ein auf den Kopf gestellter Fetischismus.

FREUD hatte den Fetischismus als sexuelle Perversion dergestalt konstruiert, daß der Mann, der einen Fetisch gebraucht, die Penislosigkeit der Frau verleugne und sie mit einem phallischen Äquivalent ausstatte: »... wenn das Weib kastriert ist, ist sein eigener Penisbesitz bedroht, und dagegen sträubt sich das Stück Narzißmus, mit dem die Natur vorsorglich gerade dieses Organ ausgestattet hat« (FREUD 1927, S. 312).

Der Fetisch dient hier dazu, die Kastrationsdrohung zu verleugnen, die Angst niederzuhalten, die Illusion von narzißtischer Unverwundbarkeit zu erhalten. Er ist hier also das Symbolbild des Triumphes über die Kastrationsdrohung – genau umgekehrt wie in der Phobie: das Phobie-Objekt ist der Inbegriff, die Verdichtung der Kastrationsdrohung selbst.

Nehmen wir die beiden Beispiele kindlicher Phobien, mein eigenes und FREUDS »Kleinen Hans«. Bei beiden ist der kastrierende Charakter der Tiergestalt deutlich. Der kleine Dackel hat mit den furchterregenden Aspekten der sexuellen Sphäre zu tun, dem mühsam verheimlichten Fremdgehen des Vaters und all den damit verbundenen Familienkatastrophen. Das Pferd bei FREUD trägt dieselben Augengläser wie der strafende Vater; es wird selbst zum Inbegriff des strafenden, kastrierenden Vaters.

Oder die anderen, nur flüchtig gestreiften Beispiele. Immer ist es »dieses Eine«, das Gehen über einen freien Platz oder das Eingesperrtsein im Zimmer, das Urinieren in Gegenwart anderer oder das Nicht-fliegen- oder Nicht-zugfahren-Können oder die peinvoll erlebte Unfähigkeit, das eigene Erröten zu beherrschen, das zum Inbegriff des Sich-nicht-frei-bewegen- und des Sich-nicht-frei-entfalten-Könnens, des Nicht-Könnens schlechthin wird. Oder beim Kind mit der Schulphobie die Schule: Sie ist für dieses Kind der Inbegriff alles dessen, was es nicht packt und nicht kann. So geht es wohl beim sexuellen Fetisch und beim Angst-Fetisch um das gleiche: um das Begehren und die Angst vor dem Absturz, der »Kastration«. Eine Angst, die an irgend etwas Sinnenfälligem aufgehängt wird, wodurch zugleich die Kompliziertheit dieser Angst symbolisch reduziert wird, freilich beim Fetischismus unter positiven, in der Phobie unter negativen Vorzeichen. Was genetisch zwischen der Phase der Fetisch-Bildung (der Phase des WINNICOTTschen Übergangsobjekts) und der Phase liegt, in der die Phobieobjekte gebildet werden (der »ödipalen« Phase), ist eben dieser Schritt vom mit sich identischen zum mit sich entzweiten, sich selbst symbolisierenden (und damit potentiell fehlsymbolisierenden) Ich.

Diese Deutung der Phobie gibt, sofern sie für stichhaltig befunden wird, zugleich den Weg der Therapie vor. Sie wird kaum nach verhaltenstherapeutischer Manier das Symptom, das zugleich ein Symbol ist, einfach wegtrainieren können. Im Gegenteil. Es wird eher die Komplexität der Angstsituation wieder hergestellt werden müssen, wenn die Aufhängung der Angst an einem Phobieobjekt gegenstandslos werden soll.

Hysterie*

Hysterie ist die letzte in der Reihe der zu behandelnden psychischen Störungen. Der geschichtlichen Reihenfolge nach war sie die erste: An hysterischen Patientinnen gewannen BREUER und FREUD (1895) ihre ersten Einsichten in die Eigenart unbewußter seelischer Prozesse, und von diesen Beobachtungen aus formulierten sie ihre grundlegenden psychodynamischen Hypothesen.

Hysterie als psychische Krankheit ist seit längerem in Mißkredit geraten. Umgangssprachlich ist die Bezeichnung »hysterisch« geradezu zum Schimpfwort geworden. Besonders gern werden Frauen hysterische Charakterzüge und Verhal-

---

* Dieser Abschnitt ist mit INGE BITTNER gemeinsam verfaßt.

tensweisen zugeschrieben, so daß man dem Konzept »Hysterie« in seiner historisch gewachsenen Bedeutung durchaus einen frauenfeindlichen Zug unterstellen kann. Scheinbar ist das ein guter Grund, die Bezeichnung überhaupt fallen zu lassen. In den modernen psychiatrischen Diagnose-Systemen findet man sie deshalb nicht mehr. Doch besteht andererseits die Gefahr, daß dabei ein tatsächlich existierender Phänomenbereich aus dem Blick gerät.

Darum scheint es richtiger, die Diagnose »Hysterie« beizubehalten und zu klären,

- was als Hysterie bezeichnet werden soll,
- worin eventuell eine besondere Affinität zwischen Hysterie und der Lebensthematik von Frauen besteht,
- wie nicht-diskriminierende theoretische Konzepte von Hysterie entwickelt werden können,
- welche Bedeutung der Hysterie im Kindesalter zukommt.

Hysterie hat eine lange Geschichte; sie ist eine der ältesten bekannten und diskutierten psychischen Krankheiten überhaupt. Wenn wir uns heute als Psychoanalytiker mit dieser Krankheit, an der sich FREUDS Forschungsinteresse vor allem entzündete, erneut beschäftigen, sollten wir diese lange Vorgeschichte nicht ganz vergessen.

Die hysterischen Beschwerden kämen davon, daß die Gebärmutter im Körper herumwandere, dachte man im Altertum. So heißt es in PLATONS »Timaios«: »Die Gebärmutter ist ein Tier, das glühend nach Kindern verlangt. Bleibt dasselbe nach der Pubertät lange Zeit unfruchtbar, so erzürnt es sich, durchzieht den ganzen Körper, verstopft die Luftwege, hemmt die Atmung und drängt auf diese Weise den Körper in die größten Gefahren und erzeugt allerlei Krankheiten« (zitiert nach MENTZOS 1980, S. 22). GALEN meinte, daß die Hysterie auf eine Unterdrückung der Menses oder der Vaginalsekretion zurückzuführen sei. Und noch im 17. Jahrhundert schrieb HARVEY: »Wie viele unheilbare Erkrankungen wurden durch ungesunde menstruelle Aussonderungen oder von der übertriebenen Abstinenz vom sexuellen Verkehr hervorgerufen, wenn die Leidenschaft stark ist« (ebd., S. 24f.). Wenn eine junge Frau Anzeichen von Hysterie zeigt, so lautete damals der allgemeine ärztliche Rat, dann soll man sie so schnell wie möglich verheiraten. – Und wenn sie trotzdem weiter hysterisch ist? Darüber schweigen sich die alten Medizinbücher aus. Da muß die Frau beziehungsweise ihr Mann dann eben sehen, wie sie damit zurechtkommen.

Aus dieser Vorgeschichte kann man zweierlei erkennen. Erstens wird Hysterie ganz überwiegend, wenn nicht ausschließlich, als eine *Erkrankung von Frauen* angesehen. Zweitens hat ihre Erörterung oft einen abwertenden, frauenfeindlichen Zug. Mit beiden wollte die Psychoanalyse brechen – und beides ist ihr nur unvollständig gelungen.

Wandlungen der psychoanalytischen Hysterie-Auffassung

BREUERS und FREUDS Buch »Studien über Hysterie« (1895) behandelt ausschließlich Krankengeschichten von Frauen. FREUD hat seine Lehre von der Verdrängung vor allem auf die Erfahrung mit diesen hysterischen Patientinnen gestützt. Die Spezifität der Hysterie lag für FREUD im Vorherrschen eines bestimmten Identifizierungstypus, in bestimmten Abwehrformen (Konversion, Verdrängung) und vor allem im zugrundeliegenden infantil-ödipalen Konflikt.

Diese klassische Auffassung ist in der Psychoanalyse lange maßgebend geblieben. Noch 1977 schreibt ROSKAMP: »Die Phantasien der hysterischen Kranken entstammen im Wesentlichen dem ... Themenkreis des Ödipus- und Kastrationskomplexes« (ROSKAMP 1977, S. 135). »Ein Grund, warum die hysterische Frau außerstande ist, den Wunsch nach Besitz des Penis aufzugeben, liegt in der Wertschätzung, die der Penisbesitz auf dem Boden der phallischen Organisation erfährt« (ebd., S. 134). Der Wunsch nach dem Penis ist also das A und O der hysterischen Pathologie.

Indessen handeln die »Studien über Hysterie« bei weitem nicht nur von den angenommenen sexuellen Verursachungen. Ein Satz aus diesem Buch verdient vor allem, im gegenwärtigen Kontext festgehalten zu werden. FREUD schreibt, daß bei den Hysterikern »*die pathogen gewordenen Vorstellungen sich darum so frisch und affekt-kräftig erhalten, weil ihnen die normale Usur durch Abreagieren und durch Reproduktion Zuständen ungehemmter Assoziation versagt ist*« (FREUD 1895, S. 90). In schlichtes Deutsch übersetzt heißt das: Die hysterischen Vorstellungen – bei FREUD ganz überwiegend sexuelle Vorstellungen – sind so mächtig geworden, weil sie nicht zum Ausdruck gebracht werden *konnten und durften.*

An diesen Satz FREUDS knüpfen unsere Überlegungen an: Es gibt ein Grundbedürfnis, sich zum Ausdruck zu bringen, sich darzustellen. In Worten und Taten, in Kleidung, Frisur und Körpersprache »setzen wir uns in Szene«. Vielleicht ist dieses allgemein menschliche Bedürfnis bei Frauen besonders entwickelt. Und wenn sich ein Mann oder eine Frau in Szene setzt, dann will er oder sie auch Antwort bekommen. Diesen Drang zum expressiven Wechselspiel kann man als die »normale weibliche Hysterie« bezeichnen. Wo dieses expressive Spiel gar nicht erst in Gang kommt, entsteht Depression. Wo es zwar in Gang kommt, aber zu permanenten Mißverständnissen führt, da entsteht Hysterie im klinischen Sinne.

In den letzten zwanzig, dreißig Jahren war es um die Hysterie in der Psychoanalyse verhältnismäßig still geworden. Das hing damit zusammen, daß sich das Interesse im Gefolge von SPITZ und MAHLER, KLEIN und WINNICOTT vor allem den präödipalen Entwicklungsstufen und den damit zusammenhängenden Frühstörungen zuwandte. Die Hysterie war in diesem Zusammenhang uninteressant, denn sie galt ja seit FREUD als eine rein ödipale Angelegenheit. Aus dem Interesse für die Frühstufen und Frühstörungen der menschlichen Entwicklung ergaben sich dann in einem weiteren Schritt gewisse Relativierungen der klassischen Hysterieauffassung. So betonen zum Beispiel BALINT (1970) und LOCH (1972) die Neigung zu malignen Regressionen ins Präödipale bei schweren Hysterien.

Über das etwas unfruchtbare Gegeneinander-Ausspielen von Libido-Stadien führt ein neuerer psychoanalytischer Beitrag zur Hysterie-Diskussion hinaus. Er klammert die Frage, ob »ödipal« oder »präödipal«, einfach aus und setzt von einer ganz anderen Seite her an. Es handelt sich um das Buch »Hysterie« von MENTZOS (1980), dessen Untertitel »Zur Psychodynamik unbewußter Inszenierungen« das eigentliche Schlüsselwort enthält.

MENTZOS spricht von einer Krise des Hysterie-Begriffs. Er kritisiert an der Auffassung FREUDS vor allem die Bindung an das Ödipale und an den Mechanismus der Konversion. Vor allem mit dem ersten Punkt hat er sehr recht: Die säuberliche Trennung von ödipalen Neurosen und Frühstörungen ist recht zweifelhaft geworden, und gerade an den Hysterien hat man vielfach sehr »tiefe«, präödipale Konfliktanteile erkennen müssen.

MENTZOS will also die Einheit des hysterischen Krankheitsbildes nicht von einem bestimmten einheitlichen Konflikt*thema*, dem ödipalen, ableiten, sondern – unter ich-psychologischer Perspektive – von einem *spezifischen Modus der Konfliktverarbeitung*.

Als typisch hysterische Mechanismen beschreibt er
– den impressionistischen kognitiven Stil und die Empfänglichkeit für unbewußte Symbolik,
– die Emotionalisierung und Dramatisierung,
– die Identifikation,
– die Verdrängung und Dissoziation (vgl. MENTZOS 1980, S. 58ff.).

Seine Wesensbestimmung des Hysterischen lautet:

»Der Betreffende versetzt sich innerlich (dem Erleben nach) und äußerlich (dem Erscheinungsbild nach) in einen Zustand, der ihn *sich selbst quasi anders erleben* und in den Augen der umgebenden Personen *anders, als er ist, erscheinen läßt*. Er versetzt sich in einen Zustand, in dem die eigenen Körperfunktionen und/oder psychischen Funktionen und/oder Charaktereigenschaften in einer solchen Weise erlebt werden und erscheinen, daß schließlich eine (angeblich) andere, eine *quasi veränderte Selbstrepräsentanz* resultiert. Diese unbewußt angestrebte Änderung des eigenen Selbsterlebens und des eigenen Erscheinungsbildes erfolgt nicht richtungslos. Sie geschieht nicht in ubiquitärer und unspezifischer Weise, *sie bezweckt ausgesprochen und zielgerichtet die neurotische Entlastung von einem intrapsychischen Konflikt.* Sie kann auch als eine unbewußte *tendenziöse Inszenierung* mit dem genannten ›Ziel‹ verstanden werden« (ebd., S. 75).

Die beiden traditionellen Vorurteile gegen die Hysterie, die anfangs erwähnt wurden, der Frauenbezug und die Abwertung, klingen auch bei MENTZOS an: ob Hysterie eine reine Frauensache sei, läßt er etwas unentschieden: prinzipiell wohl nicht, meint er, aber faktisch überwiegen eben doch die hysterischen Frauen.

Das größere Problem bei MENTZOS ist die negative Gegenübertragung, die immer wieder durchklingende Abwertung des hysterischen Patienten. MENTZOS' großes Verdienst um die neuere Hysterie-Diskussion liegt in der systematischen Entfaltung einer Konzeption der *Inszenierung*. Doch wenn er von »Inszenierungen« spricht, bekommen diese bei ihm den Beiklang des Unechten: »Hysterische Inszenierungen werden für ein bestimmtes Publikum aufgebaut« (ebd., S. 96). MENTZOS meint, daß der Hysteriker sich vor einem bestätigenden Publikum in ein bestimmtes Gefühl hineinsteigere beziehungsweise in seiner »Inszenierung« etwas darstelle, was er »in Wirklichkeit« gar nicht sei.

In solchen Formulierungen drückt sich die traditionelle Abwehr und das jahrhundertealte Unverständnis für das Leiden des hysterischen Patienten aus. Wir müssen uns klar vor Augen halten, daß jeder Mensch, auch der seelisch gesündeste, bei seinen Selbstdarstellungen und Selbstinszenierungen auf den Mitmenschen in der Rolle des bestätigenden, resonanzgebenden Zuschauers und Mitspielers angewiesen ist. Das Besondere in der Hysterie liegt nun darin, daß der resonanzgebende Zuschauer und Mitspieler immer wieder nur für ganz kurze Zeit oder gar nicht gefunden wird – mit anderen Worten: *daß die Selbstdarstellung des Hysterikers immer eine mißlingende Selbstdarstellung ist.* Und darin liegt ein ganz und gar echtes, überhaupt nicht gespieltes und theatralisches Leiden.

Um der Hysterie gerecht zu werden, bedürfte es einer Neubewertung, müßte man die MENTZOSsche »Inszenierung« als etwas im Grunde Gesundes und Sinnvolles begreifen – nicht nur, aber in erster Linie für das weibliche Selbstgefühl. Diese Neubewertung ist in dem Buch eines französischen Psychoanalytikers aus der Schule von LACAN geleistet worden, in ISRAELS »Die unerhörte Botschaft der Hysterie« (1987). ISRAEL spricht nicht von einer »Inszenierung«, sondern von einer »Botschaft«. Die Hysterie enthält eine im doppelten Sinne des Wortes »unerhörte« Botschaft. Sie ist »unerhört« einmal in dem Sinn, daß man meistens nicht auf sie hört. Unerhört ist sie aber auch noch in einer anderen Bedeutung: Sie ist für den, der zu hören versteht, unerhört im Sinne von »umwerfend«.

»Das Symptom ist, wie das Ganze der Hysterie, Träger einer Botschaft, einer manchmal unbeholfenen, oft irritierenden, für die Überbringerin oder den Überbringer aber immer kostspieligen Botschaft. Diese unbewußte, vom Unbewußten ausgehende Botschaft bekommt ihren Sinn erst, wenn sie entziffert ist. Die Schwierigkeit dieser

Entzifferung rührt daher, daß die Adressaten im gleichen Netz gefangen und durch das gleiche System von Einstellungen, Gewohnheiten und Gedanken befangen sind, wie jene, die die Hysterikerin dazu gezwungen haben, zu dieser chiffrierten Botschaft des Symptoms Zuflucht zu nehmen. Das Symptom zeugt von einem Kampf, einem Widerstand, es *ist* Widerstand« (ISRAEL 1987, S. 118).

Die Ursache für die Hysterie sieht ISRAEL in der »elterlichen Lüge«, besonders in der Rede der Mutter. »Diese Mutter, die sowohl durch ihr Verhalten als auch durch ihre Worte vom Scheitern ihrer Ehe Zeugnis ablegt, hält trotz allem weiter an dem Wunsch fest, ihre Kinder, besonders aber ihre Töchter, mögen heiraten« (ebd., S. 119). Er glaubt:

»Das Symptom ist nicht bloße Transkription eines verborgenen Satzes im Körper und durch den Körper. Das Symptom ist kein Kryptogramm. Es markiert vielmehr die Aufhebung einer Botschaft ... Eine Lüge war an die Stelle einer Wahrheit geschmuggelt worden ... Das Symptom ist Teil des Rekonstruktionsversuchs der Wahrheit. Die Wahrheit ist nicht tot. Sie schläft und wartet auf den Märchenprinzen, der sie wieder zum Erwachen bringen soll« (ebd., S. 245).

Indem bei ISRAEL das hysterische Symptom als Rekonstruktionsversuch der Wahrheit verstanden wird, sind die traditionellen Vorurteile gegen die Hysterie endlich konsequent zur Seite gelegt. Hysterie ist Frauensache, sagt ISRAEL ganz entschieden. Auch wenn es vereinzelte männliche Hysteriker gibt, spricht er durchgängig von der *Hysterikerin.* Doch ist das hysterische Symptom nur Ausdruck dessen, daß Frauen sich schwerer mit der Unwahrheit häuslich einzurichten verstehen, daß sie dann ihre ungehörte (»unerhörte«) Wahrheit leibhaftig inszenieren.

Hysterie war also der ins Leibhafte und Szenische abgedrängte, in der patriarchalen Welt unterdrückte und verspottete Diskurs der Frauen. »Was sie zu sagen hatten, konnte und durfte nicht gesagt werden.« FREUDS therapeutische Großtat sei es gewesen, den Diskurs der Frauen zuzulassen: »Er hörte also den Hysterikerinnen zu; von ihnen lernte er zu schweigen, das Fragen einzustellen und sie so frei sprechen zu lassen, wie sie es noch nie durften« (ebd., S. 244).

»Hysterische« Phänomene bei Kindern

Bei Kindern wird Hysterie selten diagnostiziert. Das liegt wohl vor allem daran, daß wir bei Kindern dramatisch-expressive Verhaltensweisen für normal halten und nichts dabei finden, wenn sie sich in Affekte und Inszenierungen hineinsteigern. MENTZOS bringt in seinem Buch ein Beispiel einer »hysterischen« Verhaltensweise eines Kindes, sagt aber ausdrücklich, daß sie sich im Rahmen des Normalpsychologischen bewege:

»Ein sechsjähriger Junge stürzt beim Spielen und verletzt sich dabei leicht. Er steht auf, das Gesicht verrät leichten Schmerz, er weint aber nicht. Er unterbricht das Spiel, läuft Richtung Elternhaus, stürzt die Treppen zum 1. Stock hinauf. Auch im Korridor, Richtung Wohnzimmer, wo sich, wie er weiß, die Mutter aufhält, ändert sich weiter nichts in seinem Verhalten. Erst kurz vor dem Eintreten in das Wohnzimmer fängt er laut an zu jammern, zu stöhnen und zu schreien. Mit unsäglich verzogenem Gesicht und vor schwerem Leid stotternder Stimme erzählt er unter Schluchzen und Stöhnen von dem Schrecklichen, das ihm passiert sei. Die Mutter nimmt ihn auf den Schoß und tröstet ihn. Bald ist er völlig beruhigt und läuft zum Spielplatz zurück« (MENTZOS 1980, S. 49).

Das Verhalten des Jungen in dieser Szene erinnert an hysterisches, »weil er sich zu einem Zeitpunkt, wo er offensichtlich keinen starken Schmerz und kein intensives Leiden mehr hatte, als ein extrem Leidender darstellt.« Hier wird noch einmal die Ambivalenz von MENTZOS in der Bewertung des hysterischen Verhaltens erkennbar. Einerseits ist er durchaus um Verständnis bemüht, wenn er in einer Fußnote hinzufügt, daß sich das Verhalten des Jungen vielleicht aus dem halbbewußt begleitenden Gedanken erklären lasse: »Zwar ist im Moment mein Schmerz nicht mehr so stark, vor kurzem aber war er voll da, und das ist wohl dasselbe« (ebd., S. 49). Letzten Endes aber läuft seine Argumentation doch auf den typischen Erwachsenenstandpunkt hinaus: »Was stellst du dich an, dir tut doch gar nichts mehr weh!« Genau diese Einstellung, das Nicht-Ernstnehmen der Klagen, bringt das Kind dazu, expressiv »nachzulegen«, um den gewünschten Effekt zu erzielen. Damit aber wird es auf die hysterische Konfliktbewältigungslinie gedrängt.

Bei Kindern spielen vor allem drei Symptome aus dem

Umkreis der Hysterie eine Rolle: das Dramatisieren *psychoso-matischer Erscheinungen*, das *sexuelle Dramatisieren* und die *pseudologica phantastica*. Ein gutes Beispiel zum erstgenannten Punkt ist die von RICHTER mitgeteilte Geschichte des Mädchens Bettina, die wir im Zusammenhang mit der Herzneurose be-handelt haben. Zu erinnern ist auch an das Beispiel unserer Tochter (in Kap. II, S. 40), die sagte »Ich bin so krank«, als sie keine Lust mehr hatte, weiter spazieren zu gehen. Eigentlich meinte sie: »Ich bin müde, ich mag nicht mehr« – aber angesichts der Hartnäckigkeit der Erwachsenen meinte sie, dick auftragen zu müssen.

Sexuelles Dramatisieren findet sich nicht selten im Umfeld tatsächlicher oder phantasierter Mißbrauchshandlungen. In einem Kindergarten soll, wie derzeit in einem Strafprozeß verhandelt wird, ein jüngerer männlicher Erzieher 55 (!) Kinder sexuell mißbraucht haben. Das Gericht sieht sich mit einer Flut von teils offensichtlich falschen, teils unwahrscheinlich klin-genden Aussagen von Kindern und deren Eltern konfrontiert. Im Moment geht es nur noch darum, ob an den Aussagen ein »wahrer Kern« ist oder ob übersensibilisierte Eltern alles in die Kinder »hineingefragt« haben (vgl. Spiegel 39/1993). Wie auch immer, sexuelle Themen bieten sich bevorzugt zur ausschmük-kenden »Inszenierung« an. Und das um so mehr, seit die frühkindliche Sexualität im öffentlichen Bewußtsein als psy-choanalytische Erfindung denunziert und »abgeschafft« wor-den ist. Nun bleibt keine andere Wahl mehr, als jeder sexuellen Erzählung des Kindes Realität zu unterstellen. Auf die proble-matische Dramatisierung dieses Themas hat jüngst RUTSCHKY (1992) hingewiesen.

Eine hübsche Episode, die die psychoanalytisch-pädagogi-sche Behandlung einer Verhaltensstörung vom Typus der Pseudologie bei einem Kind (übrigens einem Jungen!) zum Thema hat, erzählt ZULLIGER:

»Es befand sich unter den neu ins 7. Schuljahr eingetretenen Knaben einer mit Namen August, der alsbald durch seine Prahlereien auffiel. Diese standen im umgekehrten Verhältnis zu seinen Leistungen. Im Unterrichte zeigte er nur im Geographiefache eine ungefähr norma-le Begabung, und er war schon um ein Schuljahr sitzen geblieben. Die Prahlereien äußerten sich ganz besonders in den Zeiten, da die Schüler frei miteinander verkehren durften, also in gewissen Unterrichtsdisziplinen, beim Spielen im Freien, bei Ausflügen und bei ›freien‹ Aufsätzen. ...

Einmal klagten mir Erwachsene, der Bursche prahle so. Sie fragten mich, ob er wirklich mich, seinen Lehrer, im Schwimmen übertreffe, wie er behauptet hätte. Ich antwortete, davon wüßte ich nichts, es sei jedoch nicht ganz unmöglich.

Da man mich als guten Schwimmer kennt, so erklärte man mir nun, was der Knabe sagte, sei offenbare Aufschneiderei, und es gehöre ihm eine tüchtige Ohrfeige.

Gelegentlich mache ich es in der Schule ähnlich wie unsere Irrenanstalten. Diese nehmen einen Kranken nur dann auf, wenn er selbst- oder gemeingefährlich wird oder öffentliches Ärgernis erregt. Solange ein Junge, der mit einem Fehler behaftet ist, sich selber und die anderen nicht schädigt, greife ich nicht ein.

Im Falle Augusts war der Augenblick jedoch jetzt, wie mir schien, gekommen. Man würde nachforschen, ob der Lehrer dem Schüler die Prahlhanserei ›durchgelassen‹ habe oder nicht. Ob er, der Lehrer, ›schwach‹ gewesen sei. Und die Ohrfeige, die dem Jungen gehörte, konnte ihn von einer anderen Hand als der des Lehrers treffen. Es war also in jeder Beziehung angemessen, gegen die Prahlsucht etwas vorzunehmen.

Der Junge wurde vor der versammelten Klasse gefragt, ob er wirklich glaube, er schwimme besser als ich.

›Ich bin vor einer Woche so und so weit geschwommen!‹ kam die indirekte, ausweichende und unsichere Antwort, nachdem schon eingestanden worden war, daß August auf der Straße wirklich geprahlt hatte, er schwimme besser als der Lehrer.

›Gut. Wir werden also mal ein Wettschwimmen veranstalten!‹

Er bestand nicht. Die Zuschauer lächelten. August war geknickt und doch trotzig.

›Es wäre recht, wenn man den Lehrer überträfe. Eigentlich sollte es so sein!‹ sagte ich. Und zu August gewendet: ›Wenn du dir noch recht Mühe gibst, so wirst du mich sicher einmal übertreffen. Wenn du einst auch ein Mann bist. Jetzt bin ich halt noch der Kräftigere, und du hast auch noch die kürzeren Glieder als ich!‹« (ZULLIGER 1927/28, S. 14ff.).

Diese Geschichte zeigt, worauf es beim helfenden Umgang mit der Hysterie ankommt. Der Hysteriker will etwas ausdrücken; er sucht Resonanz, Anerkennung, Verständnis, vielleicht Liebe. Die schwierige Aufgabe des Helfers besteht darin, daß er sich einerseits von der hysterischen Inszenierung nicht ins Bockshorn jagen läßt und daß er sich andererseits nicht aus lauter Angst, verstrickt zu werden, vom emotionalen Kontakt zurückzieht. ZULLIGER hat das Problem gut gelöst. Er ist den Prahlereien, bei denen er selbst herabgesetzt wurde, nicht eigentlich entgegengetreten. Zurückgewichen ist er aber auch nicht; er stellte sich der Probe, gewissermaßen einer öffentlichen »Realitätsprüfung«.

Es ist wichtig, daß ZULLIGER die Provokation, die in der Prahlerei des Jungen lag, nicht seinerseits auch mit einer Provokation beantwortete, daß er ihn nicht heruntergemacht, nicht lächerlich gemacht, nicht gedemütigt hat. Und in dieser Atmosphäre von Achtung und Respekt war es dann möglich, den Jungen dazu zu bewegen, über sein eigentliches und echtes Leiden, das er sonst mit seinen Lügengeschichten überspielte, zu sprechen.

Die Hysterie wurde hier doppeldeutig dargestellt: als Leiden und Krankheit einerseits und als expressives Potential (vor allem der Frauen) auf der anderen Seite. Ist beides das gleiche? Oder gibt es Abgrenzungen zwischen »guter« und »schlechter«, zwischen »gesunder« und »kranker« Hysterie? Auf diese Frage gibt es keine definitive Antwort. Das »Hysterische« ist – auf jeden Fall für Frauen, vielleicht für alle Menschen – etwas Gesundes, Normales und Entwicklungsnotwendiges: der Drang, sich vor anderen darzustellen, die gefühlsmäßige Reaktion der anderen zu erleben. Konflikthaft ist eigentlich nur das immer wieder erneute Scheitern dieser Selbstinszenierungen, das sich ergibt, wenn sie sich – im Sinne von MENTZOS – zu weit vom inneren Sein entfernen und damit in den Dienst der Abwehr geraten. Dadurch, daß diese Selbstinszenierung die Verbindung mit dem »Selbst« verliert, das inszeniert werden soll, wird sie unverständlich und vermag nicht mehr zu überzeugen. Es entsteht die hysterische Symptomatik etwa der »unverstandenen Frau«, aber auch des dramatisierenden Kindes im bedenklichen Sinne.

FREUD hätte vielleicht gemeint, daß sich die Frauen so abstrampeln und überfordern, weil sie im Grunde ihren Mangel, ihre Penislosigkeit spüren und sich damit nicht abfinden wollen. Die Überlegungen vom MENTZOS und ISRAEL weisen in eine andere Richtung: Die Hysterikerin ist die »unverstandene Frau«, die verzweifelt nach Wegen sucht, wie sie sich mitteilen, wie sie als Frau Resonanz finden, sich mit ihren Vorstellungen und Wunschträumen im Diskurs der Geschlechter artikulieren kann.

Jedenfalls sollten wir allen – Männern, Frauen und Kindern – das Recht zugestehen, ihre Wunschträume und Ängste »dramatisch« zu leben und darzustellen, ohne dieses expressive Moment als »hysterisch« zu disqualifizieren. Vielleicht sind diese Wunschträume, die zur Inszenierung drängen, überhaupt das Beste und Lebendigste an uns. Es sind, nach einem Wort des Philosophen WITTGENSTEIN, unsere »besseren Stunden«, in denen wir so weit aufwachen, »daß wir erkennen, daß wir träumen« (zitiert nach ROHDE-DACHSER 1989, S. 216).

VI. Schlußbemerkungen

Zuletzt noch ein kurzer Rückblick auf das Ganze. Es ging darum, einen »narrativen« und zugleich psychoanalytischen Beitrag zum Verständnis sogenannter Verhaltensstörungen bei Kindern und Jugendlichen zu entwickeln.

Psychoanalytiker sind Leute, die sich von Berufs wegen für individuelle Lebenslagen, für Biographien interessieren – für die Romane, so könnte man sagen, die das Alltagsleben schreibt. SCHOTTLAENDER (1959) hat dies geradezu als eine Art Eignungskriterium für den Beruf genannt: ob einer Freude daran hat, etwas umständliche und verwickelte Geschichten zu lesen, ob er es beispielsweise fertigbringt, einen Roman von FONTANE, von MANN oder GRASS mit Interesse auch wirklich zu Ende zu lesen.

Etwas von diesem Interesse für verwickelte Lebensgeschichten, meine ich, sollte auch der Pädagoge besitzen. Die Geschichten der Kinder, mit denen er es zu tun hat, sind zwar meist noch nicht so kompliziert wie die der Erwachsenen, aber auch jedes Kind ist schon ein Individuum. Und keins ist wie das andere, in jedem steckt ein Geheimnis, das einerseits ergründet werden, andererseits verborgen bleiben will. Darum sollte man sich sehr davor hüten, Kinder nach einer Denkschablone verstehen zu wollen – übrigens auch nach keiner psychoanalytischen.

Dieses Interesse für das Individuelle leitete auch unsere Beschäftigung mit den seelischen Krankheiten. Die manifeste seelische Krankheit ist eine höchst erstaunliche individuelle Leistung: eine Art Pflaster, sagten wir, mit dem das Individuum seine Lebenswunde zudeckt. Darum gebührt der Respekt vor dem Individuellen auch den seelischen Leiden und Krankheiten.

Indessen wäre es nun auch nicht angebracht, vor Respekt zu erstarren. Das menschliche Leben ist nicht nur tragisch, sondern manchmal auch recht komisch: Da hat ein aufgeklärter moderner Student Angst vor Gespenstern, ein kleiner Junge erschreckt tief, als er über das Gesäß der Gottesmutter nachdenkt, ein anderer beschließt, ganz so sein zu wollen wie Jesus, läßt sich dann aber doch von der Unbekömmlichkeit einer allzu wörtlich genommenen »Nachfolge Christi« überzeugen. Auch VAN GOGHS Geschichte mit dem abgeschnittenen Ohr ist nicht ohne makabre Komik. Diese Geschichten sind einerseits tieftraurig, gewiß – aber es darf doch auch gelacht werden, weil Einfühlung und Verstehen nicht bedeutet, vor Mitgefühl und »Betroffenheit« zu zerfließen. Ein Stück von der Abgebrühtheit, wie sie in manchen Medizinerwitzen zum Ausdruck kommt, gehört dazu. Ein Arzt, der angesichts von Krankheit und Leiden nur über die Schlechtigkeit der Welt jammern wollte, wäre gewiß ein schlechter Arzt.

Gelacht werden darf noch aus einem anderen Grund: Die Geschichten dieses Buches handelten ja nicht von irgendwelchen Deklassierten, auf deren Kosten man sich lustig macht, sondern letztlich von ganz normalen Menschen, so normal oder anormal wie jeder von uns. Mancher wird sich (hoffentlich) in der einen oder anderen Geschichte selbst wiedererkannt haben. Auch das war Absicht. Diese Ausführungen wollten einen Spiegel vorhalten, in dem wir uns selbst erkennen. Als zeitgemäßer Beitrag zur Erfüllung der alten philosophischen und religiösen Forderung: »Erkenne dich selbst!« sollte dem Leser vor Augen gehalten werden: So ist der Mensch, so verrückt, verdreht, verkorkst und verängstigt. So ist der Mensch – und das heißt konkret: so sind wir.

Die Ent-Klinifizierung seelischen Leidens, die Einsicht in die Ubiquität psychischer Pathologie – auch dies eine Erkenntnis, die im Zeichen von Coping-Euphorie und »humanistischer« Psychologie im Begriff ist, verspielt zu werden – verdankt unser zu Ende gehendes Jahrhundert SIGMUND FREUD. Indessen war FREUD nicht der erste originäre Tiefenpsychologe, der sich auf die »Rückseitenphänomene« (PONGRATZ 1973, S. 291) und Dunkelheiten des menschlichen Lebens eingelassen hat, und er wird hoffentlich nicht der letzte gewesen sein. Schon zweihundert Jahre vor FREUD reimte ANGELUS SILESIUS seinen Sinnspruch:

Ein Reis vom Narrenbaum trägt ein jeder, wer's auch sei.
Der eine trägt's bedeckt, der andre trägt es frei.

An diese zwar immer gekannte, aber immer wieder gerne vergessene (»verdrängte«) Botschaft zu erinnern und sie weiter zu vermitteln, war Ziel und Absicht dieses Buches.

Literatur

ADLER, A. (1907): Studien über die Minderwertigkeit von Organen. Wien.

AICHHORN, A. (1925): Verwahrloste Jugend. Bern/Stuttgart 1969.

ALEXANDER, F. (1951): Psychosomatische Medizin. Grundlagen und Anwendungsgebiete. Berlin 1985[4].

ALTHOFF, H. (1986): Der plötzliche Kindstod (SIDS) – Eine interdisziplinäre ärztliche Aufgabe. Deutsches Ärzteblatt (Heft 50).

ANDREAS-SALOME, L. (1965): In der Schule bei Freud. München.

ASPERGER, H. (1944): Die »Autistischen Psychopathien« im Kindesalter. Archiv für Psychiatrie und Nervenkrankheiten (117).

BALINT, M. (1970): Therapeutische Aspekte der Regression. Die Theorie der Grundstörung. Stuttgart.

BATTEGAY, R.; GLATZEL, J.; PÖLDINGER, W.; RAUCHFLEISCH, U. [Hrsg.] (1992[3]): Handwörterbuch der Psychiatrie. Stuttgart.

BECKMANN, H.; LAUX, G. (Hrsg.;1988): Biologische Psychiatrie. Berlin/Heidelberg.

BERGER, M. (1993): Und die Mutter blickte stumm auf dem ganzen Tisch herum. Anmerkungen zur Diskussion über das hyperkinetische Syndrom. Kinderanalyse (1).

BERNA, J. (1961): Schulschwierigkeiten als Folge seelischer Störungen. München.

BETTELHEIM, B. (1977): Die Geburt des Selbst. München.

BEUTEL, M.; WEINER, H. (1993): Trauer und Depression nach einem Objektverlust. Ein Beitrag zur Begriffsklärung und klinischen Unterscheidung. Forum der Psychoanalyse (9).

BILZ, J. (1971): Märchengeschehen und Reifungsvorgänge unter tiefenpsychologischem Gesichtspunkt. In: BÜHLER, CH.; BILZ, J., Das Märchen und die Phantasie des Kindes. München.

BITTNER, G. (1971): Verhaltensgestörtenpädagogik und Kinderpsychotherapie. Bemerkungen zu einer »kritischen Rezension« von N. MYSCHKER. Zeitschrift für Heilpädagogik (22).

BITTNER, G. (1972): Psychoanalyse und soziale Erziehung. München 1972[3].

BITTNER, G. (1974): Das andere Ich. Rekonstruktionen zu FREUD. München.

BITTNER, G. (1977): Tarnungen des Ich. Studien zu einer subjektorientierten Abwehrlehre. Stuttgart.

BITTNER, G. (1979a): Die psychoanalytische Dimension autobiographischer Erzählungen. In: BAACKE, D.; SCHULZE, TH. (Hrsg.), Aus Geschichten lernen. München 1993[2].

BITTNER, G. (1979b): Tiefenpsychologie und Kleinkinderziehung. Paderborn.

BITTNER, G. (1982a): Der Wille des Kindes. Zeitschrift für Pädagogik (28).

BITTNER, G. (1982b): Sexualität und Selbstwerden. In: SCARBATH, H.; TEWES, B. (Hrsg.), Sexualerziehung und Persönlichkeitsentfaltung. München.

BITTNER, G. (1984): Das Sterben denken um des Lebens willen. Würzburg.

BITTNER, G. (1988a): Das Unbewußte – ein Mensch im Menschen? Würzburg.
BITTNER, G. (1988b): Heilende »Körpererfahrung«? In: RECHENBERGER, H.-G.;
  WERTHMANN, H.-V. (Hrsg.), Psychotherapie und Innere Medizin. Grundla-
  gen und Anwendungen. München.
BITTNER, G. (1992): Der Körper – ein Symbol des Unbewußten? Psychotherapie
  Psychosomatik Medizinische Psychologie (42).
BITTNER, G.; ERTLE, CHR.; SCHMID, V. (1974): Schule und Unterricht bei verhal-
  tensgestörten Kindern. In: Deutscher Bildungsrat. Gutachten und Studien
  der Bildungskommission. Stuttgart.
BITTNER, G.; THALHAMMER, M. [Hrsg.] (1989): »Das Ich ist vor allem ein körperli-
  ches ...« Zum Selbstwerden des körperbehinderten Kindes. Würzburg.
BITTNER, G.; THALMANN, H.-CHR. (1970): Über die Verbreitung psychischer Stö-
  rungen bei Kindern im Grundschulalter. Zeitschrift für Pädagogik (16).
BLEULER, E. (1911): Lehrbuch der Psychiatrie. Umgearbeitet von MANFRED BLEULER.
  Berlin/Göttingen/Heidelberg 1955[9].
BLUESTONE, H. (1985): DSM-III und die Psychoanalyse. Forum der Psychoanaly-
  se (1).
BRÄUTIGAM, W.; CHRISTIAN, P. (1975): Psychosomatische Medizin. Stuttgart.
BREZINKA, W. (1959): Frühe Mutter-Kind-Trennung. Die Sammlung (14).
BRUCH, H. (1992): Das verhungerte Selbst. Gespräche mit Magersüchtigen.
  Frankfurt a.M.
BRUSTEN, M.; HURRELMANN, K. (1973): Abweichendes Verhalten in der Schule.
  München.
BÜRGIN, D.; ROST, B. (1990): Pädiatrie. In: UEXKÜLL, TH. V. (Hrsg.), Psychosomatische
  Medizin. München.
CANITZ, H. V. (1973): Droge und Sexualität. Eine Fallstudie. München.
CARUS, C. G. (1925): Über Lebensmagnetismus. Hrsg. v. C. BERNUOLLI. Basel.
CHASSEGUET-SMIRGEL, J. (1981): Das Ichideal. Psychoanalytischer Essay über die
  »Krankheit der Idealität«. Frankfurt a.M.
CLOS, R. (1982): Delinquenz – Ein Zeichen von Hoffnung? Frankfurt a.M.
CLYNE, M. B. (1969): Schulkrank? Schulverweigern als Folge psychischer Stö-
  rungen. Stuttgart.
CONRAD, K. (1966): Die beginnende Schizophrenie. Stuttgart.
DE BOOR, C. (1974): Depression. In: Psychologie für Nichtpsychologen. Stutt-
  gart.
DESTUNIS, G. (1962): Die Depressionsneurose im Kindesalter. Psychiatrie,
  Neurologie und medizinische Psychologie (14).
DIATKINE, R. (1970): L'enfant prépsychotique. Psychiatrie de l'enfant (12).
DITFURTH, H. V. (o. J.): Die endogene Depression als Folge der Störung einer
  vegetativen Beziehung zur Umwelt. Über das Gefühl der Gefühllosigkeit.
  München.
DITTMANN, V. (1990): Die Entwicklung operationaler Diagnosesysteme in der
  Psychiatrie. TW Neurologie, Psychiatrie Schweiz (1).
DÜHRSSEN, A. (1954): Psychogene Erkrankungen bei Kindern und Jugendlichen.
  Göttingen.
DZIKOWSKI, S. (1993): Ursachen des Autismus. Eine Dokumentation. Weinheim.
EGGERS, CHR.; LEMPP, R.; NISSEN, G.; STRUNK, P. (1993): Kinder- und Jugendpsy-
  chiatrie. Berlin.
EKSTEIN, R. (1973): Grenzfallkinder. München/Basel.

ERTLE, CH.; SCHMID, V. [Hrsg.] (1978): Der andere Unterricht. München.

FERENCZI, S. (1913): Zur Ontogenese der Symbole. In: Ders., Schriften zur Psychoanalyse I. Stuttgart 1970.

FREUD, A. (1968): Wege und Irrwege in der Kinderentwicklung. Stuttgart.

FREUD, S. (1905): Drei Abhandlungen zur Sexualtheorie. GW V. Frankfurt a.M.

FREUD, S. (1909a): Analyse der Phobie eines fünfjährigen Knaben. GW VII. Frankfurt a.M.

FREUD, S. (1909b): Bemerkungen über einen Fall von Zwangsneurose. GW VII. Frankfurt a.M.

FREUD, S. (1911a): Formulierungen über die zwei Prinzipien des psychischen Geschehens. GW VIII. Frankfurt a.M.

FREUD, S. (1911b): Psychoanalytische Bemerkungen über einen autobiographisch beschriebenen Fall von Paranoia (Dementia paranoides). GW VIII. Frankfurt a.M.

FREUD, S. (1912–13): »Totem und Tabu«. GW IX. Frankfurt a.M.

FREUD, S. (1915): Zeitgemäßes über Krieg und Tod. GW X. Frankfurt a.M.

FREUD, S. (1916–17): Trauer und Melancholie. GW X. Frankfurt a.M.

FREUD, S. (1926): Hemmung, Symptom und Angst. GW XIV. Frankfurt a.M.

FREUD, S. (1927): Fetischismus. GW XIV. Frankfurt a.M.

FREUD, S. (1930): Das Unbehagen in der Kultur. GW XIV. Frankfurt a.M.

FREUD, S. (1940): Die Ichspaltung im Abwehrvorgang. GW XVII. Frankfurt a.M.

FREUD, S. (1986): Briefe an Wilhelm Fließ 1887–1904. Frankfurt a.M.

FREUD, S.; BREUER, J. (1895): Studien über Hysterie. GW I. Frankfurt a.M.

FREUD, S.;FERENCZI, S. (1993): Briefwechsel. Bd. I/1 1908–1911. Wien/Köln/Weimar.

FRIESE, H.-J.; TROTT, G.-E. [Hrsg.] (1988): Depression in Kindheit und Jugend. (Festschrift für G. NISSEN). Bern.

FRISCH, M. (1964): »Mein Name sei Gantenbein«. Frankfurt a.M.

FROMM, E. (1956): Die Kunst des Liebens. Gesamtausgabe IX. München.

FURMAN, R. A. (1966): Der Tod und das Kind – einige vorläufige Überlegungen. Psyche (20).

GADAMER, H. G. (1960): Wahrheit und Methode. Tübingen 1972[3].

GOETZE, H.; NEUKÄTER, H. [Hrsg.] (1989): Pädagogik bei Verhaltensstörungen. Handbuch der Sonderpädagogik, Bd. 6. Berlin.

GÖPPEL, R. (1989): »Der Friederich, der Friederich ...« Das Bild des schwierigen Kindes in der Pädagogik des 19. und 20. Jahrhunderts. Würzburg.

GRIMM, J.;GRIMM, W. (1935): Deutsches Wörterbuch. Leipzig.

GRODDECK, G. (1923): Das Buch vom Es. Wiesbaden 1961.

HABERMAS, T.; NEUREITHER, U.; MÜLLER, M.; HORCH, U. (1987): Ist die Bulimie eine Sucht? Zur Verlaufsdynamik der symptomzentrierten Bulimiebehandlung. Praxis der Psychotherapie und Psychosomatik (32).

HARBAUER, H.; LEMPP, R.; NISSEN, G.; STRUNK/P. (1976): Lehrbuch der speziellen Kinder- und Jugendpsychiatrie. Berlin/Heidelberg/New York.

HAVERS, N. (1981): Erziehungsschwierigkeiten in der Schule. Weinheim.

HEGEL, G. W. F. (1840): Vorlesungen über die Philosophie der Geschichte. Werke Bd. 12. Frankfurt a.M. 1970.

HERRMANN, J. M.; HOLZAMER, M.; STIELS, W. (1990): ICD-9 und DSM-III. Eine kritische Stellungnahme zum Gebrauch der internationalen Diagnoseschlüssel. In: UEXKÜLL, TH. V. (Hrsg.), Psychosomatische Medizin. München.

HERRMANN, J. M.; GEIGGES, W. (1990): Infektionskrankheiten. In: UEXKUELL, TH. v. (Hrsg.), Psychosomatische Medizin. München.

HERRMANN, U. (1976): Die Rolle der Psychologie in der Entwicklung der modernen Erziehungswissenschaft. In: BALMER, H. (Hrsg.), Psychologie des 20. Jahrhunderts, Bd. 1. München.

HEYER, G. R. (1937): Der Organismus der Seele: eine Einführung in die analytische Seelenheilkunde. München.

HÖFER, J.; RAHNER, K. [Hrsg.] (1957): Lexikon für Theologie und Kirche. Freiburg.

HOFFMANN, H. (o. J.): Der Struwwelpeter. Frankfurt a.M.

HOFFMANN, S. O. (1985): Können wir mit dem DSM-3 leben? Forum der Psychoanalyse (1).

HOFMANN, TH.; PÖNITZ, H.; HERZ, R. (1975): Jugend im Gefängnis. München.

HOMBURGER, A. (1926): Psychopathologie des Kindesalters. Berlin.

HORKHEIMER, M. (1967): Zur Kritik der instrumentellen Vernunft. Frankfurt a.M.

HORN, H. (1988): Möglichkeiten des Kinder- und Jugendlichenpsychotherapeuten beim Umgang mit dem hyperkinetischen und aggressiven Kind. In: FRANKE, U. (Hrsg.), Aggressive und hyperaktive Kinder in der Therapie. Berlin/Heidelberg/New York.

HURRELMANN, K.; JAUMANN, O. (1985): Sozialisations- und interaktionstheoretische Konzepte in der Behindertenpädagogik. In: Handbuch der Sonderpädagogik, Bd. 1. Berlin.

HUSSLEIN, E. (1983): Schule und Unterricht bei verhaltensgestörten Kindern und Jugendlichen. Würzburg.

INNERHOFER P.; WEBER, G.; KLICPERA, CH.; ROTERING-STEINBERG, S. [Hrsg.] (1988): Psychische Auffälligkeiten und Probleme im Jugendalter. Wien.

INNERHOFER, P.; KLICPERA, CH. (1988): Die Welt des frühkindlichen Autismus. München/Basel.

ISRAEL, L. (1987): Die unerhörte Botschaft der Hysterie. München/Basel.

JACOBS, J. (1974): Selbstmord bei Jugendlichen. München.

JASPERS, K. (1909): Heimweh und Verbrechen. Dissertation veröffentlicht in: Archiv für Kriminalanthropologie, Bd. 35.

JASPERS, K. (1977): Strindberg und van Gogh. München.

JUNG, C. G. (1907): Über die Psychologie der Dementia Praecox: Ein Versuch. GW 3. Olten/Freiburg 1971.

JUNG, C. G. (1984): Erinnerungen, Träume. Gedanken von C.G. Jung. Aufgezeichnet und herausgegeben von A. JAFFÉ. Olten/Freiburg.

KANNER, L. (1943): Autistic Disturbances of affective contact. Nerv. Child (2).

KANNICHT, A. (1985): Selbstwerden des Jugendlichen. Würzburg.

KIELHOLZ, P.; ADAMS, C. (1988): Die larvierte Depression bei Kindern, Jugendlichen und Erwachsenen. In: FRIESE, H.-J.; TROTT, G.-E. (Hrsg.), Depression in Kindheit und Jugend. Bern.

KLEIN, M. (1962): Das Seelenleben des Kleinkindes. Stuttgart.

KLÜWER, K. (1974): Neurosentheorie und »Verwahrlosung«. Psyche (28).

KLUGE, K. J. (1971): Erziehungsschwierigkeit und Schwererziehbarkeit. Praxis der Kinderpsychologie und Kinderpsychiatrie (20).

KOHUT, H. (1973): Überlegungen zum Narzißmus und zur narzißtischen Wut. Psyche (27).

KOHUT, H. (1979): Die Heilung des Selbst. Frankfurt a.M.

KOVACS, M.; MARSH, J. (1988): Diagnosen depressiver Zustände in der Kindheit. In: FRIESE, H.-J.; TROTT, G.-E. (Hrsg.), Depression in Kindheit und Jugend. Bern.

KÖZLE, J. F. G. (1893): Die pädagogische Pathologie in der Erziehungskunde des 19. Jahrhunderts. Gütersloh.

KROPIUNIGG, U. (1990): Psyche und Immunsystem. Berlin/Heidelberg/Nürnberg.

LAING, R. (1972): Das geteilte Selbst. Eine existentielle Studie über geistige Gesundheit und Wahnsinn. Köln.

LANG, H. (1981): Zur Problematik der Übertragung in der Psychose und Abgrenzung zur Neurose. Psyche (35).

LANG, H. (1985): Zwang in der Neurose, Psychose und psychosomatischer Erkrankung. Zeitschrift für Klinische Psychologie, Psychopathologie und Psychotherapie (33).

LANG, H. (1990): Wirkfaktoren der Psychotherapie. Berlin/Heidelberg/New York.

LANG, H.; FALLER, H.; SCHILLING, S. (1989): Krankheitsverarbeitung aus psychosomatisch-psychotherapeutischer Sicht am Beispiel pankreatektomierter Patienten. Psychotherapie Psychosomatik Medizinische Psychologie (39).

LAPLANCHE, J.; PONTALIS, J.-B. (1972): Das Vokabular der Psychoanalyse. Frankfurt a.M.

LEBER, A. (1976): Rückzug oder Rache? – Überlegungen zu unterschiedlichen Folgen früher Kränkungen und Wut. In: Jahrbuch der Psychoanalyse, Bd. IX. Bern/Stuttgart/Wien.

LEBER, A. [Hrsg.] (1983): Reproduktion der frühen Erfahrung. Frankfurt a.M.

LE COULTRE, R. (1970): Die Ichspaltung als zentrale Neurosenerscheinung. Psyche (24).

LEMPP, R. (1972): Eine Pathologie der psychischen Entwicklung. Bern/Stuttgart/Wien.

LEMPP, R. (1973): Psychosen im Kindes- und Jugendalter. Bern/Stuttgart.

LEMPP, R. (1976): Organische Psychosyndrome. In: HARBAUER, H.; LEMPP, R.; NISSEN, G.; STRUNK, P., Lehrbuch der speziellen Kinder- und Jugendpsychiatrie. Berlin/Heidelberg/New York.

LEMPP, R. (1977): »Jugendliche Mörder«. Bern/Stuttgart/Wien.

LEMPP, R. (1978): Lernerfolg und Schulversagen. Eine Kinder- und Jugendpsychiatrie für Pädagogen. München.

LEMPP, R. (1987): Spielsucht. Lust, Zwang und schlechtes Gewissen. neue praxis (17).

LEMPP, R. (1990): Die Therapie der Psychosen im Kindes- und Jugendalter. Bern/Stuttgart/Toronto.

LEMPP, R. (1992): Vom Verlust der Fähigkeit, sich selbst zu betrachten. Bern/Göttingen/Toronto.

LEONHARD, K. (1988): Bedeutende Persönlichkeiten in ihren psychischen Krankheiten. Berlin.

LEPENIES, W. (1972): Melancholie und Gesellschaft. Frankfurt a.M.

LOCH, W. (1972): Zur Theorie, Technik und Therapie der Psychoanalyse. Frankfurt a.M.

LOCH, W.; JAPPE, G. (1974): Die Konstruktion der Wirklichkeit und die Phantasien. Anmerkungen zu FREUDS Krankengeschichte des »Kleinen Hans«. Psyche (28).

LORENZER, A. (1973): Sprachzerstörung und Rekonstruktion. Vorarbeiten zu einer Metatheorie der Psychoanalyse. Frankfurt a.M.

LÜPKE, H. v. (1989): Psychodynamische Aspekte bei der minimalen Dysfunktion (»MCD«) – dargestellt an einem Fallbeispiel. In: Jahrbuch für Psychoanalytische Pädagogik 1. Mainz.

LUSSIER, A. (1960): The Analysis of a Boy with a Congenital Deformity. The Psychoanalytic Study of the Child (15).

LUSSIER, A. (1980): The Physical Handicap and the Body Ego. International Journal of Psychoanalysis (61).

MAASER, R. (1976): Adipositas bei Kindern. Deutsches Ärzteblatt (Heft 41).

MAHLER, M. (1972): Symbiose und Individuation. Stuttgart.

MARX, K. (1929): Das Kapital. 1. Buch. Leipzig.

MATTNER, D. (1989): Vom Sinn des Unsinnigen – Überlegungen zum hyperkinetischen Verhalten. In: Jahrbuch für Psychoanalytische Pädagogik 1. Mainz.

MENTZOS, ST. (1980): Hysterie. Zur Psychodynamik unbewußter Inszenierungen. München.

MENTZOS, ST. (1984): Neurotische Konfliktverarbeitung. Frankfurt a.M.

MENTZOS, ST. (1991): Psychodynamische Modelle der Psychiatrie. Göttingen.

MEVES, CHR. (1971): Verhaltensstörungen bei Kindern. München.

MEYER, G.; BACHMANN, M. (1993): Glücksspiel. Berlin/Heidelberg,

MÖCKEL, A. (1984): Das Verhältnis von Pädagogik und Sonderpädagogik. In: KOBI, E.; BÜRLI, A.; BROCH, E. (Hrsg.), Zum Verhältnis von Pädagogik und Sonderpädagogik. Luzern.

MÖCKEL, A. (1988): Geschichte der Heilpädagogik. Stuttgart.

MÖHL, M. (1993): Zur Psychodynamik des Todes in der Trunksucht. Versuch einer tiefenpsychologisch-anthropologischen Deutung. Würzburg.

MORGENTHALER, F. (1974): Die Stellung der Perversionen in Metapsychologie und Technik. Psyche (28).

MOSER, T. (1988): Körpertherapie innerhalb der Psychoanalyse. In: RECHENBERGER, H.-G.; WERTHMANN, H.-V. (Hrsg.), Psychotherapie und innere Medizin. Grundlagen und Anwendungen. München.

MOSER, T. (1989): Psychoanalyse und Körper. In: WERTHMANN, H.-V. (Hrsg.), Unbewußte Phantasien: neue Aspekte in der psychoanalytischen Theorie und Praxis. München.

MUSS, B. (1973): Gestörte Sozialisation. Psychoanalytische Grundlagen therapeutischer Heimerziehung. München.

MYSCHKER, N. (1971): Verhaltensgestörtenpädagogik und Kinderpsychotherapie. Zeitschrift für Heilpädagogik (22).

MYSCHKER, N. (1993): Verhaltensstörungen bei Kindern und Jugendlichen. Erscheinungsformen – Ursachen – Hilfreiche Maßnahmen. Stuttgart.

NIEDERLAND, W. G. (1965): Narcissistic Ego Impairment in Patients with Early Physical Malformations. The Psychoanalytic Study of the Child (20).

NIETZSCHE, F. (1883): Sämtliche Werke, Bd. 4. München 1980.

NILSSON, L. (1990): Ein Kind entsteht. München.

NISSEN, G. (1971): Depressive Syndrome im Kindesalter. Berlin/Göttingen/Heidelberg.

NISSEN, G. (1976a): Psychogene Störungen mit vorwiegend psychischer Symptomatik. In: HARBAUER, H.; LEMPP, R.; NISSEN, G.; STRUNK, P., Lehrbuch der speziellen Kinder- und Jugendpsychiatrie. Berlin/Heidelberg/New York.

NISSEN, G. (1976b): Pubertätskrisen und Störungen der psychosexuellen Entwicklung. In: HARBAUER, H.; LEMPP, R.; NISSEN, G.; STRUNK, P., Lehrbuch der speziellen Kinder- und Jugendpsychiatrie. Berlin/Heidelberg/New York.

NISSEN, G. (1977): Psychopathologie des Kindesalters. Darmstadt.

NITSCHKE, A. (1968): Das Bild der Heimwehreaktionen beim jungen Kinde. In: BITTNER, G.; SCHMIDT-CORDS, E. (Hrsg.), Erziehung in früher Kindheit. München.

ODERMATT, L. ST. (1989): Ich- und Welterlebnis in der Magersucht. Kind und Umwelt (Heft 61).

ORBAN, P. (1981): Psyche und Soma. Über die Sozialisation des Körpers. Wiesbaden.

PEELE, ST.; BRODSKY, A. (1974): Love and Addiction. New York.

PFISTER, O. (1921a): Die Behandlung schwer erziehbarer und abnormer Kinder. Bern/Leipzig.

PFISTER, O. (1921b): Vermeintliche Nullen und angebliche Musterkinder. Bern/Leipzig.

PONGRATZ, L. J. (1973): Lehrbuch der klinischen Psychologie. Göttingen.

PONTALIS, J.-B. [Hrsg.] (1972): Objekte des Fetischismus. Frankfurt a.M.

PREKOP, J. (1990): Hättest du mich festgehalten. ... Grundlagen und Anwendung der Festhalte-Therapie. München.

PRINDULL, G.; SCHULZE, S. (1978): Psychologische Führung von Kindern mit neoplastischen Erkrankungen. Deutsches Ärzteblatt (Heft49).

PSCHYREMBEL, W. [Hrsg.] (1994): Klinisches Wörterbuch. Berlin/New York (257. Auflage, sowie Auflagen: 1986[255], 1969[250], 1959[153]).

QUINT, H. (1984): Der Zwang im Dienste der Selbsterhaltung. Psyche (38).

QUINT, H. (1987): Die kontradepressive Funktion des Zwanges. Forum der Psychoanalyse (3).

RAUCHFLEISCH, U. (1981): Dissozial. Entwicklungen, Struktur und Psychodynamik dissozialer Persönlichkeiten. Göttingen.

REDL, F. (1976): Steuerung des aggressiven Verhaltens beim Kind. München.

REDL, F.; WINEMAN, D. (1979): Kinder, die hassen. München.

REDLICH, F. C.; FREEDMAN, D. X. (1976): Theorie und Praxis der Psychiatrie. 2 Bde. Frankfurt a.M.

REICH, G. (1992): Identitätskonflikte bulimischer Patientinnen. Forum der Psychoanalyse (8).

REINISCH, J. [Hrsg.] (1990): The Kinsey Institute New Report on Sex. New York.

REMSCHMIDT, H. (1987): Das autistische Kind – Eltern haben keine Schuld. Deutsches Ärzteblatt (84).

REMSCHMIDT, H. (1993): Zyklen der Gewalt: Anmerkungen zur Gewalttätigkeit junger Menschen. Deutsches Ärzteblatt (90).

REMSCHMIDT, H. [Hrsg.] (1985–1988): Kinder- und Jugendpsychiatrie in Klinik und Praxis. 3 Bände. Stuttgart.

RICHTER, H. E.; BECKMANN, D. (1969): Herzneurose. Stuttgart.

ROHDE-DACHSER, CH. (1989): Unbewußte Phantasie und Mythenbildung in psychoanalytischen Theorien über die Differenz der Geschlechter. Psyche (43).

258

ROSKAMP, H. (1977): Grundzüge der Neurosenlehre. In: LOCH, W. (Hrsg.), Die Krankheitslehre der Psychoanalyse. Stuttgart.

ROTHENBERGER, A. (1988): Klassifikation und neurobiologischer Hintergrund des hyperkinetischen Syndroms (HKS). In: FRANKE, U. (Hrsg.), Aggressive und hyperaktive Kinder in der Therapie. Berlin/Heidelberg/New York.

RUTSCHKY, K. (1992): Erregte Aufklärung: Kindesmißbrauch, Fakten und Fiktionen. Hamburg.

SAINT-EXUPERY, A. (1977): Der kleine Prinz. Düsseldorf.

SANDER, A. (1973): Die statistische Erfassung von Behinderten in der Bundesrepublik Deutschland. Sonderpädagogik (1). Stuttgart.

SANDLER, J.; JOFFE, W. G. (1980): Zur Depression im Kindesalter. Psyche (34).

SCHAFF, CH. (1990): Therapeutische Möglichkeiten bei psychischen Störungen im Kindes- und Jugendalter. In: DERBOLOWSKY, J.; DERBOLOWSKY, U. (Hrsg.), Praktische Psychotherapie. Heidelberg.

SCHIFFER, E. (1993): Warum Huckleberry Finn nicht süchtig wurde. Weinheim.

SCHMID, P. (1985): Verhaltensstörungen aus anthropologischer Sicht. Bern/Stuttgart.

SCHMIDT, G. (1982): Jenseits des Triebprinzips – Überlegungen zur sexuellen Motivation. In: SCARBATH, H.; TEWES, B. (Hrsg.), Sexualerziehung und Persönlichkeitsentfaltung. München.

SCHNEIDER, K. (1923): Die psychopathischen Persönlichkeiten. Wien 1943[6].

SCHOTTLAENDER, F. (1959): Das Ich und seine Welt. Stuttgart.

SCHREBER, D. P. (1903): Denkwürdigkeiten eines Nervenkranken. Frankfurt a.M. 1985.

SCHULTE, W. (1961): Nichttraurigseinkönnen im Kern melancholischen Erlebens. Nervenarzt (32).

SCHUSTER, P.; STROTZKA, H. (1985): DSM-III und die Psychoanalyse. Diskussionsbeiträge zu Harvey Bluestones Aufsatz. Forum der Psychoanalyse (1).

SCHWAB, J. J.; SCHWAB-STONE, M. E. (1988): Epidemiologie der Depression bei Kindern und Jugendlichen in den USA. In: FRIESE, H.-J.; TROTT, G.-E. (Hrsg.), Depression in Kindheit und Jugend. Bern.

SELLIN, BIRGER (1993): ich will kein inmich mehr sein. Botschaften aus einem autistischen Kerker. Köln.

SPECK, O. (1984): Verhaltensstörungen. Psychopathologie und Entwicklung. Grundlagen einer Verhaltensgestörtenpädagogik. Berlin.

Spiegel (1974) Heft 38, (1993) Heft 39, (1994) Heft 5, (1994) Heft 7.

SPITZ, R. (1968): Die anaklitische Depression. In: BITTNER, G.; SCHMID-CORDS, E. (Hrsg.), Erziehung in früher Kindheit. München.

SPITZ, R. (1969): Vom Säugling zum Kleinkind. Stuttgart.

STEINHAUSEN, H.-CH. (1987): Psychische Störungen bei Kindern und Jugendlichen, München. Wien/Baltimore.

STEINHAUSEN, H.-CH. (1977): Psychologische und sozialmedizinische Aspekte chronischer Krankheiten bei Kindern und Jugendlichen. Deutsches Ärzteblatt (50).

STERN, E. (1957): Kind, Krankheit und Tod. München.

STERN, W. (1923): Psychologie der frühen Kindheit. Leipzig.

STORK, J. (1993): Über die psychischen Hintergründe des hyperkinetischen Verhaltens. Kinderanalyse (1).

STREECK-FISCHER, A. (1993): »Ihr könnt uns nicht vernichten, denn wir sind ein

259

Teil von Euch«. Über den »deadly dance« eines jugendlichen Skinheads. In: STREECK, U. (Hrsg.), Das Fremde in der Psychoanalyse. Erkundungen über das »Andere« in Seele, Körper und Kultur. München.

THALHAMMER, M. (1985): Gestörte Wahrnehmung. Verhalten, das zerstört. Zur Dyade der Mutter mit ihrem körperbehinderten Kind. In: SCHÖPF, A. (Hrsg.), Aggression und Gewalt. Anthropologisch-sozialwissenschaftliche Beiträge. Würzburg.

THALMANN, H.-CHR. (1971): Verhaltensstörungen bei Kindern im Grundschulalter. Stuttgart.

THIEME, G. (1971): Leben mit unserem autistischen Kind. Lüdenscheid.

TUSTIN, F. (1977): Autisme et psychose de l'enfant. Paris.

UEXKÜLL, TH. V. [Hrsg.] (1990): Psychosomatische Medizin. München.

VERNOOIJ, M. (1987): Überangepaßtheit und Magersucht. Zur Prävention einer lebensbedrohlichen Störung. Zeitschrift für Heilpädagogik (38), Beiheft 13.

VERNOOIJ, M. (1992): Hampelliese – Zappelhans. Problemkinder mit Hyperkinetischem Syndrom. Bern/Stuttgart.

VERRES, R. (1986): Krebs und Angst. Berlin/New York 1992².

WALSER, M. (1977): Ein fliehendes Pferd. Frankfurt a.M.

WEBER, D. (1970): Der frühkindliche Autismus unter dem Aspekt der Entwicklung. Bern.

WEIZSÄCKER, V. V. (1986): Körpergeschehen und Neurose. Psychosomatische Medizin. Gesammelte Schriften, Bd. 6. Frankfurt a.M.

WERNER, M. L. (1972): Kann das Kind trauern? In: Stuttgarter Akademie für Tiefenpsychologie und analytische Psychotherpie e. V. (Hrsg.), Psychotherapie bei Kindern. Stuttgart.

WILKER, F. W. (1989): Autismus. Darmstadt.

WINKEL, R. (1977): Pädagogische Psychiatrie für Eltern, Lehrer und Erzieher. Eine Einführung in neurotische und psychotische Schul- und Erziehungswirklichkeiten. München.

WINNICOTT, D. W. (1973): Vom Spiel zur Kreativität. Stuttgart.

WINNICOTT, D. W. (1974): Reifungsprozesse und fördernde Umwelt. Frankfurt a.M.

WINNICOTT, D. W. (1983): Von der Kinderheilkunde zur Psychoanalyse. Frankfurt a.M.

WITTCHEN, H.-U.; SASS, H.; ZAUDIG, M.; KOEHLER, K. (Bearb.;1989): Diagnostisches und Statistisches Manual psychischer Störungen – DSM III-R. Revision. Weinheim.

ZASLOW, R. W. ; MENTA, M. (1976): Face to face with Schizophrenia. Z – process approach. San José.

ZIMPRICH, H. [Hrsg.] (1984): Kinderpsychosomatik. Stuttgart.

ZULLIGER, H. (1927/28): Heilung eines Prahlhanses. Zeitschrift für Psychoanalytische Pädagogik (2).

ZULLIGER, H. (1967): Heilende Kräfte im kindlichen Spiel. Stuttgart.

Kinder- und Familientherapie, Erziehungsberatung

Studien zur Kinderpsychoanalyse XII
Hrsg. von der Österreichischen Studiengesellschaft für Kinderpsychoanalyse. 1995. 165 Seiten, kart. ISBN 3-525-46041-4

Studien zur Kinderpsychoanalyse XIII
Hrsg. von der Österreichischen Studiengesellschaft für Kinderpsychoanalyse. 1996. Ca. 175 Seiten, kart. ISBN 3-525-46042-2

Arist von Schlippe /
Jochen Schweitzer
Lehrbuch der systemischen Therapie und Beratung
Mit einem Vorwort von Helm Stierlin. 1996. 333 Seiten mit ca. 18 Abbildungen und ca. 2 Tabellen, kart. ISBN 3-525-45659-X

Almuth Massing / Günter
Reich / Eckhard Sperling
Die Mehrgenerationen-Familientherapie
Unter Mitarbeit von Hans Georgi und Elke Wöbbe-Mönks.
3. Auflage 1994. 264 Seiten, kart. ISBN 3-525-45740-5

Rudolf Ekstein
und die Psychoanalyse
Schriften. Hrsg. von Jörg Wiesse. 1994. 217 Seiten mit 14 Abbildungen, kart. ISBN 3-525-45754-5

Micha Hilgers
Scham
Gesichter eines Affekts
1996. 219 Seiten, kart.
ISBN 3-525-45600-X

Annemarie Dührssen
Psychotherapie bei Kindern und Jugendlichen
Ein Lehrbuch für Familien- und Kindertherapie
7. Auflage 1989. 426 Seiten, kart. ISBN 3-525-45652-2

Ulrich Sachsse
Selbstverletzendes Verhalten
Psychodynamik – Psychotherapie
2. Auflage 1995. 204 Seiten, kart. ISBN 3-525-45771-5

V&R
Vandenhoeck
& Ruprecht

Manfred L. Söldner
Depression aus der Kindheit
Familiäre Umwelt und die Entwicklung der depressiven
Persönlichkeit

Depressionen sind die häufigsten psychischen Beschwerden.
Die Kindheitserlebnisse können, wenn sie von bestimmten
Verhaltensmustern der Eltern geprägt sind, entscheidend
dazu beitragen, ob ein Mensch anfällig wird für depressives
Erleiden, einen depressiven Lebensstil entwickelt und schließ-
lich an akuter Depression erkranken wird.

Söldner hat die Faktoren in der Eltern-Kind-Beziehung empi-
risch erkundet, welche die Entwicklung einer depressiven
Persönlichkeit bewirken und fördern. Seine Folgerungen sind
bedeutsam für die Erziehung, um gezielt vorbeugen zu können, aber auch für die Therapie bei bereits entwickelten depressiven Persönlichkeitszügen.

Oliver Schubbe (Hg.)
Therapeutische Hilfen
gegen sexuellen Mißbrauch an Kindern

„Die meisten Aufsätze gehen zunächst auf die wissenschaftliche Methodik ein, bevor Schlußfolgerungen gezogen werden. Alle AutorInnen haben weitgehend auf eine verständli-
che Sprache geachtet. Die wissenschaftliche Basis kann helfen, die eigene Arbeit abzusichern oder den derzeitigen Er-
kenntnisstand zusammenzufassen. ... Es ist gerade deshalb
ein interessantes Buch, weil verschiedene AutorInnen aus
unterschiedlichen Tätigkeitsfeldern zu Wort kommen und
damit den LeserInnen neue Betrachtungsperspektiven eröffnen. Jeder, der therapeutisch oder in der Heimerziehung mit
sexuell mißbrauchten Kindern arbeitet, kann in diesem Buch
neue Erkenntnisse und Hilfestellungen finden."
Theorie und Praxis der Sozialpädagogik

Günter H. Seidler (Hg.)
Magersucht – öffentliches Geheimnis

„Therapeuten vorwiegend psychoanalytischer Richtung stellen anhand von Kasuistiken, theoretisch orientierten Texten sowie therapeutischen Erfahrungen die Grundannahme bei Magersucht, daß nämlich die betroffene Frau ihre Weiblichkeit ablehnte, in dieser Pauschalierung in Frage."
ekz-Informationsdienst

Harry Stroeken
Tochter sein und Frau werden
Bericht von einer geglückten Psychoanalyse

In diesem Buch ist Schritt für Schritt festgehalten, welche Mühe es manchmal braucht – und wieviel verständnisvolle Hilfe in einer Psychoanalyse –, um im Leben mehr zu werden als eine folgsame Tochter, nämlich selbst eine Frau. *Arbeits- und Liebesfähigkeit* hat Sigmund Freud als Ziel gesetzt für eine psychoanalytische Behandlung. Die Analyse von Renate R. zeigt, wie verschlungen der Weg sein kann dahin, und sie macht Mut.

Hans-Christian Deter / Wolfgang Herzog
Langzeitverlauf der Anorexia nervosa
Eine 12-Jahres-Katamnese

Neue, klinisch bedeutsame Erkenntnisse über den Verlauf der Anorexie. Die psychischen, sozialen und somatischen Befunde von 103 Patienten geben Aufschlüsse über: Entwicklung der körperlichen Situation, Inanspruchnahme medizinischer und sozialer Hilfe, Merkmale für günstige und ungünstige Verläufe, Unter welchen Bedingungen kann man an einer Anorexia nervosa sterben?

Wenn Sie weiterlesen möchten...

Michael B. Buchholz
Dreiecksgeschichten
Eine klinische Theorie psychoanalytischer Familientherapie

„Das Buch imponiert vor allem durch die stringente Anwendung der triadischen Perspektive, die jedem Kapitel immanent ist. Das führt zu so komplexen Informationen, daß man sich ... von vielfältigen neuen Perspektiven beeindrucken lassen kann. Insgesamt wird eine gut durchdachte Verbindung von Familiensoziologie und -therapie, Hermeneutik und Systemtheorie und stationärer Psychotherapie und ambulanter Familientherapie vorgelegt. Das hohe theoretische Niveau kann eine leserische Herausforderung darstellen, die aber mit interessanten neuen Sichtweisen, die sich aus einer psychoanalytischen und systemischen Perspektive ergeben, belohnt wird. Das Buch ist deshalb eine lesenswerte Lektüre."
Familiendynamik

Raymond Battegay / Udo Rauchfleisch
Das Kind in seiner Welt

Namhafte Autoren aus unterschiedlichen Fachgebieten haben in diesem Buch das Wissen zusammengetragen über die Chancen und Gefährdungen, die in der kindlichen Entwicklung liegen.

„Während jeder Beitrag für sich lesbar und lesenswert ist, bietet das Buch als Ganzes eine anregende Fülle von Gedanken und Überlegungen, Beobachtungen und Forschungsergebnissen zur Kindheit und zum Kindsein, mit denen zu allen Zeiten und in allen Gesellschaften Erwartungen und Hoffnungen verknüpft werden, die in der großen Plastizität kindlichen Seins und Werdens begründet sind." *Basler Schulblatt*